SUMÁRIO

CB127117

PRESTAÇÃO DE SERVIÇOS EDUCACIONAIS

Contrato – Legislação – Jurisprudência

Nota da Editora
Texto de acordo com a Nova Ortografia, salvo nas citações de legislação e jurisprudência, que constituem reprodução *ipsis litteris* de diplomas legais e julgados disponíveis nas fontes oficiais respectivas.

JOSÉ ROBERTO COVAC

PRESTAÇÃO DE SERVIÇOS EDUCACIONAIS

Contrato – Legislação – Jurisprudência

cultura

Título original: Prestação de serviços educacionais
Contrato, legislação, jurisprudência
2014 © José Roberto Covac
2014 © Editora de Cultura
ISBN: 978-85-293-0181-5

Direitos desta edição reservados a

EDITORA DE CULTURA
Av. Sapopemba, 2.722 - 1º andar
03345-009 – São Paulo – SP
Fone: (55 11) 2894-5100
Fax: (55 11) 2894-5099
sac@editoradecultura.com.br
www.editoradecultura.com.br

Partes deste livro poderão ser reproduzidas, desde que obtida prévia autorização por escrito da Editora e nos limites previstos pelas leis de proteção aos direitos de autor e outras aplicáveis. Além de gerar sanções civis, a violação dos direitos autorais caracteriza crime.

Primeira edição: 2014
Impressão: 5ª 4ª 3ª 2ª 1ª
Ano: 18 17 16 15 14

Dados Internacionais de Catalogação na Publicação (CIP)
(Elaboração: Aglaé de Lima Fierli, CRB-9 nº 412)

C913p Covac, José Roberto, 1960-
Prestação de serviços educacionais: contrato, legislação, jurisprudência / José Roberto Covac. -- São Paulo : Editora de Cultura, 2014.
456p.: 17x24cm.

Contém: Regulamento de concessão de bolsa de estudo
ISBN: 978-85-293-0181-5

1. Prestação de serviços - Brasil. 2. Ensino – Legislação – Brasil. 3. Ensino Superior - Brasil. 4. Serviços – Ensino superior. 5. Contratos de serviços – Jurisprudência. I. Título.

CDD – 344.8107

Índice para Catálogo sistemático

Prestação de serviços : Brasil	344.8107
Ensino : Legislação : Brasil	370.981
Ensino Superior : Brasil	378.81
Serviços : Ensino superior	344.07684
Contratos de serviços : Jurisprudência	346.024

APRESENTAÇÃO

O Semesp – Sindicato das Entidades Mantenedoras de Estabelecimentos de Ensinio Superior no Estado de São Paulo – completa 35 anos de existência em 2014, e, em função do que estabelece seu estatuto, atua na defesa de seus associados nas diversas áreas do setor, sem prejuízo de defender a oferta de cursos e de programas com qualidade e excelência.

Uma das áreas de grande importância na entidade é a jurídica, pois cabe a ela a realização de negociações salariais e o estabelecimento de convenções coletivas com os diversos sindicatos implicados que estão na abrangência territorial de São Paulo.

Há quase duas décadas, em 1995, o Dr. José Roberto Covac foi contratado para constituir e coordenar a Consultoria Jurídica no Semesp, com o objetivo de atender às diversas e crescentes demandas dos associados – uma das quais surgiu com a publicação da Lei nº 9.870, de 1999, que fixa o valor das anuidades escolares.

Ao longo desses anos, foram lançados pelo Semesp dois livros sobre os aspectos legais suscitados pelas atividades dos nossos associados, trabalhos que não somente contribuíram na orientação dos associados, como também passaram a ser um referencial importante em decisões judiciais relativas aos contratos de prestação de serviços educacionais.

A obra *Prestação de Serviços Educacionais – Contrato, Legislação, Jurisprudência*, ora publicada, amplia o alcance das anteriores. Além das orientações práticas, o autor não se restringe a escrever sobre aspectos contratuais formais, mas aborda também tudo o mais que envolve a relação com o aluno, como edital de processo seletivo, propaganda e obrigações decorrentes do vínculo com o discente.

São examinados também os programas de inclusão social governamental, como Fies, Prouni, Pronatec, que recebem uma abordagem importante e detalhada sobre o cumprimento das regras de tais programas em razão dos contratos firmados.

O livro do Dr. Covac constitui uma referência para a elaboração dos contratos de prestação de serviços educacionais, assim como no que diz respeito à condução das relações entre estudantes e instituições de ensino. Ele representa uma ferramenta relevante para os mantenedores e gestores das instituições de ensino superior de todo o país.

Hermes Ferreira Figueiredo
Presidente do Semesp

PARTE I
CONTRATO

1
CONTRATO E PRESTAÇÃO DE SERVIÇOS

1. Generalidades

Antes de adentrarmos na análise do contrato de prestação de serviços educacionais, faz-se necessária uma análise sobre os contratos, genericamente considerados.

Inseridos no Direito das Obrigações, os contratos encontram-se no Código Civil (CC) entre os artigos 421 e 853. Os de prestação de serviço, especificamente, estão disciplinados do artigo 593 ao 609 do mesmo código.

1.1 Conceito

Precedendo a conceituação do contrato de prestação de serviços e, depois, em momento propício, a da contratação de serviços educacionais, é válido apresentar alguns fundamentos doutrinários sobre o contrato como gênero de negócio jurídico.

De acordo com Gagliano & Pamplona Filho no livro *Novo curso de Direito Civil*:

> Contrato é um negócio jurídico por meio do qual as partes declarantes, limitadas pelos princípios da função social e da boa-fé objetiva, autodisciplinam os efeitos patrimoniais que pretendem atingir, segundo a autonomia das suas próprias vontades.

Clóvis Beviláqua, no clássico *Teoria Geral do Direito Civil*, define contrato como "acordo de vontades que tem por fim criar, modificar ou extinguir direitos".

A observância dos princípios da probidade e da boa-fé é obrigatória para os contratantes, tanto na sua conclusão como na sua execução, diz o Código Civil no artigo 422. Importa ressaltar que, em conformidade com o artigo 421 do CC, "a liberdade de contratar será exercida em razão e nos limites da função social do contrato".

1. 2 Requisitos

Como espécie de negócio jurídico, o contrato não prescinde, para sua validade, de agente capaz, objeto lícito, possível, determinado ou determinável e forma prescrita ou não defesa em lei, segundo reza o artigo 104 do Código Civil.

Para que possamos falar na existência do contrato, são necessários a manifestação da vontade, que os agentes declarem tal vontade, um objeto sobre o qual tal vontade age e uma forma por meio da qual ela se exterioriza.

Contudo, não bastam as condições mencionadas para garantir a eficácia dos contratos em geral. Há que observar também a presença de requisitos de validade.

Os agentes – isto é, as partes contratantes – devem ter **capacidade**, nos termos da lei civil. Em caso de incapacidade, seja relativa, seja absoluta, esta deve ser suprida mediante assistência ou representação. Caso contrário, o contrato firmado será anulável ou nulo.

Da mesma forma, o **objeto** do contrato deve ser **lícito** e não atentar contra a lei, contra a moral ou contra os bons costumes. Além disso, deve ser **possível**, **determinado** ou **determinável** e ter **valor econômico**.

Quanto à **forma**, ela deve ser prescrita ou não defesa em lei, isto é, deve seguir, quando for o caso, as formalidades estabelecidas na lei ou, não sendo caso, ao menos não assumir forma que a lei proíba.

Já o **acordo de vontades**, que é requisito específico dos contratos, pode ser realizado de forma tácita ou expressa. Porém, a vontade deve estar sempre livre de vícios e defeitos, como a coação e o erro, por exemplo.

1.3 Princípios aplicáveis

Muitos princípios podem ser aplicados aos contratos. Entre eles, alguns importam mais diretamente ao presente estudo:

a) **Princípio da autonomia da vontade:** De acordo com este princípio, as partes são livres para firmar ou não contratos, sem que o Estado interfira.
b) **Princípio da supremacia da ordem pública:** Este constitui um limite ao princípio anterior. Ainda que as partes tenham liberdade para contratar, deve prevalecer o interesse público, a supremacia da ordem pública.
c) **Princípio do consensualismo:** O contrato resulta do acordo de vontades, do consenso entre as partes. Disso decorre que, desde o momento em que as partes acordam as condições, o contrato já está perfeito, independentemente da entrega da coisa.
d) **Princípio da relatividade dos contratos:** Como regra, os contratos só obrigam as partes e seus sucessores, não afetando terceiros.
e) **Princípio da obrigatoriedade dos contratos:** Uma vez firmados validamente, os contratos devem ser cumpridos. Caso uma das partes se negue a cumprir o contratado, é facultado à outra socorrer-se do Poder Judiciário para fazer valer a avença.
f) **Princípio da boa-fé:** Conceito expresso no Código Civil segundo o qual as partes devem agir de forma correta, com lealdade e sem segundas intenções, desde as tratativas iniciais até a execução do contrato.
g) **Princípio da onerosidade excessiva:** Por esse princípio, as partes podem, se estiverem presentes determinadas condições, buscar o Judiciário para alteração de determinadas cláusulas, a fim de torná-las menos onerosas.

1.4 Contrato de Prestação de Serviços

Uma vez traçados tais contornos sobre os contratos como gênero, importa ainda, antes de adentrarmos no estudo e nas peculiaridades do Contrato de Prestação de Serviços Educacionais, delinear o **Contrato de Prestação de Serviços**.

Classifica-se tal contrato como bilateral, consensual e oneroso. De acordo com o Código Civil, "toda espécie de serviço ou trabalho lícito, material ou imaterial, pode ser contratada mediante retribuição".

2
CONTRATO DE PRESTAÇÃO DE SERVIÇOS EDUCACIONAIS

2. Comentários preliminares

Pela atual legislação, toda Instituição de Ensino Superior deve publicar o teor do contrato de prestação de serviços educacionais 45 dias antes do início da matrícula. Portanto, independentemente da natureza da entidade – sem fins lucrativos, com fins lucrativos, fundações públicas ou privadas, Instituições comunitárias ou filantrópicas –, todas devem celebrar com seus alunos o Contrato de Prestação de Serviços Educacionais, cuja letra há de estar disponível com antecedência para conhecimento do contratante.

Nesse ponto, deve-se destacar que vários alunos iniciam seus estudos nas instituições de ensino superior com 18 anos de idade e, embora tenham capacidade jurídica para assinar o contrato, é comum que não tenham condições financeiras para honrar o pagamento da anuidade escolar. Por essa razão, entendemos que os contratos devam ser firmados pelos pais em favor do aluno maior de 18 anos ou que os pais assinem como fiadores no contrato.

Outro aspecto a ser considerado pela instituição de ensino é a inscrição do aluno inadimplente no cadastro dos órgãos de proteção ao crédito, que deve ser precedida de expressa e comprovada notificação, em razão do que estabelece o artigo 1º, inciso I da Portaria nº 5, da Secretaria de Direito Econômico do Ministério da Justiça, datada de 27 de agosto de 2002:

> Art. 1º: Considerar abusiva, nos contratos de fornecimento de produtos e serviços, a cláusula que:

> I: autorize o envio do consumidor, e ou seus garantes, a bancos e cadastros de consumidores, sem comprovada notificação:
> [...]

Duas são as recomendações a respeito da inscrição no cadastro dos órgãos de proteção ao crédito:

- No contrato de prestação de serviços educacionais, deve constar expressa autorização para inclusão do aluno inadimplente no cadastro dos órgãos de proteção ao crédito;
- Observar no contrato que a contratada (mantenedora), antes de incluir no referido cadastro o devedor, deverá previamente comunicar-lhe essa intenção, com trinta dias de antecedência, através de carta com aviso de recebimento.

Os valores das anuidades escolares também devem ser expostos em local de fácil acesso ao público, segundo dispõe o art. 2º da Lei 9.870, de 23 de novembro de 1999.

Recomendamos que a instituição de ensino registre o contrato e o edital de fixação dos valores das anuidades escolares em Cartório de Títulos e Documentos.

Com efeito, Contrato de Prestação de Serviços Educacionais é um acordo entre o aluno, ou seu responsável, e a Entidade Mantenedora, destinado a criar direitos e obrigações. Sendo ele fonte de direitos e obrigações, mister se faz que a instituição o elabore com todo o cuidado, fundamentando-se na legislação vigente, na doutrina, na jurisprudência dominante e de forma que retrate fielmente as reais condições do serviço a ser prestado ao seu alunado.

2. 1 Parâmetros legais para elaboração do contrato

No caso da elaboração do contrato de prestação de serviços educacionais, alguns diplomas legais merecem atenção especial, eis que, de algum modo, disciplinam o tema. São eles:

- Constituição Federal de 1988;
- Lei de Diretrizes e Bases da Educação, Lei nº 9.394 de 20 de dezembro de 1996;
- Lei nº 9.870/99, com as alterações inseridas pela Medida Provisória nº 2.173-24 de 23 de agosto de 2001;
- Código de Defesa do Consumidor, Lei nº 8.078/90;
- Código Civil de 1916 para contratos firmados até 10 de janeiro de 2003;
- Código Civil de 2002 (Lei nº 10.406 de 10 de janeiro de 2002), em vigor, para contratos elaborados a partir do dia 11 de janeiro de 2003;
- Código de Processo Civil;
- Decreto nº 5.773 de 2006;
- Resolução nº 10, de 4 de outubro de 2007 da Câmara de Educação Superior do Conselho Nacional de Educação, do Ministério da Educação (MEC); e
- Portaria nº 40, de 12 de dezembro de 2007, do Ministério da Educação (MEC).

2.2 Formalização dos contratos de prestação de serviços educacionais

Para a formalização do contrato de prestação de serviços educacionais, exige-se agente capaz, objeto lícito e forma prescrita ou não defesa em lei, como já exposto.

Uma peculiaridade do contrato de prestação de serviços educacionais é ser ele considerado **Contrato de Adesão**, isto é, aquele em que as condições não decorrem de discussão entre as partes, mas são definidas unilateralmente e apresentadas para aceitação da outra parte. Assim sendo, ele deve ser redigido pelo que estabelece o Código do Consumidor (CDC), Lei nº 8.078/90.

> Art. 54: Contrato de adesão é aquele cujas cláusulas tenham sido aprovadas pela autoridade competente ou estabelecidas unilateralmente pelo fornecedor de produtos ou serviços, sem que o consumidor possa discutir ou modificar substancialmente seu conteúdo.
> §1º: A inserção de cláusula no formulário não desfigura a natureza de adesão do contrato.
> §2º: Nos contratos de adesão, admite-se cláusula resolutória, desde que alternativa, cabendo a escolha ao consumidor, ressalvando-se o disposto no parágrafo segundo do artigo anterior.
> §3º: Os contratos de adesão escritos serão redigidos em termos claros e com caracteres ostensivos e legíveis, de modo a facilitar sua compreensão pelo consumidor.
> §4º: As cláusulas que implicarem limitação de direito do consumidor deverão ser redigidas com destaque, permitindo sua imediata e fácil compreensão.
> [ ]

Assim, com base nesse artigo, são necessários alguns cuidados:

a) DESTACAR CLÁUSULAS QUE REPRESENTAM MAIOR RESPONSABILIDADE DO ALUNO: Cláusulas como multa, motivos para rescisão contratual e outras que impliquem maior responsabilidade do aluno devem constar no contrato em negrito ou em destaque;
b) LETRAS LEGÍVEIS: A fim de evitar qualquer mal-entendido e até para evitar que a boa-fé da instituição de ensino seja descaracterizada, as letras utilizadas na confecção do contrato devem ser legíveis. Para tanto, importa observar não somente o

tamanho da fonte utilizada, evitando letras minúsculas e ilegíveis ou de difícil leitura, mas também o tipo da fonte, que deve ser de fácil leitura, evitando-se, portanto, as mais rebuscadas. O Código de Defesa do Consumidor sofreu alteração nesse sentido, a qual colacionamos neste trabalho no item destinado à legislação.

c) CONTRADIÇÕES: Não pode haver contradições entre regimento interno, manual, contrato, publicidade e outros meios de comunicação com o aluno. O contrato deverá ser discutido entre Direção, Mantenedora, Coordenação e todos os setores envolvidos, exatamente para que não haja discrepâncias. Em caso de confronto, provavelmente será aplicada a norma que for mais favorável ao aluno.

d) PUBLICIDADE: A entidade deverá publicar o teor do contrato e o valor da anuidade em local de fácil acesso para o aluno e para a sua comunidade acadêmica, a fim de lhe dar publicidade. É o que estabelece a Lei nº 9.870/99, que trata das mensalidades:

> Art. 2º: O estabelecimento de ensino deverá divulgar, em local de fácil acesso ao público, o texto da proposta de contrato, o valor apurado na forma do artigo 1º e o número de vagas por sala-classe, no período mínimo de 45 dias antes da data final para matrícula, conforme calendário e cronograma da Instituição de Ensino.

A Portaria nº 40/2007 do MEC, que trata do E-MEC, também apresenta disposição sobre o assunto publicidade.

> Art. 32: Após a autorização do curso, a instituição compromete-se a observar, no mínimo, o padrão de qualidade e as condições em que se deu a autorização, as quais serão verificadas por ocasião do reconhecimento e das renovações de reconhecimento.

§1°: **A instituição deverá afixar em local visível, junto à Secretaria de alunos, as condições de oferta do curso, informando especificamente o seguinte**:
I: ato autorizativo expedido pelo MEC, com a data de publicação no Diário Oficial da União;
II: dirigentes da instituição e coordenador de curso efetivamente em exercício;
III: relação dos professores que integram o corpo docente do curso, com a respectiva formação, titulação e regime de trabalho;
IV: matriz curricular do curso;
V: resultados obtidos nas últimas avaliações realizadas pelo Ministério da Educação, quando houver;
VI: **valor corrente dos encargos financeiros a serem assumidos pelos alunos, incluindo mensalidades, taxas de matrícula e respectivos reajustes e todos os ônus incidentes sobre a atividade educacional.** (*destaques nossos*)

Veja-se, no Modelo 1, um exemplo de Edital em caso de a IES não ter firmado adesão ao Programa Universidade para Todos (ProUni) e com o Fundo de Financiamento Estudantil (FIES). Havendo adesão, ver Anexo no final deste volume.

MODELO 1
EDITAL DE FIXAÇÃO DE ANUIDADE ESCOLAR

EXEMPLO

A (Entidade Mantenedora), CNPJ, entidade mantenedora da (IES), por seu Diretor Presidente, Prof. (Fulano de Tal), no uso de suas atribuições, e atendendo ao disposto no art. 3° da Lei n° 9.870, de 23 de novembro de 1999, publica os valores das anuidades escolares para o período letivo de (ano), bem como o texto do contrato de prestação de serviços educacionais e o número de alunos por classe.

Curso	Período	Valor	Alunos por sala/classe
Administração	1°	R$ X	X alunos

O valor da anuidade será pago em 12 ou 13 parcelas, nas datas e de acordo com as condições estabelecidas no contrato de prestação de serviços educacionais, que fica à disposição dos alunos na Secretaria da Instituição, estando aptos para fazer a matrícula os alunos adimplentes que comparecerem dentro dos prazos fixados no calendário escolar.

Cidade, dia, mês, ano

(assinado)
Diretor Presidente.

Sobre essa exigência, o Código do Consumidor, estabelece:

> DA OFERTA
> Art. 30: Toda informação ou publicidade, suficientemente precisa, veiculada por qualquer forma ou meio de comunicação com relação a produtos e serviços oferecidos ou apresentados, obriga o fornecedor que a fizer veicular ou dela se utilizar e integra o contrato que vier a ser celebrado.
>
> ÔNUS DA PROVA
> Art. 38: O ônus da prova da veracidade e correção da informação ou comunicação publicitária cabe a quem a patrocina.
>
> PUBLICIDADE
> Art. 36: A publicidade deve ser veiculada de tal forma que o consumidor, fácil e imediatamente, a identifique como tal.
>
> PUBLICIDADE ENGANOSA
> Art. 37: É proibida toda publicidade enganosa ou abusiva.
> §1º: É enganosa qualquer modalidade de informação ou comunicação de caráter publicitário, inteira ou parcialmente falsa, ou, por qualquer outro modo, mesmo por omissão, capaz de induzir em erro o consumidor a respeito da natureza, características, qualidade, quantidade, propriedades, origem, preço e quaisquer outros dados sobre produtos e serviços.
> §2º: É abusiva, dentre outras, a publicidade discriminatória de qualquer natureza, a que incite à violência, explore o medo ou a superstição, se aproveite da deficiência de julgamento e experiência da criança, desres-

peite valores ambientais, ou que seja capaz de induzir o consumidor a se comportar de forma prejudicial ou perigosa à sua saúde ou segurança.
§3º: Para os efeitos deste Código, a publicidade é enganosa por omissão quando deixar de informar sobre dado essencial do produto ou serviço.

PROTEÇÃO CONTRATUAL
Art. 46: Os contratos que regulam as relações de consumo não obrigarão os consumidores se não lhes for dada a oportunidade de tomar conhecimento prévio de seu conteúdo, ou se os respectivos instrumentos forem redigidos de modo a dificultar a compreensão de seu sentido e alcance.

Importa ressaltar, portanto, que o contrato não vinculará o aluno quando este não tiver conhecimento prévio do seu teor.

2.3 Partes contratantes

Em termos gerais, tudo a que nos referimos anteriormente sobre as partes nos contratos como gênero também se aplica aos contratos de prestação de serviços educacionais.

A seguir, destacamos as particularidades no que se refere aos contratantes desse tipo específico de instrumento jurídico.

Contratada: é a Entidade Mantenedora, dotada de personalidade jurídica, e não a entidade mantida – faculdade, centro universitário ou universidade. É de extrema importância fazer essa distinção, pois mantida e mantenedora não se confundem. A mantida é a entidade educacional, a qual não tem personalidade jurídica.

Contratante: É o aluno regularmente matriculado. Quando o aluno for menor de 18 anos, deve ser assistido pelos pais ou por responsável. Neste caso, o aluno e o responsável assinam o contrato. Conforme já aventado, sugerimos que, mesmo no caso de aluno maior de 18 anos, por precaução, os pais ou responsável assinem pelo menos como fiadores. Sugerimos também que o contrato tenha previsão de substituição da pessoa apresentada como responsável financeiro do aluno na hipótese de separação judicial, morte ou por determinação judicial.

Qualificação das partes: Tanto a Entidade Mantenedora como o contratante devem estar devidamente qualificados. Quanto à Entidade Mantenedora, devem constar nome completo, endereço da sede, inscrição no CNPJ, representante legal e sua qualificação. Quanto ao contratante, seja somente o aluno, seja este e um responsável, importa qualificar todos os que figurarem como contratantes do serviço, fazendo constar nome completo, profissão, estado civil, endereço, número do documento de identidade (RG) e do CPF.

2.4 Objeto

No contrato de prestação de serviços educacionais, o objeto é a prestação de serviços educacionais correspondentes à série ou ao período escolar, ministrado em conformidade com o currículo próprio e o regimento escolar, de acordo com a Lei nº 9.394/96, com obediência ao calendário escolar da instituição de ensino no correspondente ano letivo. Cursos de extensão que possam vir a ser oferecidos aos alunos não constituem objeto do contrato – para esses casos, deverão ser elaborados contratos específicos.

2.5 Vigência do contrato

A vigência poderá ser semestral ou anual, dependendo do regime acadêmico adotado pela instituição de ensino.

2.6 Exclusão de serviços extracurriculares e taxas

Bem delineado o objeto do contrato, é imprescindível fazer constar cláusula que deixe claro que os serviços extracurriculares – a exemplo de dependência, provas substitutivas, diplomas etc. – não fazem parte do contrato de prestação de serviços. Desse modo, seus preços serão informados e afixados em separado. Até para evitar situações que possam vir a configurar lesão a direito do consumidor, a IES deve publicar tabela com os valores estabelecidos para tais outros serviços.

Especialmente sobre a cobrança por emissão de diplomas, cabe observar que, a despeito da existência de lei estadual paulista regulando a cobrança de emissão de certificados e diplomas de conclusão de cursos universitários no Estado de São Paulo – a Lei nº 12.248, de 9 de fevereiro de 2006 –, há várias ações civis públicas ajuizadas no sentido de impedir tal cobrança pela IES. Essas ações civis públicas acabaram englobando, senão todas, praticamente todas as IES no polo passivo, de tal forma que, atualmente, não se faz tal cobrança no Estado de São Paulo, exceto nos casos em que se oferece, **além do documento gratuito**, a opção por outro, **confeccionado em material especial**, que, nesse caso, poderá ser cobrado. Esse também o teor do 4º item do artigo 32 da Portaria 40/2007 do MEC (E-MEC):

> Art. 32: [...]
>
> [...]
>
> §4º: A expedição do diploma considera-se incluída nos serviços educacionais prestados pela instituição, **não ensejando a cobrança de qualquer valor**, ressalvada a hipótese de apresentação decorativa, com a utilização de papel ou tratamento gráfico especiais, por opção do aluno.(*destaque nosso*)

2.7 Valor do contrato

É fixado pela entidade mantenedora, obedecidos os seguintes parâmetros:

a) Reajuste: É nula de pleno direito qualquer estipulação de reajuste ou correção monetária de periodicidade inferior a um ano. Portanto, não pode haver qualquer repasse automático, inclusive de inflação ou salários. O Código de Defesa do Consumidor, Lei nº 8.078/90, é claro a esse respeito, ao dispor

> Art. 51: São nulas de pleno direito, entre outras, as cláusulas contratuais relativas ao fornecimento de produtos e serviços que:
> [...]
> X: permitem ao fornecedor, direta e indiretamente, variação de preço de maneira unilateral;

b) Planilha de custo: O valor deve estar justificado na planilha de custos da Entidade Mantenedora e deverá estar disponível caso esta venha a ser solicitada pela Secretaria de Direito Econômico do Ministério da Justiça. Trata-se de documento da Entidade Mantenedora, que não precisa ser exibido ao contratante.

c) Fixação do valor da anuidade escolar: Limita o valor a teto correspondente à última mensalidade legalmente cobrada no ano anterior, multiplicada pelo número de parcelas do mesmo ano. Necessário estabelecer, ainda, a forma de pagamento, se através de boleto bancário, cheque, depósito etc. Em caso de a IES conceder desconto por pontualidade ou em caso de o aluno ter bolsa parcial, importa também deixar claro o valor da mensalidade após abatido o valor de eventual bolsa ou auxílio.

d) Acréscimo no valor da anuidade: Permite acréscimo para aprimoramento do projeto pedagógico e também variação de custos a título de pessoal e de custeio.

e) Planos de pagamentos alternativos: Estabelece que o preço deve ser cobrado em 12 parcelas mensais iguais, mas admite apresentação de planos de pagamentos alternativos. Neste último caso, o contrato precisará deixar expressa tal opção, discriminada em detalhe, e ter expresso o devido aceite pelo aluno.

f) Do local do pagamento: É importante que esteja estabelecido o local em que deve ser feito o pagamento das mensalidades, bem como se há diferença de local de pagamento caso este seja feito após o vencimento, em atraso.

2.8 Causas de rescisão contratual

Aplicam-se ainda aos contratos de prestação de serviços educacionais as disposições gerais sobre a extinção dos contratos previstas nos artigos 472 a 480 do Código Civil. Cabe ressaltar aqui, portanto, algumas outras causas que têm aplicação específica aos contratos de prestação de serviços educacionais. Além das causas rescisórias constantes na legislação civil, devem estar previstas como causas de rescisão de contrato a prática de atos de indisciplina e as condutas proibitivas previstas no regimento da IES, transferências, cancelamento etc.

Observação: A Lei nº 9.870/99 proíbe cláusula contratual com previsão de suspensão de provas escolares, retenção de documentos escolares, inclusive os de transferência, ou aplicação de penalidades pedagógicas por motivo de inadimplemento:

> Art. 6º: São proibidas a suspensão de provas escolares, a retenção de documentos escolares ou a aplicação de quaisquer outras penalidades pedagógicas por motivo de inadimplemento, sujeitando-se o contratante, no que couber, às sanções legais e administrativas compatíveis com o Código de Defesa do Consumidor e com

os arts. 177 e 1.092 do Código Civil Brasileiro, caso a inadimplência perdure por mais de noventa dias.

Nesse ponto, vale destacar que esse artigo refere-se a dispositivos do Código Civil de 1916 (Lei nº 3.071, de 1º de janeiro de 1916), os quais correspondem aos artigos 205 e 475 a 477 do atual Código Civil (Lei nº 10.406, de 10 de janeiro de 2002).

2.9 Reembolso de matrícula a alunos calouros

Em relação a reembolso de valor de matrícula a alunos que ingressam em outra instituição de ensino, é importante fazer constar no contrato se haverá ou não reembolso, os critérios aplicáveis e os prazos para solicitação (ver Modelo 2). Tais critérios devem constar também no edital do Processo Seletivo e no contrato de prestação de serviços educacionais.

A instituição de ensino, ao realizar seu processo seletivo, deve publicar os critérios e prazos de devolução de matrícula no caso de o aluno solicitar seu cancelamento por ter ingressado em outra IES. O mesmo critério deve constar no contrato de prestação de serviços educacionais.

MODELO 2

SUGESTÃO DE TEXTO SOBRE DEVOLUÇÃO DE VALOR DA MATRÍCULA A FIGURAR NOS EDITAIS

EXEMPLO

"O candidato classificado e regularmente matriculado que solicitar cancelamento de matrícula por motivo de ingresso em outra Instituição de Ensino será reembolsado em 80% (oitenta por cento) do valor da primeira parcela da semestralidade, devendo o requerimento de cancelamento de matrícula ser protocolado na Secretaria até dois dias úteis antes do início do período letivo."

O Procon já institui que a Instituição não pode reter o valor da matrícula se o aluno não frequentou aulas, mas grande parte dos Procons já alterou sua concepção quando claramente há definição no contrato e no edital de processo seletivo.

A prestação de serviço educacional não se restringe às aulas, conforme preceitua a Lei de Diretrizes e Bases da Educação:

> Art. 12: Os estabelecimentos de ensino, respeitadas as normas comuns e as de seu sistema de ensino, terão a incumbência de:
> I: elaborar e executar sua proposta pedagógica;
> II: administrar seu pessoal e seus recursos materiais e financeiros;
> III: assegurar o cumprimento dos dias letivos e horas aula estabelecidas;
> IV: velar pelo cumprimento do plano de trabalho de cada docente;
> V: prover meios para recuperação dos alunos de menor rendimento;
> VI: articular-se com as famílias e a comunidade, criando processos de integração da sociedade com a escola;
> VII: informar os pais e responsáveis sobre a frequência e o rendimento dos alunos, bem como sobre a execução de sua proposta pedagógica.

Art. 13: Os docentes incumbir-se-ão de:
I: participar da elaboração da proposta pedagógica do estabelecimento de ensino;
II: elaborar e cumprir plano de trabalho, segundo a proposta pedagógica do estabelecimento de ensino;
III: zelar pela aprendizagem dos alunos;
IV: estabelecer estratégias de recuperação para alunos de menor rendimento;
V: ministrar os dias letivos e horas-aulas estabelecidos, além de participar integralmente dos períodos dedicados ao planejamento, à avaliação e ao desenvolvimento profissional;
VI: colaborar com as atividades de articulação da escola com as famílias e a comunidade.

Como se vê, há um grande erro de conceito do Procon ao considerar que os serviços educacionais prestados pela instituição iniciam-se somente no primeiro dia de aula. Em face do que estabelecem a Lei de Diretrizes e Bases da Educação e os regulamentos expedidos pelo Ministério da Educação, demonstramos a seguir alguns procedimentos que a instituição realiza antes do início das aulas:

1) efetivada a matrícula, gera-se um prontuário para o aluno com abertura de pasta personalizada em que se colocam todos os seus documentos acadêmicos e pessoais;
2) o prontuário do aluno é colocado em armários que ocupam espaço. O espaço físico tem custo alto;
3) em função da matrícula, gera-se necessidade de espaço de sala dc aula, biblioteca, laboratórios etc.;
4) a matrícula ocupa espaço eletrônico nos processos de informática da instituição;
5) o planejamento pedagógico e acadêmico que é realizado precede o início do ano letivo e é feito, inclusive, com base no número de alunos matriculados;

6) os professores não são contratados para iniciar a atividade docente no primeiro dia de aula, mas, sim, antes do início do ano letivo, oportunidade em que participam do planejamento pedagógico;
7) a Secretaria da IES providencia diário de classe ou outro sistema de controle de frequência discente, em que se inclui o nome de todos o alunos matriculados;
8) a Secretaria recebe a documentação do aluno para requerer pedidos de atestados e certidões, como de matrícula ou de classificação no processo seletivo, transferência, trancamentos, cancelamentos etc.

São atividades realizadas antes do início do ano letivo, sem as quais a instituição de ensino não tem como dar início às aulas. Todos os alunos são beneficiados e/ou usufruem dos serviços mencionados, e seus custos são considerados na confecção das planilhas de fixação de anuidades escolares, conforme prevê a legislação vigente. Desse modo, não ter direito à retenção do valor de matrícula seria o mesmo que proibir a Instituição de incluir despesas e custos legítimos nos quais a IES incorre, além dos específicos relativos a aulas ministradas.

2.10 Multa

O Ministério da Justiça editou a Portaria nº 3, de 19 de março de 1999, na qual estabelece que o percentual de multa por inadimplência nas mensalidades decorrentes do contrato de prestação de serviços educacionais é de 2%. A Jurisprudência também já está assentada nesse sentido, fixando a multa em 2%.

Em março de 1999, à época da edição dessa portaria, expusemos nosso posicionamento a respeito do tema em comentário encaminhado às Entidades Mantenedoras, que recordo a seguir:

"Com a recente Portaria nº 3, de 19 de março de 1999, editada pelo Ministério da Justiça, alguns questionamentos têm surgido quanto à aplicação do percentual da multa, que, segundo a referida Portaria, é de 2% para os contratos de prestação de serviços educacionais.

Com a publicação da Lei nº 9.298/96, o Código do Consumidor, instituído pela Lei nº 8.078/91, sofreu alteração no parágrafo primeiro do artigo 52, passando a ter a seguinte redação:

Art. 52: No fornecimento de produtos ou serviços que envolvem outorga de crédito ou concessão de financiamento ao consumidor, o fornecedor deverá, entre outros requisitos, informar adequadamente sobre:

[...]
§1º: As multas de mora decorrentes do inadimplemento de obrigação no seu termo não poderão ser superiores a dois por cento do valor da prestação (Nova redação dada pela Lei nº 9.298/96)."

Atualmente, prepondera nos tribunais o entendimento de que a multa para o caso de inadimplemento não poderá ultrapassar o limite de 2% e, inclusive, deve ser prevista no contrato.

2.11 Desconto pontualidade – Multa disfarçada
Há entendimento no Poder Judiciário, registrado em parcela da jurisprudência, no sentido de que o chamado "desconto pontualidade" seria, na realidade, uma espécie de multa moratória disfarçada. Isso significa que existe risco de, em eventual discussão judicial, a prática vir a ser contestada com êxito.

Relevante, portanto, que as IES que adotam o desconto pontualidade tenham o cuidado de registrar de forma clara tal prática no contrato, de modo a tornar sua defesa mais efetiva, aumentando a probabilidade de êxito em processo judicial que a questione.

Destacam-se a seguir alguns exemplos de jurisprudência sobre o tema:

> **– Prestação de serviços educacionais – Abono ou desconto por pontualidade não passa de multa moratória mal disfarçada e não se cumula com outra multa de idêntica natureza.**
>
> – Como os juros decorrem da mora e como a mora dá-se no vencimento da prestação inadimplida, resulta manifesta sua incidência desde então, não da citação, termo fixado na lei processual para obrigações que não sejam pré-constituídas nem líquidas – Recurso da autora provido e parcialmente provido o do réu.
>
> (TJSP; Apelação sem Revisão nº 9236442-47.2008.8.26.0000. 29ª Câmara de Direito Privado. Relatora: Silvia Rocha. P. 10.07.12)

> Ação de cobrança. Mensalidades escolares. Cerceamento de defesa não configurado. **Desconto por pontualidade. Cumulação com multa moratória. Inadmissibilidade.** Inteligência dos artigos 51, IV e 52, §1°, ambos da Lei n° 8.078/90. Recurso provido.
>
> (TJSP; Apelação sem Revisão nº 0133556-31.2005.8.26.0000. 29ª Câmara de Direito Privado. Relatora: Silvia Rocha Gouvêa. P. 25.05.11)

> Ação de cobrança. Mensalidades escolares. Cerceamento de defesa não configurado. **Desconto por**

pontualidade. Cumulação com multa moratória. Inadmissibilidade. Inteligência dos artigos 51, IV e 52, §1°, ambos da Lei n° 8.078/90. Recurso provido.

(TJSP; Apelação sem Revisão nº 9085132-28.2008.8.26.0000. 28ª Câmara de Direito Privado. Relator: Mello Pinto. P. 29.11.11)

2.11.1 Descontos coletivos e reflexos no ProUni e no Fies

Em função da publicação da Portaria MEC nº 2, de 1º de fevereiro de 2012, e da Portaria MEC nº 87, de 3 de abril de 2012, o Departamento Jurídico do Semesp elaborou uma sugestão de Regulamento de Bolsas de Estudo que deve ser adaptada à realidade como instituição de ensino – a minuta desse regulamento, assim explicações necessárias e exemplos relativos a valores podem ser vistos no Anexo, ao final deste volume.

A divulgação da política de bolsas de estudo, de descontos e dos valores das anuidades escolares, deverá ser feita e mantida sua disponibilidade também no *site* da instituição e nos locais em que usualmente são divulgadas informações de interesse dos alunos, como quadro de avisos, secretaria, biblioteca etc.

2.12 Juros

Os juros legais são de 12% ao ano, 1% ao mês, de acordo com o que estabelece a Constituição Federal no parágrafo 3º de seu artigo 192. Havendo atraso no pagamento, a instituição poderá atualizar o valor do débito, seja por INPC/IBGE, seja de acordo com a tabela utilizada pelo Poder Judiciário.

2.13 Não renovação do contrato

Reza o artigo 5º da Lei 9.870/99: "Os alunos já matriculados, salvo quando inadimplentes, terão direito à renovação das matrículas, observado o calendário escolar da instituição, o regimento da escola ou cláusula contratual".

Assim, a IES poderá não aceitar a matrícula para o ano ou o período letivo seguinte do aluno que estiver em débito relativo ao ano anterior. Mas também poderá recusar matrícula em razão de norma prevista no regimento escolar, por motivo disciplinar ou outro que não recomende a permanência do aluno em virtude de prejuízo ao estabelecimento de ensino ou ao relacionamento entre este e o(s) contratante(s) ou a comunidade escolar. De qualquer forma, tais condições, além das previstas em lei, devem estar perfeitamente discriminadas no contrato.

2.14 Definição do foro

É de suma importância definir qual será o foro competente para processar e julgar eventuais controvérsias sobre o contrato, que deve ser preferencialmente o local onde se situa o estabelecimento de ensino. Na ausência de cláusula que estabeleça o foro de eleição, aplicar-se-á a regra geral do CPC, de tal forma que, no caso concreto, será o foro do domicílio do réu.

Também há que ter cuidado ao estabelecer foro que não seja o do estabelecimento de ensino, mas, por exemplo, o da sede da Entidade Mantenedora, eis que tal cláusula pode ser anulada, por ofensa ao CDC, se for entendida como mero obstáculo ao direito do consumidor.

2.15 Responsável pela assinatura do contrato (Mantenedora)

A Entidade Mantenedora poderá delegar poderes ao diretor ou a outro funcionário para assinar o contrato, desde que haja permissão para tanto no estatuto ou no contrato da instituição. Neste caso, é imprescindível que os poderes delegados estejam inequivocamente expressos em instrumento próprio, com a exata extensão de seus efeitos.

2.16 Testemunhas

São obrigatórias, no contrato, as assinaturas de duas testemunhas maiores de 21 anos, sem impedimento algum para funcionários da própria IES figurarem como tais. A existência de duas testemunhas assinando o contrato, que é feito por instrumento particular, permite também que se possa enquadrá-lo como título executivo extrajudicial (art. 585 do CPC).

2.17 Contratação no Comércio Eletrônico

O Decreto nº 7.962, de 15 de março de 2013, regulamentou a Contratação no Comércio Eletrônico, prevista na Lei nº 8.078, de 11 de setembro de 1999 (Código de Defesa do Consumidor, CDC). Ao fazê-lo, inovou as tratativas entre fornecedor e consumidor desenvolvidas por intermédio dos meios eletrônicos. É o que afirma o Dr. Sérgio Henrique Cabral Sant'Ana, especialista em Direito Societário e membro da Sociedade Covac de Advogados (ver Boxe 1).

BOXE 1

CONTRATANDO NA NUVEM

Em função da praticidade e celeridade com que se permite o contato com o consumidor e a efetivação das matrículas, cada vez mais as Instituições de Ensino Superior (IES) vêm optando pela utilização de seus sites como instrumento de contratação dos serviços educacionais, possibilitando aos consumidores realizar tanto as inscrições em processos seletivos como, em alguns casos, até mesmo a efetivação da matrícula por meio eletrônico.

Por tal razão, emerge como tema da maior relevância a entrada em vigor [a partir de 14 de maio de 2013] *do Decreto nº 7.962, de 15 de março de 2013, que dispõe sobre a contratação no comércio eletrônico e veio regulamentar a Lei nº 8.078, de 11 de setembro de 1999 (Código de Defesa do Consumidor, CDC), inovando as tratativas entre fornecedor e consumidor desenvolvidas por intermédio dos meios eletrônicos. Esse novo regramento vem impactar e alterar a realidade das IES que, assim como vários outros fornecedores, utilizam o meio eletrônico como mecanismo propulsor da oferta e consecução dos seus serviços e, embora ainda se pautem pelas regras comuns do mercado, a partir de agora terão de observar e se adequar aos novos regramentos insculpidos no citado Decreto.*

De forma a expor a abrangência e o impacto produzido pelo Decreto no âmbito educacional, apontar-se-ão a seguir as principais disposições que terão de ser observadas pelas IES.

Inicialmente, convém destacar que o Decreto retrodestacado reger-se-á pelos preceitos da clareza de informações, facilidade no atendimento e respeito ao direito de arrependimento, conforme se depreende da análise do art. 1° do referido diploma, in verbis*:*

> *Art. 1°: Este Decreto regulamenta a Lei n 8.078, de 11 de setembro de 1990, para dispor sobre a contratação no comércio eletrônico, abrangendo os seguintes aspectos:*
> *I: informações claras a respeito do produto, serviço e do fornecedor;*
> *II: atendimento facilitado ao consumidor; e*
> *III: respeito ao direito de arrependimento.*

Conquanto o artigo supramencionado apenas reflita e dê concretude ao quanto estatuído no CDC, os seus preceitos nortearão a nova sistemática dos sítios eletrônicos, que deverão trazer todos os elementos necessários para possibilitar ao consumidor o acesso com clareza e facilidade ao atendimento, bem como ao exercício do direito de arrependimento, conforme se demonstrará na sequência.

Com efeito, os artigos 2° e 4° do Decreto sob análise ventilam informações/dados que deverão ser discriminados nos respectivos sítios eletrônicos, com vistas a possibilitar ao consumidor um atendimento claro, salvaguardando-o de eventuais transtornos:

> *Art. 2º: Os sítios eletrônicos ou demais meios eletrônicos utilizados para oferta ou conclusão de contrato de consumo devem disponibilizar, em local de destaque e de fácil visualização, as seguintes informações:*
>
> *I: nome empresarial e número de inscrição do fornecedor, quando houver, no Cadastro Nacional de Pessoas Físicas ou no Cadastro Nacional de Pessoas Jurídicas do Ministério da Fazenda;*
>
> *II: endereço físico e eletrônico, e demais informações necessárias para sua localização e contato;*
>
> *III: características essenciais do produto ou do serviço, incluídos os riscos à saúde e à segurança dos consumidores;*
>
> *IV: discriminação, no preço, de quaisquer despesas adicionais ou acessórias, tais como as de entrega ou seguros;*
>
> *V: condições integrais da oferta, incluídas modalidades de pagamento, disponibilidade, forma e prazo da execução do serviço ou da entrega ou disponibilização do produto; e*

VI: informações claras e ostensivas a respeito de quaisquer restrições à fruição da oferta.

[...]

Art. 4º: Para garantir o atendimento facilitado ao consumidor no comércio eletrônico, o fornecedor deverá:

I: apresentar sumário do contrato antes da contratação, com as informações necessárias ao pleno exercício do direito de escolha do consumidor, enfatizadas as cláusulas que limitem direitos;

II: fornecer ferramentas eficazes ao consumidor para identificação e correção imediata de erros ocorridos nas etapas anteriores à finalização da contratação;

III: confirmar imediatamente o recebimento da aceitação da oferta;

IV: disponibilizar o contrato ao consumidor em meio que permita sua conservação e reprodução, imediatamente após a contratação;

V: manter serviço adequado e eficaz de atendimento em meio eletrônico, que possibilite ao consumidor a resolução de demandas referentes a informação, dúvida, reclamação, suspensão ou cancelamento do contrato;

VI: confirmar imediatamente o recebimento das demandas do consumidor referidas no inciso, pelo mesmo meio empregado pelo consumidor; e

VII: utilizar mecanismos de segurança eficazes para pagamento e para tratamento de dados do consumidor.

Parágrafo único: A manifestação do fornecedor às demandas previstas no inciso V do caput *será encaminhada em até cinco dias ao consumidor.*

Neste aspecto, os sistemas operacionais e sítios eletrônicos das IES terão de se adaptar aos novos contornos exigidos pelo referido Decreto, sendo os procedimentos atinentes à inscrição em processo seletivo, matrícula e rematrículas de alunos diretamente afetados por essa nova sistemática.

Uma das disposições contidas no referido Decreto que exigirá esforço de adaptação das IES consiste no dever, imputado ao fornecedor, de disponibilizar o contrato ao consumidor em meio que permita sua conservação e reprodução, imediatamente após a contratação, conforme previsto no inciso IV do Art. 4º.

Depreende-se do quanto exposto acima uma tendência de proteção ao consumidor que esbarra nas políticas e nos procedimentos usualmente praticados pelas IES, as quais têm por primazia a prestação de serviços educacionais e não a customização de serviços eletrônicos hábeis a veicular e propiciar a compra e venda de produtos e mercadorias.

Há de se considerar que as IES, certamente, irão enfrentar dificuldades de cunho operacional para atingir os fins perquiridos no referido Decreto, uma vez que, nos termos do Decreto, aquelas que possibilitam alunos que efetivem suas matrículas por meio eletrônico deverão disponibilizar o Contrato de Prestação de Serviços Educacionais, em todos os seus termos, no momento da contratação do serviço.

Outro ponto de extrema relevância, para o qual devem as IES atentar, é a norma contida no art. 5° do Decreto, que dispõe acerca da forma pela qual se dará a consecução do direito de arrependimento em contratações realizadas por meio eletrônico.

Conforme é sabido, o direito de arrependimento encontra-se positivado no art. 49 do código consumerista, in verbis*:*

Art. 49. O consumidor pode desistir do contrato, no ***prazo de 7 dias a contar de sua assinatura ou do ato de recebimento do produto ou serviço****, sempre que a contratação de fornecimento de produtos e serviços ocorrer fora do estabelecimento comercial, especialmente por telefone ou a domicílio. Parágrafo único. Se o consumidor exercitar o direito de arrependimento previsto neste artigo, os valores eventualmente pagos, a qualquer título, durante o prazo de reflexão, serão devolvidos, de imediato, monetariamente atualizados.* (destaques nossos)

Como se vê o prazo para o exercício do direito de arrependimento se esvai em 7 (sete) dias a partir da assinatura ou do ato de recebimento do produto ou serviço.

Sabe-se que, no âmbito educacional, é comum que os alunos cancelem suas matrículas, requerendo a devolução do valor pago a tal título, em razão, principalmente, da demora verificada na divulgação dos resultados dos processos seletivos aplicados pelas Universidades Públicas.

Conforme interpretação literal do citado artigo, nos casos em que a matrícula seja efetivada por meio eletrônico, o aluno poderá desistir do contrato de serviços educacionais avençado com determinada IES e pleitear a restituição dos valores pagos, se o cancelamento da matrícula for requerido: (i) 7 (sete) dias após a assinatura do contrato; ou (ii) 7 (sete) dias depois do início das aulas.

Na linha do que dispõe o CDC, o citado Decreto regulamenta o direito de arrependimento em relação às contratações realizadas por meio eletrônico, nos seguintes termos:

Art. 5º: O fornecedor deve informar, de forma clara e ostensiva, os meios adequados e eficazes para o exercício do direito de arrependimento pelo consumidor.

§1º: O consumidor poderá exercer seu direito de arrependimento pela mesma ferramenta utilizada para a contratação, sem prejuízo de outros meios disponibilizados.

§2º: O exercício do direito de arrependimento implica a rescisão dos contratos acessórios, sem qualquer ônus para o consumidor.

§3º: O exercício do direito de arrependimento será comunicado imediatamente pelo fornecedor à instituição financeira ou à administradora do cartão de crédito ou similar, para que:

I: a transação não seja lançada na fatura do consumidor; ou

II: seja efetivado o estorno do valor, caso o lançamento na fatura já tenha sido realizado.

§4º: O fornecedor deve enviar ao consumidor confirmação imediata do recebimento da manifestação de arrependimento.

De acordo com o estabelecido no citado artigo, as IES deverão, além de informar, de forma clara e ostensiva, os meios adequados e eficazes para o exercício do direito de arrependimento pelo consumidor, adaptar seus sítios e procedimentos de inscrição em processo seletivo, matrícula e rematrícula, de modo que a mesma ferramenta e meios utilizados pelo consumidor para realizar tais atos por meio eletrônico permitam a sua desistência e o seu cancelamento.

Conquanto a disposição acima ventilada consista em uma opção para o consumidor, impõe, ao mesmo tempo, uma obrigação às IES, qual seja, a de disponibilizar, em meio eletrônico, as ferramentas hábeis ao exercício do direito de arrependimento, de forma clara e facilitada.

Com efeito, embora o Decreto em referência apenas tenha regulamentado o direito de arrependimento já estatuído no CDC, não se imiscuindo nas questões atinentes a prazos, mecanismos e outros elementos, também trouxe, na realidade, diversas obrigações até então não previstas legalmente, às quais as IES deverão se adaptar e observar na utilização de meios eletrônicos para contratação dos serviços educacionais.

3
MATRÍCULA – VÍNCULO E PROCEDIMENTOS

3. Cuidados no momento da matrícula

Após traçadas as considerações sobre o contrato de prestação de serviços educacionais, bem como analisadas as principais cláusulas que dele devem fazer parte, cumpre discorrer sobre alguns cuidados a serem adotados pela IES no momento da matrícula.

3.1 Verificação da situação acadêmica do aluno

A Secretaria deverá verificar a situação do aluno academicamente, ou seja, se ele está apto para a realização da matrícula. Para os alunos que farão matrícula no primeiro ano, é fundamental que haja a prova de conclusão do ensino médio ou equivalente. Como muitos dos processos seletivos são realizados antes do término de conclusão do ano letivo, o deferimento de matrícula deverá ser feito após a entrega do certificado de conclusão do ensino de médio.

3.2 Alunos em débito com a instituição

Como já vimos, a instituição de ensino tem o direito de recusar a matrícula de alunos inadimplentes. Porém, caso a aceite, deverá colher junto ao aluno um termo assinado de confissão de dívida, cujo objetivo é suspender prazo de prescrição. Ainda, nesse caso, importa tomar outras providências que visem a assegurar o adimplemento do acordo sobre o valor em atraso, como valer-se de notas promissórias, cheques ou fiadores.

3.3 Acordos financeiros

Todos os acordos firmados com alunos deverão ser feitos por escrito, com farta e inequívoca documentação. Sugerimos ainda que tais acordos também sejam assinados por duas testemunhas e que, ao elaborá-los, sejam feitas sempre de forma que cada parte fique com uma via em seu poder.

3.4 Comprovante de endereço

No ato da contratação, importante que a IES exija comprovante de residência, para facilitar o encaminhamento de correspondências, inclusive em caso de cobrança judicial ou extrajudicial. No ato da renovação da matrícula, caso o aluno já tenha juntado comprovante de residência ao seu prontuário, cabe exigir comprovante atualizado ou declaração do aluno de que permanece residindo no endereço anteriormente declarado.

3.5 Cópias de RG e CPF

Muitas vezes, o contratante erra ao colocar o número do documento de identidade (RG) ou do CPF. No ato da matricula, é recomendável, para prevenir tais problemas, que se exijam cópias do RG e do CPF, não somente do aluno, mas também dos pais ou responsáveis, tanto no caso de menores de 18 anos como no caso de haver fiador, além dos demais documentos necessários.

3.6 Cheques de terceiros

Ao aceitar cheques de terceiros para pagamento de parcela relativa à anuidade escolar, o Tesouraria deverá solicitar que seja nominal ao aluno e endossado à IES. Com isso, fica facilitada a responsabilização solidária.

4
OUTROS INSTRUMENTOS VINCULANTES

4. Vínculos entre alunos e IES

A vinculação entre a IES e o aluno não se faz somente com a assinatura do contrato. Além deste, outros atos e instrumentos ligam e responsabilizam a instituição de ensino frente ao seu alunado. São eles:

- Edital de processo seletivo (art. 44, inciso II da Lei 9.394 de 20 de dezembro de 1996)
- Propaganda (art. 60 da Lei nº 8.078 de 1999, Código de Defesa do Consumidor)
- Manual do processo seletivo (art. 32 da Portaria do MEC nº 40 de 2007)
- Requerimento de matrícula
- Regulamento financeiro
- Regimento Interno da faculdade, Estatuo e Regimento do centro universitário ou da universidade
- Calendário escolar
- Resposta a requerimentos de alunos
- Contrato tácito;
- Outros regulamentos, como de estágio, biblioteca, laboratórios

4.1 Edital de processo seletivo

O edital de processo seletivo deve ser preparado considerando as peculiaridades da IES, como número de vagas disponibilizadas, turno em que o curso será oferecido, número mínimo de inscrições para abrir uma turma, percentual de reembolso de matrícula para o aluno calouro que venha a ingressar em outra IES, classificação, pontuação mínima para aprovação etc.

É sempre bom lembrar que o edital vincula a instituição de ensino ao aluno, não podendo haver alteração de suas condições durante o processo seletivo – salvo correção de condições ilegais, como critérios preconceituosos ou cláusulas que ferem o direito à isonomia.

O fundamento legal a respeito do tema é Lei nº 9.394/1996, Lei de Diretrizes e Bases da Educação Nacional (LDB), como se vê a seguir:

> Art. 44: A educação superior abrangerá os seguintes cursos e programas:
> [...]
> II: de graduação, abertos a candidatos que tenham concluído o ensino médio ou equivalente e tenham sido classificados em processo seletivo;
>
> Art. 47: [...]
> [..]
> §1º: As instituições informarão aos interessados, antes de cada período letivo, os programas de cursos e demais componentes curriculares, sua duração, requisitos, qualificação dos professores, recursos disponíveis e critérios de avaliação, obrigando-se a cumprir as respectivas condições.

4.1.1 Edital de processo seletivo: princípios e publicação

O Parecer nº 98/99 do Conselho Nacional de Educação (CNE), homologado pelo ministro da Educação, regulamenta o processo seletivo para acesso a cursos de graduação de universidades, centros universitários e Instituições Isoladas de ensino superior.

Alguns princípios estabelecidos no parecer devem balizar os processos seletivos da IES:

1. Igualdade de condições para acesso e permanência na escola. Desse modo, a IES deve também contemplar a possibilidade de candidatos portadores de necessidades especiais e assegurar-lhes acesso ao processo seletivo;
2. Os concursos vestibulares continuam a ser processo válido para ingresso no ensino superior. A inovação surgida com a LDB é que os vestibulares deixaram de ser o único e exclusivo mecanismo de acesso e admissão. Assim, a IES pode adotar modos alternativos que, a seu juízo, melhor atendam aos interessados e às suas especificidades. O que importa é a existência de um processo seletivo, seja através de vestibular, seja por outro meio que permita seleção entre os candidatos;
3. Obediência ao art. 5º da Constituição Federal, segundo o qual "todos são iguais perante a lei, sem distinção de qualquer natureza, garantindo-se aos brasileiros e aos estrangeiros residentes no País a inviolabilidade do direito à vida, à liberdade, à igualdade, à segurança e à propriedade, nos termos seguintes: I – homens e mulheres são iguais em direito e obrigações, nos termos desta constituição. [...]"
4. Indispensável atendimento à exigência da conclusão do ensino médio ou equivalente como condição necessária para ingresso na instituição de ensino superior;
5. Processo seletivo que envolva algum tipo de classificação de modo a ordenar a capacidade dos candidatos;
6. Edital público, contendo critérios de avaliação, com razoável antecedência às provas; fixação de vagas por curso, denominação das respectivas habilitações de cada curso abrangido pelo processo seletivo, data, número e natureza do ato de autorização ou reconhecimento de cada curso e habilitação; número de alunos por turma, local de funcionamento de cada curso, normas de acesso e prazo de validade do processo;

7. O processo seletivo não pode interferir na vida escolar do aluno nem interromper ou perturbar o ano letivo do ensino médio;
8. Para as instituições que desenvolverem o processo seletivo ao longo da escolaridade de ensino médio ou equivalente, haverá necessidade de edital público veiculado no órgão oficial da União e em órgão de Imprensa de grande circulação;
9. Possibilidade da utilização do Exame Nacional no Ensino Médio.

Antes mesmo da vigência da Portaria nº 2.864/2005, hoje revogada, a Portaria do MEC de nº 1.449/99, publicada no Diário Oficial da União de 27 de setembro, assim dispunha:

> Art. 1º: A publicação dos editais de abertura de processo seletivo para ingresso em cursos de graduação a que se refere o art. 1º da Portaria nº 1.120, de 16 de julho de 1999, do Ministro de Estado da Educação, deverá ser procedida no Diário Oficial da União.

A Portaria nº 40/2007, que instituiu o E-MEC, também disciplina o tema:

> Art. 32: [...]
> [...]
> §3º: O edital de abertura do vestibular ou processo seletivo do curso, a ser publicado no mínimo 15 (quinze) dias antes da realização da seleção, deverá conter pelo menos as seguintes informações:
> I: denominação e habilitações de cada curso abrangido pelo processo seletivo;
> II: ato autorizativo de cada curso, informando a data de publicação no Diário Oficial da União, observado o regime da autonomia, quando for o caso;

> III: número de vagas autorizadas, por turno de funcionamento, de cada curso e habilitação, observado o regime da autonomia, quando for o caso;
> IV: número de alunos por turma;
> V: local de funcionamento de cada curso;
> VI: normas de acesso;
> VII: prazo de validade do processo seletivo.

4.2 Manual do processo seletivo

Ao fazer sua inscrição no processo seletivo, o aluno normalmente recebe um manual. Tal documento, em geral, descreve a filosofia da escola, o objetivo do curso, relação do corpo docente, procedimento de matrícula, roteiro do processo seletivo etc. O manual deverá apresentar uma proposta que a IES efetivamente concretizará, sob pena de ser condenada por prática de propaganda enganosa. Vale a recomendação também para os demais meios de comunicação por ela utilizados para atingir os alunos.

A Lei de Diretrizes e Bases da Educação também trata do tema:

> Art. 47: [...]
> [...]
> §1º: As instituições informarão aos interessados, antes de cada período letivo, os programas dos cursos e demais componentes curriculares, sua duração, requisitos, qualificação dos professores, recursos disponíveis e critérios de avaliação, obrigando-se a cumprir as respectivas condições.

Além da obrigatoriedade de informar amplamente sobre os cursos oferecidos, também há que observar o disposto no Código de Defesa do Consumidor essencialmente quanto à veracidade das informações fornecidas. A seguir, dispositivos do CDC que tratam do tema:

IMPOSIÇÃO DE CONTRAPROPAGANDA

Art. 60: A imposição de contrapropaganda será cominada quando o fornecedor incorrer na prática de publicidade enganosa ou abusiva, nos termos do art. 36 e seus parágrafos, sempre às expensas do infrator.
§1°: A contrapropaganda será divulgada pelo responsável da mesma forma, frequência e dimensão e, preferencialmente, no mesmo veículo, local, espaço e horário, de forma capaz de desfazer o malefício da publicidade enganosa ou abusiva.

Art. 67: [...]
Fazer ou promover publicidade que sabe ou deveria saber ser enganosa ou abusiva:
Pena: detenção de 3 meses a 1 ano e multa.

4.3 Requerimento de matrícula

Algumas Instituições, por falta de contrato, adotam o requerimento de matrícula, que passa a integrar a relação contratual entre as partes. Entretanto, tal conduta é ilegal em face do que estabelece a Lei n° 9.870/99 e o Código de Defesa do Consumidor. Assim, não apenas por exigência legal, mas também para resguardar seu direito e seu crédito, a instituição de ensino deve elaborar e utilizar contrato de prestação de serviços. E deve fazer mais: valer-se de um elaborado por profissionais especialmente habilitados para tanto.

4.4 Calendário escolar

O calendário obedecerá à carga horária do curso, estabelecendo as datas das avaliações, o início e o término do ano letivo, datas de matrícula, prazo de pedido de prova substitutiva e outras atividades, devendo ser divulgado ao aluno com antecedência.

Se o curso for oferecido aos sábados, é necessário que o aluno tenha conhecimento prévio. Importa que para cada curso tem uma diretriz curricular aprovado pelo Conselho Nacional de Educação, estabelecendo carga horária mínima e tempo de integralização.

4.5 Respostas a requerimento

Não há nada mais burocrático que uma IES. Assim sendo, as respostas a solicitações de alunos vinculam a instituição de ensino em direitos e obrigações. Portanto, todos os profissionais que prestam alguma informação ao aluno devem ter conhecimento suficiente sobre cursos, procedimentos, regras e legislação, pois uma resposta redigida de forma errônea pode gerar obrigações frente ao aluno que extrapolam até mesmo o que foi contratado entre ele e a IES.

Recomendamos que os requerimentos interpostos pelos alunos sejam acompanhados através de comprovante dado ao aluno, bem como que a IES proceda a padronização e controle rígido para entrada e saída de requerimentos.

O Código de Defesa do Consumidor disciplina a esse respeito:

> Art. 48: As declarações de vontade constantes de escritos particulares, recibos e pré-contratos relativos às relações de consumo vinculam o fornecedor, ensejando inclusive execução específica nos termos do art. 84 e parágrafos.

4.6 Contrato tácito

O CDC prevê todos os tipos de contratos, inclusive o contrato tácito, que é o acordo aceito, ainda que não assinado entre as partes.

Conforme mencionado anteriormente, o contrato de prestação de serviços educacionais é um contrato de adesão, que se define como aquele em que as cláusulas são aprovadas pela autoridade competente ou estabelecidas unilateralmente pelo fornecedor de produtos ou serviços sem que o consumidor possa discutir ou modificar substancialmente seu conteúdo (art. 54 do Código do Consumidor).

Para que a instituição de ensino não venha a sofrer problemas de contratação tácita, ela não pode permitir que alunos não matriculados regularmente frequentem aulas, realizem provas ou participem de outras atividades da IES.

A despeito das orientações que a IES deve dar aos professores e mesmo ao corpo discente para que procurem o setor responsável quando algum nome não constar da lista, também é recomendável que a IES adote meios para evitar o acesso do aluno irregular às suas dependências – como a instalação de catracas eletrônicas, por exemplo.

Embora a colaboração do professor nesse sentido seja de todo útil e desejada, a IES deve atentar para a necessidade de se prevenir, pois, uma vez que o aluno não matriculado adentre a sala de aula e participe das atividades realizadas em sala, como trabalhos e provas, pela **teoria do fato consumado,** se ele obtiver aproveitamento, dificilmente terá sua pretensão negada em juízo, restando à Instituição convalidar o que foi feito.

Importa fazer algumas considerações a respeito do tema.

4.7 Regimento Interno

Os regimentos das IES são fontes de direitos e obrigações. Não pode o contrato de prestação de serviços contrariar o estabelecido no regimento da instituição de ensino. Vale apenas destacar que, de acordo com o Decreto nº 5.773/2006, artigos 16, II, "c" e 21, II, as IES devem apresentar seus regimentos internos para credenciamento e para recredenciamento.

4.8 Inclusão de alunos em listas de presença

Em nenhuma hipótese deve o professor incluir nome de aluno em listas de presença. Caso o aluno reclame que seu nome não consta na lista, o professor deverá encaminhar o caso à Secretaria para solução do problema. De extrema importância é orientar o professor para que faça isso sem alarde, de modo a não constranger o aluno, sob pena de restar para IES responsabilização por eventuais danos morais. É sabido que erros podem acontecer, levando à exclusão de aluno matriculado regularmente da lista de presença. Dessa forma, por medida de cautela, não somente os professores, mas também coordenadores e outros funcionários devem ser orientados sobre como agir nessas situações.

4.9 Realizações de provas e avaliações

Somente pode realizar avaliações o aluno regularmente matriculado e cujo nome conste na lista de presença. Recomendamos às IES que mantenham controle do número de alunos regulares, timbrando folhas de provas ou usando outro meio que impossibilite ao aluno não matriculado realizar avaliações. Se, por algum descuido, isso vier a acontecer, o professor deve entregar tais avaliações ao coordenador do curso, evitando que o aluno possa tê-la em mãos e eventualmente fazer prova a seu favor. Aluno não matriculado não é aluno e, portanto, não tem direito de participar das atividades da instituição.

4.10 Alunos ouvintes

Há casos em que aluno não matriculado pede ao professor para frequentar aulas e realizar provas, na condição de aluno ouvinte, havendo a anuência do professor. Tal procedimento, exceto se previsto nas normas internas da IES, como ocorre em alguns cursos de pós-graduação *stricto sensu*, não deve ser adotada, sob pena de o aluno conseguir provar frequência e aproveitamento e a IES ser obrigada a validar tal período.

4.11. Planos de estudo

Em caso de alunos que estão em planos de estudo, seja porque vieram transferidos de outras instituições, seja porque voltaram a cursar depois de um período de trancamento, ou ainda porque têm matérias reprovadas, pendentes, é necessário que a IES tenha cuidado redobrado, fazendo que o aluno assine o plano elaborado pela IES, expressamente anuindo com o mesmo e de modo que tal fique documentado tanto para o aluno quanto para a instituição. Há casos de alunos que, tendo disciplinas que exigem pré-requisitos, por exemplo, não cursam as disciplinas estabelecidas no plano de estudos, mas as que desejam cursar.

4.12 Orientação aos professores

Os professores deverão ser orientados a não permitir que alunos não matriculados frequentem suas aulas. O professor é um preposto da instituição, desse modo, caso aceite a frequência de aluno não matriculado, sua atitude poderá ensejar que esse aluno estabeleça indevidamente um vínculo com a Instituição, por meio do denominado "contrato tácito".

5
QUESTÕES RELACIONADAS AO CONTRATO

5 Situações específicas

O tema central deste trabalho é o contrato de prestação de serviços educacionais, incluindo suas implicações e consequências na realidade de uma instituição de ensino. Embora a maior parte do conteúdo nele tratado se refira ao ensino superior, é perfeitamente possível, com as devidas adaptações, utilizar este guia também no que diz respeito aos cuidados necessários à elaboração, execução e ao acompanhamento de um contrato de prestação de serviços educacionais para outros níveis de ensino.

Neste tópico, iremos tratar de algumas questões que, não ligadas ao contrato em si, envolvem a prestação de serviços educacionais. Elas merecem destaque, porque refletem diretamente na vida da IES, tendo, portanto, aplicação prática.

5.1 Cobrança de dívidas

É considerado crime cobrar o aluno inadimplente mediante ameaça ou constrangimento. A IES deve ter muita cautela nesse sentido. Publicar em quadros de avisos lista com nomes de alunos inadimplentes ou autorizar a realização de provas somente após regularização do pagamento de mensalidade são atos que constituem crime. Tampouco se deve fazer a publicação dos números de registro acadêmico dos inadimplentes pelos mesmos motivos, eis que, no ambiente escolar, é comum os alunos se conhecerem pelos números uns dos outros.

A respeito do tema, o Código de Defesa do Consumidor reza:

> Art. 42: Na cobrança de débitos, o consumidor inadimplente não será exposto a ridículo, nem será submetido a qualquer tipo de constrangimento ou ameaça.

> Art. 72: Impedir ou dificultar o acesso do consumidor às informações que sobre ele constem em cadastros, bancos de dados, fichas e registros:
> Pena: Detenção de seis meses a um ano ou multa.

Dessa forma, considerando que os serviços prestados pelas instituições de ensino são regidos pelo Código do Consumidor, a desobediência ao que em tal diploma é tratado acarreta uma série de sanções, como veremos a seguir, expostas em alguns de seus artigos, *in verbis*:

> Art. 56: As infrações das normas de defesa do consumidor ficam sujeitas, conforme o caso, às seguintes sanções administrativas, sem prejuízo das de natureza civil, penal e das definidas em normas específicas:
> [...]
> VII: suspensão temporária de atividade;
> VIII: revogação de concessão ou permissão de uso;

> Art. 57: A pena de multa, graduada de acordo com a gravidade da infração, a vantagem auferida e a condição econômica do fornecedor, será aplicada mediante procedimento administrativo nos termos da lei, revertendo para o Fundo de que trata a Lei 7.347, de 24 de julho de 1985, sendo a infração ou dano de âmbito nacional, ou para os fundos estaduais de proteção ao consumidor nos demais casos.
> Parágrafo único: A multa será em montante não inferior a duzentos e não superior a três milhões de vezes o valor da Unidade Fiscal de Referência (Ufir ou índice equivalente que venha a substituí-lo).

> Art. 58: As penas de apreensão, de inutilização de produtos, de proibição de fabricação de produtos, de suspensão do fornecimento de produto ou serviço, de cassação do registro do produto e revogação da concessão ou permissão de uso serão aplicadas pela administração, mediante procedimento administrativo, assegurada ampla defesa, quando forem constatados vícios de quantidade ou de qualidade por inadequação ou insegurança do produto ou serviço.

Como se pode deduzir do acima exposto, qualquer punição deverá ser precedida de contraditório e de ampla defesa, sob pena de nulidade do processo respectivo, em atendimento não apenas ao estabelecido no CDC, mas também na Constituição Federal em seu artigo 5º, inciso LV.

Ao lavrar a multa, a autoridade competente deverá levar em conta a gravidade da infração cometida, a vantagem auferida pela instituição de ensino, bem como sua condição econômica.

5.2 A recusa de matrícula e a liberdade de contratar

De 1990 até 1999, várias medidas provisórias (MP) disciplinaram o contrato de prestação de serviços educacionais, sobretudo nos critérios de fixação das anuidades escolares e na definição de conteúdos de cláusulas.

Uma MP que causou grande polêmica foi a de nº 524. Editada em 7 de junho de 1994, foi objeto de Ação Direta de Inconstitucionalidade (Adin) proposta pela Confederação Nacional de Estabelecimentos de Ensino (Confenen).

Essa medida provisória estabeleceu regras para conversão das mensalidades escolares nos estabelecimentos particulares de ensino em Unidade Real de Valor (URV) – tratava-se do processo de implantação do Plano Real. Na prática, além de contemplar o calote, ela dispensava os alunos do pagamento das mensalidades de junho a setembro de 1994, em face da fórmula de cálculo utilizado para fixação de seus valores. Derrubava, ainda, o direito adquirido e desrespeitava contratos pactuados sob a égide de outra medida provisória.

Como se isso não bastasse, o art. 5° da referida MP abordou a inadimplência assim:

> Art. 5°: Já fica expressamente determinado que são proibidas a suspensão de provas escolares, a retenção de documentos de transferência, **o indeferimento de renovação de matrículas dos alunos** e a aplicação de quaisquer penalidades pedagógicas ou administrativas, por motivo de inadimplência do aluno, sem prejuízo das demais sanções legais. *(destaque nosso)*

Com a propositura da ação pela Confenen, em julgamento do Supremo Tribunal Federal, o relator do processo, ministro Francisco Rezek, assim se pronunciou:

> "Mas o legislador não pode sem ofensa à Constituição obrigar pessoas a celebrar ou renovar contratos. Assim, no ponto em que força a renovação da matrícula, só nele, a regra do art. 5° deve ser suspensa."

O voto do relator foi acolhido, propiciando que fosse deferido, em parte, o pedido de medida liminar para suspender, até a decisão final da ação, os efeitos dos artigos. 1° e 2° e seus parágrafos 3° e 4°, e ainda das expressões "... o indeferimento de renovação das matrículas dos alunos", do artigo 5°, e da expressão final "a serem observados após período estabelecido no art. 4° ", constante do artigo 6° – tudo parte da Medida Provisória n° 524, de 7 de junho de 1994.

Em obediência à liminar deferida, o Executivo editou a Medida Provisória nº 550, retirando a expressão "indeferimento de renovação de matrículas" e restabelecendo o princípio da autonomia das partes, defendida pela melhor doutrina, como se lê no volume 3 de *Direito Civil: Dos Contratos e das Declarações Unilaterais de Vontade*, de Sílvio Rodrigues:

> "O princípio da autonomia da vontade consiste na prerrogativa conferida aos indivíduos de criar relações na órbita do direito, desde que se submetam às regras impostas pela lei e que seus fins coincidam com o interesse geral, ou não o contradigam. Desse modo, qualquer pessoa capaz pode, através de manifestação de sua vontade, tendo objeto lícito, criar relações a que a lei empresta validade. Não estão as partes adstritas à escolha de um determinado contrato nominal; antes, podem usar da liberdade que lhes concede a lei para recorrer a um contrato a fim de regular o eventual conflito entre seus interesses. O princípio da autonomia da vontade se desdobra em outros, a saber: a) princípio da liberdade de contratar ou não contratar; b) princípio da liberdade de contrariar aquilo que entender.
>
> Por conseguinte, de acordo com o princípio da autonomia da vontade, ninguém é obrigado a se ligar contratualmente, só o fazendo se assim lhe aprouver. E ainda: qualquer pessoa capaz pode recorrer a qualquer procedimento lícito para alcançar um efeito jurídico almejado".

Entretanto, alguns juízes de primeira instância têm concedido liminares a alunos inadimplentes, criando assim absoluto desequilíbrio na relação contratual e, ainda, desrespeitando o princípio da autonomia de contratar.

Como padrão na concessão de liminares, alegam os magistrados que a escola tem meios próprios de cobrança. A tese contribuiu para a indústria da cobrança judicial, considerando que o prazo de execução de mensalidades escolares é de apenas um ano, sob pena de prescrição dos créditos.

Destarte, a instituição de ensino pode recusar a matrícula de alunos inadimplentes, conforme já decidiu o Supremo Tribunal Federal.

5.3 Ensino religioso

No tocante ao ensino religioso, quando se trata de instituições confessionais, não há propriamente problemas, eis que, ao matricular-se em uma instituição dessa natureza, o aluno já está ciente sobre qual é a crença professada pela instituição, devendo se sujeitar às exigências de currículo correspondentes.

Em sede de ensino público, considerando que o Brasil é um país laico, não foi o ensino religioso instituído como obrigatório pela Constituição Federal de 1988, mas facultativo, sendo oferecido como disciplina dentro dos horários normais das escolas públicas do ensino fundamental.

Portanto, mesmo no ensino fundamental, na iniciativa privada, o ensino religioso pode ser adotado como disciplina obrigatória, desde que seja observado o conteúdo mínimo fixado por lei para o ensino fundamental. A inclusão obrigatória ou facultativa do ensino religioso se insere no contexto da liberdade de crença e mesmo de ensino.

Sobre ensino religioso, a LDB traz, *in verbis*:

> Art.33: O ensino religioso, de matrícula facultativa, é parte integrante da formação básica do cidadão e constitui disciplina dos horários normais das escolas públicas de ensino fundamental, assegurado o respeito à diversidade cultural e religiosa do Brasil, vedadas quaisquer formas de proselitismo.

> §1°: Os sistemas de ensino regulamentarão os procedimentos para a definição dos conteúdos do ensino religioso e estabelecerão as normas para a habilitação e admissão dos professores.
> §2°: Os sistemas de ensino ouvirão entidade civil, constituída pelas diferentes denominações religiosas, para a definição do ensino religioso.

No estado de São Paulo, a Resolução de 27/07/2001, ao regular o tema, expressa:

> "O ensino religioso nas escolas deve, antes de tudo, fundamentar-se nos princípios da cidadania e do entendimento do outro. O conhecimento religioso não deve ser um aglomerado de conteúdos que visam evangelizar ou procurar seguidores de doutrinas, nem associado à imposição de dogmas, rituais ou orações, mas um caminho a mais para o saber sobre as sociedades humanas e sobre si mesmo.

As instituições de ensino superior têm enfrentado alguns problemas especificamente envolvendo alunos de confissão adventista, que, por princípio, guardam os sábados. Em alguns casos, membros desse grupo religioso se recusam a realizar atividades curriculares previstas para os sábados, mesmo tendo ciência delas desde o ato da matrícula. Algumas instituições – como acontece, por exemplo, com os Núcleos de Prática Jurídica dos Cursos de Direito –, programam os estágios para os sábados a partir de determinado período do curso. Nesses casos, há situações nas quais alunos adventistas, impedidos pela sua convicção religiosa de participar de tais atividades, ingressam no Judiciário requerendo que a IES os dispensem de comparecimento no dia programado e as ofereça em horário diverso ou estabeleça outra atividade substitutiva. Invocando a Lei Estadual (SP) nº 12.142, de 8 do dezembro de 2005, tais alunos alegam que têm direito às providências mencionadas, também amparado pelo artigo 5º, inciso VIII da Constituição Federal, que diz:

> Art. 5º: [...]
> VIII: ninguém será privado de direitos por motivo de crença religiosa ou de convicção filosófica ou política, salvo se as invocar para eximir-se de obrigação legal a todos imposta e recusar-se a cumprir prestação alternativa, fixada em lei.

No que diz respeito à lei paulista referida, de constitucionalidade duvidosa, salvo melhor juízo, não pode servir de escusa para o cumprimento das obrigações curriculares assumidas contratualmente, em especial se o aluno delas tinha conhecimento e poderia, em respeito às próprias convicções, ter escolhido outro curso ou mesmo outra instituição de ensino.

5.4 Equivalência de estudos, aproveitamento e convalidação de estudos; transferências de alunos

Sobre equivalência de estudos, há algumas questões pontuais que demandam análise.

5.4.1 Cursos realizados no exterior: Em caso de ensino médio realizado no exterior, este pode ser computado para efeito de emissão de certificado de conclusão, desde que cumpridas as exigências legais. Já em se tratando de Educação Profissional de nível técnico, a revalidação do diploma deve ser feita por IE que ofereça habilitação profissional na mesma área, desde que também cumpra as exigências legais, de fiscalização e qualidade.

5.4.2 Ensino militar: A Lei de Diretrizes e Bases da Educação, no artigo 83, trata do ensino militar, estabelecendo que "o ensino militar é regulado em lei específica, admitida a equivalência de estudos, de acordo com as normas fixadas pelos sistemas de ensino. Os Pareceres CES/CNE nº 247/99, nº 460/99, nº 1.295/2001 e nº 272/2002 trataram do assunto.
Quando da transferência de aluno ou matrícula em outra instituição, fora do ensino militar, compete à IES receptora aceitar ou não o que foi cursado no ensino militar.
A Portaria MEC nº 3672/2004 regulamenta a declaração de equivalência dos cursos superiores do ensino militar aos cursos de graduação do sistema federal de ensino.

A Lei nº 9.536/97 estabelece:

> Art. 1º: A transferência *ex officio* a que se refere o parágrafo único do art. 49 da Lei nº 9.394, de 20 de dezembro de 1996, será efetivada, entre instituições vinculadas a qualquer sistema de ensino, em qualquer época do ano e independente da existência de vaga, quando se tratar de servidor público federal civil ou **militar** estudante, ou seu dependente estudante, se requerida em razão de comprovada remoção ou transferência de ofício, que acarrete mudança de domicílio para o município onde se situe a instituição recebedora, ou para localidade mais próxima desta.
>
> Parágrafo único: A regra do *caput* não se aplica quando o interessado na transferência se deslocar para assumir cargo efetivo em razão de concurso público, cargo comissionado ou função de confiança.

Genericamente, quando se fala em transferência de alunos, o que se deve considerar é que só pode ser transferido de uma IES para outra aquele aluno que é regular, ou seja, que se encontra vinculado à instituição de origem. Do outro lado, a instituição receptora, em emitindo declaração de vaga, se o candidato preencher as condições estabelecidas, deve receber o aluno, sob pena de, no caso concreto, incidir em atividade discriminatória.

No item 6.4.3, mais adiante, vamos trazer à baila um esclarecedor parecer do Conselho Nacional de Educação (CNE) sobre o tema da transferência, objeto de consulta da Sociedade Baiana de Educação.

Questão que se coloca particularmente problemática no dia a dia das IES é a convalidação de estudos.

As instituições, conforme já mencionado neste trabalho, devem se prevenir quanto à prática de atos dos alunos que levem à imperiosa necessidade de convalidar estudos irregulares. Para tanto, uma das saídas é a elaboração dos planos de estudo e a fiscalização de seu rigoroso cumprimento.

Ao contrário do que já se considerou exigência para convalidação de estudos, não mais se perquire sobre a boa-fé do aluno. Pela teoria do fato consumado, o que importa é se ele, por negligência ou não da IES, cursou determinadas disciplinas para que as mesmas, em tese, possam ser validadas.

5.5 Pedido de reconhecimento de curso

A IES deverá, entre metade do prazo de integralização do curso e até 75% desse prazo, protocolar o pedido de reconhecimento, conforme estabelece o Decreto nº 6.333/2007, que alterou o artigo 35 do Decreto nº 5.773/2006:

> Art. 35: A instituição deverá protocolar pedido de reconhecimento de curso, no período entre metade do prazo previsto para a integralização de sua carga horária e setenta e cinco por cento desse prazo.

5.6 Cumprimento das diretrizes curriculares

A Constituição da República estabelece, no inciso II do artigo 206, o princípio do pluralismo de ideias e concepções pedagógicas e de coexistência de instituições públicas e privadas.

Entretanto, as IES devem atender, em seus projetos e cursos, às diretrizes curriculares aprovadas pelo CNE, dentro das competências estabelecidas na letra "c" do parágrafo 2º do artigo 9º da Lei nº 9.131/1995.

Além de a IES ter problemas com o reconhecimento do curso, também poderá sofrer demandas individuais dos alunos caso não cumpra as diretrizes curriculares.

5.7 Elaboração e execução do projeto pedagógico

De acordo com o inciso I do artigo 12 da Lei de Diretrizes e Bases da Educação, "é incumbência dos estabelecimentos do ensino, inclusive de nível superior, elaborar e executar sua proposta pedagógica". Trata-se de autonomia, prevista não só para universidade, como também para todas as IES.

Aqui, novamente, o maior problema de ordem prática poderá ocorrer com o reconhecimento do curso e com alunos que constatarem o descumprimento do pedido de reconhecimento de curso previsto no Decreto nº 5773, de 2006 ou descumprimento das Diretrizes Curriculares aprovadas pelo Conselho Nacional de Educação.

5.8 Protocolo de compromisso e aplicação de penalidades

Conforme já mencionado, a Instituição deverá respeitar os prazos definidos em função do ciclo avaliação, para efeitos de avaliação prevista no Sistema Nacional de Avaliação de Ensino Superior. Caso a IES não atenda ao disposto nessa portaria, cometerá irregularidade e estará sujeita às cominações da Lei nº 10.861/2004, e da Lei nº 9.394/1996, na forma do Decreto nº 5.773/2006.

A Lei nº 9.394/96 (LDB) dispõe sobre o assunto:

> Art. 46: A autorização e o reconhecimento de cursos, bem como o credenciamento de instituições de educação superior, terão prazos limitados, sendo renovados, periodicamente, após processo regular de avaliação.
> [...]
> §1º: Após um prazo para saneamento de deficiências eventualmente identificadas pela avaliação a que se refere este artigo, haverá reavaliação, que poderá resultar, conforme o caso, em desativação de cursos e habilitações, em intervenção na instituição, em suspensão temporária de prerrogativas da autonomia, ou em descredenciamento.
> §2º: No caso de instituição pública, o Poder Executivo responsável por sua manutenção acompanhará o processo de saneamento e fornecerá recursos adicionais, se necessários, para a superação das deficiências

A Lei nº 10.861/2004, que instituiu o Sistema Nacional de Acreditação da Educação Superior (Sinaes), dispõe sobre penalidades, nos artigos 10 e 12 e prevê também assinatura de Protocolo de Compromisso para resolução de problemas em caso de resultados insatisfatórios na avaliação realizada pelo Ministério da Educação:

> Art. 10: Os resultados considerados insatisfatórios ensejarão a celebração de protocolo de compromisso, a ser firmado entre a instituição de educação superior e o Ministério da Educação, que deverá conter:
> I: o diagnóstico objetivo das condições da instituição;
> II: os encaminhamentos, processos e ações a serem adotados pela instituição de educação superior com vistas à superação das dificuldades detectadas;

III: a indicação de prazos e metas para o cumprimento de ações, expressamente definidas, e a caracterização das respectivas responsabilidades dos dirigentes;
IV: a criação, por parte da instituição de educação superior, de comissão de acompanhamento do protocolo de compromisso.
§1º: O protocolo a que se refere o *caput* deste artigo será público e estará disponível a todos os interessados.
§2º: O descumprimento do protocolo de compromisso, no todo ou em parte, poderá ensejar a aplicação das seguintes penalidades:
I: suspensão temporária da abertura de processo seletivo de cursos de graduação;
II: cassação da autorização de funcionamento da instituição de educação superior ou do reconhecimento de cursos por ela oferecidos;
III: advertência, suspensão ou perda de mandato do dirigente responsável pela ação não executada, no caso de instituições públicas de ensino superior.
§3º: As penalidades previstas neste artigo serão aplicadas pelo órgão do Ministério da Educação responsável pela regulação e supervisão da educação superior, ouvida a Câmara de Educação Superior, do Conselho Nacional de Educação, em processo administrativo próprio, ficando assegurado o direito de ampla defesa e do contraditório.
§4º: Da decisão referida no §2º deste artigo, caberá recurso dirigido ao Ministro de Estado da Educação.
§5º: O prazo de suspensão da abertura de processo seletivo de cursos será definido em ato próprio do órgão do Ministério da Educação referido no §3º deste artigo.
[...]

> Art. 12: Os responsáveis pela prestação de informações falsas ou pelo preenchimento de formulários e relatórios de avaliação que impliquem omissão ou distorção de dados a serem fornecidos ao Sinaes responderão civil, penal e administrativamente por essas condutas.

O Decreto nº 5.773, de 9 de maio de 2006, que dispõe sobre o exercício das funções de regulação, supervisão e avaliação de instituições de educação superior e cursos superiores de graduação e sequenciais no sistema federal de ensino, regulamenta o artigo 46 da LDB e seus parágrafos.

5.9 Ano letivo

Na educação superior, o artigo 47 da Lei de Diretrizes e Bases da Educação estabelece que o ano letivo regular, independente do ano civil, tem, no mínimo, 200 dias de trabalho acadêmico efetivo, excluído o tempo reservado aos exames finais, quando houver.

Por outro lado, cabe aos estabelecimentos assegurar o cumprimento dos dias letivos e horas aulas estabelecidas (Art. 12, inciso III da LDB).

Sobre a duração da hora aula, o Conselho Nacional de Educação editou o Parecer CNE/CES nº 261/2006, e a Resolução CNE/CES nº 3/2007.

5.10 Inscrição de aluno no Enade

O dirigente da instituição de ensino superior é o responsável pela inscrição, no Instituto Nacional de Estudas e Pesquisas Educacionais Anísio Teixeira (Inep), de todos os alunos habilitados à participação no Enade. A não inscrição de alunos habilitados à participação no Enade nos prazos estipulados pelo Inep sujeitará a IES às sanções previstas no parágrafo 2º do artigo 10, sem prejuízo do disposto no artigo 12 da Lei do Sinaes, ou seja:

> I: suspensão temporária da abertura de processo seletivo;
> Ii: cassação da autorização de funcionamento da IES ou do reconhecimento de cursos por ela oferecidos;
> III: advertência, suspensão ou perda de mandato do dirigente responsável pela ação não executada, no caso de instituições públicas de ensino superior.

5.11 Cadastro da Educação Superior

O responsável pelo cadastro das IES do sistema federal de ensino é o Pesquisador Institucional (PI), que também é incumbido de alimentá-lo e atualizá-lo. Cada IES escolhe o seu, em função de alterações desenvolvidas ao longo da vida institucional ou de seus cursos e programas de educação superior.

Contudo, a atualização do cadastro não é feita diretamente pela IES. O cadastro das IES no Sistema Integrado de Informações da Educação Superior (SIEdSup) é base para outros sistemas, como o Enade, as avaliações institucionais e de cursos, o ProUni, o Fies etc.

5.12 Prazo para início de funcionamento de IES ou de curso

A instituição de ensino superior terá prazo de doze meses, a contar da publicação do ato autorizativo, para iniciar o funcionamento do curso, sob pena de caducidade, conforme dispõe o art. 68, do Decreto nº 5.773/2006.

Nos casos de caducidade do ato autorizativo e de decisão final desfavorável em processo de credenciamento de IES

– inclusive de curso ou *campus* fora de sede e de autorização de curso superior –, os interessados só poderão apresentar nova solicitação relativa ao mesmo pedido após decorridos dois anos contados do ato que encerrar o processo.

5.13 Frequência obrigatória de alunos e professores

A LDB, no parágrafo 3º do artigo 47, define que "é obrigatória a frequência de alunos e professores, salvo nos programas de educação a distância".

No ensino presencial, antes da Lei nº 9.394/96, era exigida aos alunos frequência mínima de 75% nas aulas e atividades programadas. Ao aprovar estatutos e regimentos de IES, o Ministério da Educação tem exigido esse percentual mínimo.

5.14 Indivíduos com necessidades especiais

A educação especial, conforme definida pela LDB em seu artigo 58, é a "modalidade de educação escolar, oferecida preferencialmente na rede regular de ensino, para educandos portadores de necessidades especiais".

O parágrafo 1º diz que "haverá, quando necessário, serviços de apoio especializado, na escola regular, para atender às peculiaridades da clientela da educação especial".

A Portaria MEC nº 3.284, de 7 de novembro de 2003, dispõe sobre requisitos de acessibilidade de pessoas portadoras de deficiências que devem ser atendidos pelas IES, avaliados pelo MEC nos processos de credenciamento ou recredenciamento institucional e de autorização, reconhecimento ou renovação de reconhecimento de cursos superiores. Revoga a Portaria MEC nº 1.679, de 2 de dezembro de 1999.

Essa portaria tem fundamento nos seguintes diplomas legais:

Lei nº 7.853, de 24 de outubro de 1989: dispõe sobre o apoio às pessoas portadoras de deficiência, sua integração social, sobre a Coordenadoria Nacional para Integração da Pessoa Portadora de Deficiência (Corde), institui a tutela jurisdicional de interesses coletivos ou difusos dessas pessoas, disciplina a atuação do Ministério Público, define crimes e dá outras providências;

Lei nº 10.098, de 19 de dezembro de 2000: estabelece normas gerais e critérios básicos para a promoção da acessibilidade das pessoas portadoras de deficiência ou com mobilidade reduzida e dá outras providências.

Lei nº 10.436, de 24 de abril de 2002: dispõe sobre a Língua Brasileira de Sinais (Libras) e dá outras providências.

Portaria nº 3.284/2003: determina que sejam incluídos nos instrumentos destinados a avaliar as condições de oferta de cursos superiores, para fins de autorização e reconhecimento e de credenciamento de IES, bem como para renovação, conforme as normas em vigor, requisitos de acessibilidade de pessoas portadoras de necessidades especiais.

PARTE II

LEGISLAÇÃO APLICÁVEL

6. LEGISLAÇÃO E NORMAS

6. Principais dispositivos

Nesta seção, serão transcritos os principais diplomas legais relativos ao tema central do nosso estudo, bem como normas e orientações estabelecidas em pareceres e súmulas pela autoridade educacional por meio do Conselho Nacional de Educação (CNE), órgão colegiado máximo do Ministério da Educação (MEC).

6.1 Leis

6.1.1 Integração das pessoas com deficiência

Lei nº 7.853, de 24 de outubro de 1989

> Dispõe sobre o apoio às pessoas portadoras de deficiência, sua integração social, sobre a Coordenadoria Nacional para Integração da Pessoa Portadora de Deficiência – Corde, institui a tutela jurisdicional de interesses coletivos ou difusos dessas pessoas, disciplina a atuação do Ministério Público, define crimes, e dá outras providências.

O PRESIDENTE DA REPÚBLICA, faço saber que o Congresso Nacional decreta e eu sanciono a seguinte Lei:

Art. 1º: Ficam estabelecidas normas gerais que asseguram o pleno exercício dos direitos individuais e sociais das pessoas portadoras de deficiências, e sua efetiva integração social, nos termos desta Lei.

§1º: Na aplicação e interpretação desta Lei, serão considerados os valores básicos da igualdade de tratamento e oportunidade, da justiça social, do respeito à dignidade da pessoa humana, do bem-estar, e outros, indicados na Constituição ou justificados pelos princípios gerais de direito.

§2º: As normas desta Lei visam garantir às pessoas portadoras de deficiência as ações governamentais necessárias ao seu cumprimento e das demais disposições constitucionais e legais que lhes concernem, afastadas as discriminações e os preconceitos de qualquer espécie, e entendida a matéria como obrigação nacional a cargo do Poder Público e da sociedade.

Art. 2º: Ao Poder Público e seus órgãos cabe assegurar às pessoas portadoras de deficiência o pleno exercício de seus direitos básicos, inclusive dos direitos à educação, à saúde, ao trabalho, ao lazer, à previdência social, ao amparo à infância e à maternidade, e de outros que, decorrentes da Constituição e das leis, propiciem seu bem-estar pessoal, social e econômico.

Parágrafo único. Para o fim estabelecido no *caput* deste artigo, os órgãos e entidades da administração direta e indireta devem dispensar, no âmbito de sua competência e finalidade, aos assuntos objetos esta Lei, tratamento prioritário e adequado, tendente a viabilizar, sem prejuízo de outras, as seguintes medidas:

I: na área da educação:

a) a inclusão, no sistema educacional, da Educação Especial como modalidade educativa que abranja a educação precoce, a pré-escolar, as de 1º e 2º graus, a supletiva, a habilitação e reabilitação profissionais, com currículos, etapas e exigências de diplomação próprios;

b) a inserção, no referido sistema educacional, das escolas especiais, privadas e públicas;

c) a oferta, obrigatória e gratuita, da Educação Especial em estabelecimento público de ensino;

d) o oferecimento obrigatório de programas de Educação Especial a nível pré-escolar, em unidades hospitalares e congêneres nas quais estejam internados, por prazo igual ou superior a 1 (um) ano, educandos portadores de deficiência;

e) o acesso de alunos portadores de deficiência aos benefícios conferidos aos demais educandos, inclusive material escolar, merenda escolar e bolsas de estudo;

f) a matrícula compulsória em cursos regulares de estabelecimentos públicos e particulares de pessoas portadoras de deficiência capazes de se integrarem no sistema regular de ensino;

II: na área da saúde:

a) a promoção de ações preventivas, como as referentes ao planejamento familiar, ao aconselhamento genético, ao acompanhamento da gravidez, do parto e do puerpério, à nutrição da mulher e da criança, à identificação e ao controle da gestante e do feto de alto risco, à imunização, às doenças do metabolismo e seu diagnóstico e ao encaminhamento precoce de outras doenças causadoras de deficiência;

b) o desenvolvimento de programas especiais de prevenção de acidente do trabalho e de trânsito, e de tratamento adequado a suas vítimas;

c) a criação de uma rede de serviços especializados em reabilitação e habilitação;

d) a garantia de acesso das pessoas portadoras de deficiência aos estabelecimentos de saúde públicos e privados, e de seu adequado tratamento neles, sob normas técnicas e padrões de conduta apropriados;

e) a garantia de atendimento domiciliar de saúde ao deficiente grave não internado;

f) o desenvolvimento de programas de saúde voltados para as pessoas portadoras de deficiência, desenvolvidos com a participação da sociedade e que lhes ensejem a integração social;

III: na área da formação profissional e do trabalho:

a) o apoio governamental à formação profissional, e a garantia de acesso aos serviços concernentes, inclusive aos cursos regulares voltados à formação profissional;

b) o empenho do Poder Público quanto ao surgimento e à manutenção de empregos, inclusive de tempo parcial, destinados às pessoas portadoras de deficiência que não tenham acesso aos empregos comuns;

c) a promoção de ações eficazes que propiciem a inserção, nos setores públicos e privado, de pessoas portadoras de deficiência;

d) a adoção de legislação específica que discipline a reserva de mercado de trabalho, em favor das pessoas portadoras de deficiência, nas entidades da Administração Pública e do setor privado, e que regulamente a organização de oficinas e congêneres integradas ao mercado de trabalho, e a situação, nelas, das pessoas portadoras de deficiência;

IV: na área de recursos humanos:

a) a formação de professores de nível médio para a Educação Especial, de técnicos de nível médio especializados na habilitação e reabilitação, e de instrutores para formação profissional;

b) a formação e qualificação de recursos humanos que, nas diversas áreas de conhecimento, inclusive de nível superior, atendam à demanda e às necessidades reais das pessoas portadoras de deficiências;

c) o incentivo à pesquisa e ao desenvolvimento tecnológico em todas as áreas do conhecimento relacionadas com a pessoa portadora de deficiência;

V: na área das edificações:

a) a adoção e a efetiva execução de normas que garantam a funcionalidade das edificações e vias públicas, que evitem ou removam os óbices às pessoas portadoras de deficiência, permitam o acesso destas a edifícios, a logradouros e a meios de transporte.

Art. 3º: As ações civis públicas destinadas à proteção de interesses coletivos ou difusos das pessoas portadoras de deficiência poderão ser propostas pelo Ministério Público, pela União, Estados, Municípios e Distrito Federal; por associação constituída há mais de 1 (um) ano, nos termos da lei civil, autarquia, empresa pública, fundação ou sociedade de economia mista que inclua, entre suas finalidades institucionais, a proteção das pessoas portadoras de deficiência.

§1º: Para instruir a inicial, o interessado poderá requerer às autoridades competentes as certidões e informações que julgar necessárias.

§2º: As certidões e informações a que se refere o parágrafo anterior deverão ser fornecidas dentro de 15 (quinze) dias da entrega, sob recibo, dos respectivos requerimentos, e só poderão se utilizadas para a instrução da ação civil.

§3º: Somente nos casos em que o interesse público, devidamente justificado, impuser sigilo, poderá ser negada certidão ou informação.

§4º: Ocorrendo a hipótese do parágrafo anterior, a ação poderá ser proposta desacompanhada das certidões ou informações negadas, cabendo ao juiz, após apreciar os motivos do indeferimento, e, salvo quando se tratar de razão de segurança nacional, requisitar umas e outras; feita a requisição, o processo correrá em segredo de justiça, que cessará com o trânsito em julgado da sentença.

§5º: Fica facultado aos demais legitimados ativos habilitarem-se como litisconsortes nas ações propostas por qualquer deles.

§6º: Em caso de desistência ou abandono da ação, qualquer dos co-legitimados pode assumir a titularidade ativa.

Art. 4º: A sentença terá eficácia de coisa julgada oponível *erga omnes*, exceto no caso de haver sido a ação julgada improcedente por deficiência de prova, hipótese em que qualquer legitimado poderá intentar outra ação com idêntico fundamento, valendo-se de nova prova.

§1º: A sentença que concluir pela carência ou pela improcedência da ação fica sujeita ao duplo grau de jurisdição, não produzindo efeito senão depois de confirmada pelo tribunal.

§2º: Das sentenças e decisões proferidas contra o autor da ação e suscetíveis de recurso, poderá recorrer qualquer legitimado ativo, inclusive o Ministério Público.

Art. 5º: O Ministério Público intervirá obrigatoriamente nas ações públicas, coletivas ou individuais, em que se discutam interesses relacionados à deficiência das pessoas.

Art. 6º: O Ministério Público poderá instaurar, sob sua presidência, inquérito civil, ou requisitar, de qualquer pessoa física ou jurídica, pública ou particular, certidões, informações, exame ou perícias, no prazo que assinalar, não inferior a 10 (dez) dias úteis.

§1º: Esgotadas as diligências, caso se convença o órgão do Ministério Público da inexistência de elementos para a propositura de ação civil, promoverá fundamentadamente o arquivamento do inquérito civil, ou das peças informativas. Neste caso, deverá remeter a reexame os autos ou as respectivas peças, em 3 (três) dias, ao Conselho Superior do Ministério Público, que os examinará, deliberando a respeito, conforme dispuser seu Regimento.

§2º: Se a promoção do arquivamento for reformada, o Conselho Superior do Ministério Público designará desde logo outro órgão do Ministério Público para o ajuizamento da ação.

Art. 7º: Aplicam-se à ação civil pública prevista nesta Lei, no que couber, os dispositivos da Lei nº 7.347, de 24 de julho de 1985.

Art. 8º: Constitui crime punível com reclusão de 1 (um) a 4 (quatro) anos, e multa:

I: recusar, suspender, procrastinar, cancelar ou fazer cessar, sem justa causa, a inscrição de aluno em estabelecimento de ensino de qualquer curso ou grau, público ou privado, por motivos derivados da deficiência que porta;

II: obstar, sem justa causa, o acesso de alguém a qualquer cargo público, por motivos derivados de sua deficiência;

III: negar, sem justa causa, a alguém, por motivos derivados de sua deficiência, emprego ou trabalho;

IV: recusar, retardar ou dificultar internação ou deixar de prestar assistência médico-hospitalar e ambulatorial, quando possível, à pessoa portadora de deficiência;

V: deixar de cumprir, retardar ou frustrar, sem justo motivo, a execução de ordem judicial expedida na ação civil a que alude esta Lei;

VI: recusar, retardar ou omitir dados técnicos indispensáveis à propositura da ação civil objeto desta Lei, quando requisitados pelo Ministério Público.

Art. 9º: A Administração Pública Federal conferirá aos assuntos relativos às pessoas portadoras de deficiência tratamento prioritário e apropriado, para que lhes seja efetivamente ensejado o pleno exercício de seus direitos individuais e sociais, bem como sua completa integração social.

§1º: Os assuntos a que alude este artigo serão objeto de ação, coordenada e integrada, dos órgãos da Administração Pública Federal, e incluir-se-ão em Política Nacional para Integração da Pessoa Portadora de Deficiência, na qual estejam compreendidos planos, programas e projetos sujeitos a prazos e objetivos determinados.

§2º: Ter-se-ão como integrantes da Administração Pública Federal, para os fins desta Lei, além dos órgãos públicos, das autarquias, das empresas públicas e sociedades de economia mista, as respectivas subsidiárias e as fundações públicas.

Art. 10: A coordenação superior dos assuntos, ações governamentais e medidas referentes a pessoas portadoras de deficiência caberá à Secretaria Especial dos Direitos Humanos da Presidência da República. (Redação dada pela Lei nº 11.958, de 2009)

Parágrafo único: Ao órgão a que se refere este artigo caberá formular a Política Nacional para a Integração da Pessoa Portadora de Deficiência, seus planos, programas e projetos e cumprir as instruções superiores que lhes digam respeito, com a cooperação dos demais órgãos públicos. (Redação dada pela Lei nº 8.028, de 1990)

Art. 12: Compete à Corde:

I: coordenar as ações governamentais e medidas que se refiram às pessoas portadoras de deficiência;

II: elaborar os planos, programas e projetos subsumidos na Política Nacional para a Integração de Pessoa Portadora de Deficiência, bem como propor as providências necessárias a sua completa implantação e seu adequado desenvolvimento, inclusive as pertinentes a recursos e as de caráter legislativo;

III: acompanhar e orientar a execução, pela Administração Pública Federal, dos planos, programas e projetos mencionados no inciso anterior;

IV: manifestar-se sobre a adequação à Política Nacional para a Integração da Pessoa Portadora de Deficiência dos projetos federais a ela conexos, antes da liberação dos recursos respectivos;

V: manter, com os Estados, Municípios, Territórios, o Distrito Federal, e o Ministério Público, estreito relacionamento, objetivando a concorrência de ações destinadas à integração social das pessoas portadoras de deficiência;

VI: provocar a iniciativa do Ministério Público, ministrando-lhe informações sobre fatos que constituam objeto da ação civil de que esta Lei, e indicando-lhe os elementos de convicção;

VII: emitir opinião sobre os acordos, contratos ou convênios firmados pelos demais órgãos da Administração Pública Federal, no âmbito da Política Nacional para a Integração da Pessoa Portadora de Deficiência;

VIII: promover e incentivar a divulgação e o debate das questões concernentes à pessoa portadora de deficiência, visando à conscientização da sociedade.

Parágrafo único: Na elaboração dos planos, programas e projetos a seu cargo, deverá a Corde recolher, sempre que possível, a opinião das pessoas e entidades interessadas, bem como considerar a necessidade de efetivo apoio aos entes particulares voltados para a integração social das pessoas portadoras de deficiência.

§1º: A composição e o funcionamento do Conselho Consultivo da Corde serão disciplinados em ato do Poder Executivo. Incluir-se-ão no Conselho representantes de órgãos e de organizações ligados aos assuntos pertinentes à pessoa portadora de deficiência, bem como representante do Ministério Público Federal.

§2º: Compete ao Conselho Consultivo:

I: opinar sobre o desenvolvimento da Política Nacional para Integração da Pessoa Portadora de Deficiência;

II: apresentar sugestões para o encaminhamento dessa política;

III: responder a consultas formuladas pela Corde.

§3º: O Conselho Consultivo reunir-se-á ordinariamente 1 (uma) vez por trimestre e, extraordinariamente, por iniciativa de 1/3 (um terço) de seus membros, mediante manifestação escrita, com antecedência de 10 (dez) dias, e deliberará por maioria de votos dos conselheiros presentes.

§4º: Os integrantes do Conselho não perceberão qualquer vantagem pecuniária, salvo as de seus cargos de origem, sendo considerados de relevância pública os seus serviços.

§5º: As despesas de locomoção e hospedagem dos conselheiros, quando necessárias, serão asseguradas pela Corde.

Art. 14: (Vetado).

Art. 15: Para atendimento e fiel cumprimento do que dispõe esta Lei, será reestruturada a Secretaria de Educação Especial do Ministério da Educação, e serão instituídos, no Ministério do Trabalho, no Ministério da Saúde e no Ministério da Previdência e Assistência Social, órgão encarregados da coordenação setorial dos assuntos concernentes às pessoas portadoras de deficiência.

Art. 16: O Poder Executivo adotará, nos 60 (sessenta) dias posteriores à vigência desta Lei, as providências necessárias à reestruturação e ao regular funcionamento da Corde, como aquelas decorrentes do artigo anterior.

Art. 17: Serão incluídas no censo demográfico de 1990, e nos subseqüentes, questões concernentes à problemática da pessoa portadora de deficiência, objetivando o conhecimento atualizado do número de pessoas portadoras de deficiência no País.

Art. 18: Os órgãos federais desenvolverão, no prazo de 12 (doze) meses contado da publicação desta Lei, as ações necessárias à efetiva implantação das medidas indicadas no art. 2º desta Lei.

Art. 19: Esta Lei entra em vigor na data de sua publicação.

Art. 20. Revogam-se as disposições em contrário.

Brasília, 24 de outubro de 1989; 168º da Independência e 101º da República.

JOSÉ SARNEY
João Batista

6.1.2 Código de Defesa do Consumidor (CDC) – extratos

Seguem-se excertos que têm reflexo na relação de consumo de serviços educacionais. Desde sua publicação e entrada em vigor, este diploma legal sofreu várias modificações, atualmente integradas em sua versão de 2012, aqui apresentada.

Lei nº 8.078, de 11 de setembro de 1990

Dispõe sobre a proteção do consumidor e dá outras providências

Regulamento (Vide Decreto nº 6.523, de 2008)

O PRESIDENTE DA REPÚBLICA, faço saber que o Congresso Nacional decreta e eu sanciono a seguinte lei:

TÍTULO I
DOS DIREITOS DO CONSUMIDOR

CAPÍTULO I
DISPOSIÇÕES GERAIS

Art. 1°: O presente código estabelece normas de proteção e defesa do consumidor, de ordem pública e interesse social, nos termos do art. 5°, inciso XXXII, 170, inciso V, da Constituição Federal, e art. 48 de suas Disposições Transitórias.

Art. 2°: Consumidor é toda pessoa física ou jurídica que adquire ou utiliza produto ou serviço como destinatário final.

Parágrafo único: Equipara-se a consumidor a coletividade de pessoas, ainda que indetermináveis, que haja intervindo nas relações de consumo.

Art. 3°: Fornecedor é toda pessoa física ou jurídica, pública ou privada, nacional ou estrangeira, bem como os entes despersonalizados que desenvolvem atividade de produção, montagem, criação, construção, transformação, importação, exportação, distribuição ou comercialização de produtos ou prestação de serviços.

§1°: Produto é qualquer bem, móvel ou imóvel, material ou imaterial.

§2°: Serviço é qualquer atividade fornecida no mercado de consumo, mediante remuneração, inclusive as de natureza bancária, financeira, de crédito e securitária, salvo as decorrentes das relações de caráter trabalhista.

CAPÍTULO II
DA POLÍTICA NACIONAL DE RELAÇÕES DE CONSUMO

Art. 4°: A Política Nacional das Relações de Consumo tem por objetivo o atendimento das necessidades dos consumidores, o respeito à sua dignidade, saúde e segurança, a proteção de seus interesses econômicos, a melhoria da sua qualidade de vida, bem como a transparência e harmonia das relações de consumo, atendidos os seguintes princípios: (Redação dada pela Lei nº: 9.008, de 21.3.1995)

I: reconhecimento da vulnerabilidade do consumidor no mercado de consumo;

II: ação governamental no sentido de proteger efetivamente o consumidor:

a) por iniciativa direta;

b) por incentivos à criação e desenvolvimento de associações representativas;

c) pela presença do Estado no mercado de consumo;

d) pela garantia dos produtos e serviços com padrões adequados de qualidade, segurança, durabilidade e desempenho.

III: harmonização dos interesses dos participantes das relações de consumo e compatibilização da proteção do consumidor com a necessidade de desenvolvimento econômico e tecnológico, de modo a viabilizar os princípios nos quais se funda a ordem econômica (art. 170, da Constituição Federal), sempre com base na boa-fé e equilíbrio nas relações entre consumidores e fornecedores;

IV: educação e informação de fornecedores e consumidores, quanto aos seus direitos e deveres, com vistas à melhoria do mercado de consumo;

V: incentivo à criação pelos fornecedores de meios eficientes de controle de qualidade e segurança de produtos e serviços, assim como de mecanismos alternativos de solução de conflitos de consumo;

VI: coibição e repressão eficientes de todos os abusos praticados no mercado de consumo, inclusive a concorrência desleal e utilização indevida de inventos e criações industriais das marcas e nomes comerciais e signos distintivos, que possam causar prejuízos aos consumidores;

VII: racionalização e melhoria dos serviços públicos;

VIII: estudo constante das modificações do mercado de consumo.

Art. 5°: Para a execução da Política Nacional das Relações de Consumo, contará o poder público com os seguintes instrumentos, entre outros:

I: manutenção de assistência jurídica, integral e gratuita para o consumidor carente;

II: instituição de Promotorias de Justiça de Defesa do Consumidor, no âmbito do Ministério Público;

III: criação de delegacias de polícia especializadas no atendimento de consumidores vítimas de infrações penais de consumo;

IV: criação de Juizados Especiais de Pequenas Causas e Varas Especializadas para a solução de litígios de consumo;

V: concessão de estímulos à criação e desenvolvimento das Associações de Defesa do Consumidor.

§1°: (Vetado).

§2°: (Vetado).

CAPÍTULO III
DOS DIREITOS BÁSICOS DO CONSUMIDOR

Art. 6°: São direitos básicos do consumidor:

I: a proteção da vida, saúde e segurança contra os riscos provocados por práticas no fornecimento de produtos e serviços considerados perigosos ou nocivos;

II: a educação e divulgação sobre o consumo adequado dos produtos e serviços, asseguradas a liberdade de escolha e a igualdade nas contratações;

III: a informação adequada e clara sobre os diferentes produtos e serviços, com especificação correta de quantidade, características, composição, qualidade e preço, bem como sobre os riscos que apresentem;

IV: a proteção contra a publicidade enganosa e abusiva, métodos comerciais coercitivos ou desleais, bem como contra práticas e cláusulas abusivas ou impostas no fornecimento de produtos e serviços;

V: a modificação das cláusulas contratuais que estabeleçam prestações desproporcionais ou sua revisão em razão de fatos supervenientes que as tornem excessivamente onerosas;

VI: a efetiva prevenção e reparação de danos patrimoniais e morais, individuais, coletivos e difusos;

VII: o acesso aos órgãos judiciários e administrativos com vistas à prevenção ou reparação de danos patrimoniais e morais, individuais, coletivos ou difusos, assegurada a proteção Jurídica, administrativa e técnica aos necessitados;

VIII: a facilitação da defesa de seus direitos, inclusive com a inversão do ônus da prova, a seu favor, no processo civil, quando, a critério do juiz, for verossímil a alegação ou quando for ele hipossuficiente, segundo as regras ordinárias de experiências;

IX: (Vetado);

X: a adequada e eficaz prestação dos serviços públicos em geral.

Art. 7°: Os direitos previstos neste código não excluem outros decorrentes de tratados ou convenções internacionais de que o Brasil seja signatário, da legislação interna ordinária, de regulamentos expedidos pelas autoridades administrativas competentes, bem como dos que derivem dos princípios gerais do direito, analogia, costumes e equidade.

Parágrafo único: Tendo mais de um autor a ofensa, todos responderão solidariamente pela reparação dos danos previstos nas normas de consumo.

[...]

CAPÍTULO V
DAS PRÁTICAS COMERCIAIS

Seção I
Das Disposições Gerais

Art. 29: Para os fins deste Capítulo e do seguinte, equiparam-se aos consumidores todas as pessoas determináveis ou não, expostas às práticas nele previstas.

Seção II
Da Oferta

Art. 30: Toda informação ou publicidade, suficientemente precisa, veiculada por qualquer forma ou meio de comunicação com relação a produtos e serviços oferecidos ou apresentados, obriga o fornecedor que a fizer veicular ou dela se utilizar e integra o contrato que vier a ser celebrado.

Art. 31: A oferta e apresentação de produtos ou serviços devem assegurar informações corretas, claras, precisas, ostensivas e em língua portuguesa sobre suas características, qualidades, quantidade, composição, preço, garantia, prazos de validade e origem, entre outros dados, bem como sobre os riscos que apresentam à saúde e segurança dos consumidores.

Art. 32: Os fabricantes e importadores deverão assegurar a oferta de componentes e peças de reposição enquanto não cessar a fabricação ou importação do produto.

Parágrafo único: Cessadas a produção ou importação, a oferta deverá ser mantida por período razoável de tempo, na forma da lei.

Art. 33: Em caso de oferta ou venda por telefone ou reembolso postal, deve constar o nome do fabricante e endereço na embalagem, publicidade e em todos os impressos utilizados na transação comercial.

Art. 34: O fornecedor do produto ou serviço é solidariamente responsável pelos atos de seus prepostos ou representantes autônomos.

Art. 35: Se o fornecedor de produtos ou serviços recusar cumprimento à oferta, apresentação ou publicidade, o consumidor poderá, alternativamente e à sua livre escolha:

I: exigir o cumprimento forçado da obrigação, nos termos da oferta, apresentação ou publicidade;

II: aceitar outro produto ou prestação de serviço equivalente;

III: rescindir o contrato, com direito à restituição de quantia eventualmente antecipada, monetariamente atualizada, e a perdas e danos.

Seção III
Da Publicidade

Art. 36: A publicidade deve ser veiculada de tal forma que o consumidor, fácil e imediatamente, a identifique como tal.

Parágrafo único: O fornecedor, na publicidade de seus produtos ou serviços, manterá, em seu poder, para informação dos legítimos interessados, os dados fáticos, técnicos e científicos que dão sustentação à mensagem.

Art. 37: É proibida toda publicidade enganosa ou abusiva.

§1°: É enganosa qualquer modalidade de informação ou comunicação de caráter publicitário, inteira ou parcialmente falsa, ou, por qualquer outro modo, mesmo por omissão, capaz de induzir em erro o consumidor a respeito da natureza, características, qualidade, quantidade, propriedades, origem, preço e quaisquer outros dados sobre produtos e serviços.

§2°: É abusiva, dentre outras a publicidade discriminatória de qualquer natureza, a que incite à violência, explore o medo ou a superstição, se aproveite da deficiência de julgamento e experiência da criança, desrespeita valores ambientais, ou que seja capaz de induzir o consumidor a se comportar de forma prejudicial ou perigosa à sua saúde ou segurança.

§3°: Para os efeitos deste código, a publicidade é enganosa por omissão quando deixar de informar sobre dado essencial do produto ou serviço.

§4°: (Vetado).

Art. 38: O ônus da prova da veracidade e correção da informação ou comunicação publicitária cabe a quem as patrocina.

Seção IV
Das Práticas Abusivas

Art. 39: É vedado ao fornecedor de produtos ou serviços, dentre outras práticas abusivas: (Redação dada pela Lei nº 8.884, de 11.6.1994)

I: condicionar o fornecimento de produto ou de serviço ao fornecimento de outro produto ou serviço, bem como, sem justa causa, a limites quantitativos;

II: recusar atendimento às demandas dos consumidores, na exata medida de suas disponibilidades de estoque, e, ainda, de conformidade com os usos e costumes;

III: enviar ou entregar ao consumidor, sem solicitação prévia, qualquer produto, ou fornecer qualquer serviço;

IV: prevalecer-se da fraqueza ou ignorância do consumidor, tendo em vista sua idade, saúde, conhecimento ou condição social, para impingir-lhe seus produtos ou serviços;

V: exigir do consumidor vantagem manifestamente excessiva;

VI: executar serviços sem a prévia elaboração de orçamento e autorização expressa do consumidor, ressalvadas as decorrentes de práticas anteriores entre as partes;

VII: repassar informação depreciativa, referente a ato praticado pelo consumidor no exercício de seus direitos;

VIII: colocar, no mercado de consumo, qualquer produto ou serviço em desacordo com as normas expedidas pelos órgãos oficiais competentes ou, se normas específicas não existirem, pela Associação Brasileira de Normas Técnicas ou outra entidade credenciada pelo Conselho Nacional de Metrologia, Normalização e Qualidade Industrial (Conmetro);

IX: recusar a venda de bens ou a prestação de serviços, diretamente a quem se disponha a adquiri-los mediante pronto pagamento, ressalvados os casos de intermediação regulados em leis especiais; (Redação dada pela Lei nº 8.884, de 11.6.1994)

X: elevar sem justa causa o preço de produtos ou serviços. (Incluído pela Lei nº 8.884, de 11.6.1994)

XI: Dispositivo incluído pela MPV nº 1.890-67, de 22.10.1999, transformado em inciso XIII, quando da conversão na Lei nº 9.870, de 23.11.1999.

XII: deixar de estipular prazo para o cumprimento de sua obrigação ou deixar a fixação de seu termo inicial a seu exclusivo critério. (Incluído pela Lei nº 9.008, de 21.3.1995)

XIII: aplicar fórmula ou índice de reajuste diverso do legal ou contratualmente estabelecido. (Incluído pela Lei nº 9.870, de 23.11.1999)

Parágrafo único: Os serviços prestados e os produtos remetidos ou entregues ao consumidor, na hipótese prevista no inciso III, equiparam-se às amostras grátis, inexistindo obrigação de pagamento.

Art. 40: O fornecedor de serviço será obrigado a entregar ao consumidor orçamento prévio discriminando o valor da mão de obra, dos materiais e equipamentos a serem empregados, as condições de pagamento, bem como as datas de início e término dos serviços.

§1°: Salvo estipulação em contrário, o valor orçado terá validade pelo prazo de dez dias, contado de seu recebimento pelo consumidor.

§2°: Uma vez aprovado pelo consumidor, o orçamento obriga os contraentes e somente pode ser alterado mediante livre negociação das partes.

§3°: O consumidor não responde por quaisquer ônus ou acréscimos decorrentes da contratação de serviços de terceiros não previstos no orçamento prévio.

Art. 41: No caso de fornecimento de produtos ou de serviços sujeitos ao regime de controle ou de tabelamento de preços, os fornecedores deverão respeitar os limites oficiais sob pena de não o fazendo, responderem pela restituição da quantia recebida em excesso, monetariamente atualizada, podendo o consumidor exigir à sua escolha, o desfazimento do negócio, sem prejuízo de outras sanções cabíveis.

Seção V
Da Cobrança de Dívidas

Art. 42: Na cobrança de débitos, o consumidor inadimplente não será exposto a ridículo, nem será submetido a qualquer tipo de constrangimento ou ameaça.

Parágrafo único: O consumidor cobrado em quantia indevida tem direito à repetição do indébito, por valor igual ao dobro do que pagou em excesso, acrescido de correção monetária e juros legais, salvo hipótese de engano justificável.

[...]

CAPÍTULO VI
DA PROTEÇÃO CONTRATUAL

Seção I
Disposições Gerais

Art. 46: Os contratos que regulam as relações de consumo não obrigarão os consumidores, se não lhes for dada a oportunidade de tomar conhecimento prévio de seu conteúdo, ou se os respectivos instrumentos forem redigidos de modo a dificultar a compreensão de seu sentido e alcance.

Art. 47: As cláusulas contratuais serão interpretadas de maneira mais favorável ao consumidor.

Art. 48: As declarações de vontade constantes de escritos particulares, recibos e pré-contratos relativos às relações de consumo vinculam o fornecedor, ensejando inclusive execução específica, nos termos do art. 84 e parágrafos.

Art. 49: O consumidor pode desistir do contrato, no prazo de 7 dias a contar de sua assinatura ou do ato de recebimento do produto ou serviço, sempre que a contratação de fornecimento de produtos e serviços ocorrer fora do estabelecimento comercial, especialmente por telefone ou a domicílio.

Parágrafo único: Se o consumidor exercitar o direito de arrependimento previsto neste artigo, os valores eventualmente pagos, a qualquer título, durante o prazo de reflexão, serão devolvidos, de imediato, monetariamente atualizados.

Art. 50: A garantia contratual é complementar à legal e será conferida mediante termo escrito.

Parágrafo único: O termo de garantia ou equivalente deve ser padronizado e esclarecer, de maneira adequada em que consiste a mesma garantia, bem como a forma, o prazo e o lugar em que pode ser exercitada e os ônus a cargo do consumidor, devendo ser-lhe entregue, devidamente preenchido pelo fornecedor, no ato do fornecimento, acompanhado de manual de instrução, de instalação e uso do produto em linguagem didática, com ilustrações.

Seção II
Das Cláusulas Abusivas

Art. 51: São nulas de pleno direito, entre outras, as cláusulas contratuais relativas ao fornecimento de produtos e serviços que:

I: impossibilitem, exonerem ou atenuem a responsabilidade do fornecedor por vícios de qualquer natureza dos produtos e serviços ou impliquem renúncia ou disposição de direitos. Nas relações de consumo entre o fornecedor e o consumidor pessoa jurídica, a indenização poderá ser limitada, em situações justificáveis;

II: subtraiam ao consumidor a opção de reembolso da quantia já paga, nos casos previstos neste código;

III: transfiram responsabilidades a terceiros;

IV: estabeleçam obrigações consideradas iníquas, abusivas, que coloquem o consumidor em desvantagem exagerada, ou sejam incompatíveis com a boa-fé ou a equidade;

V: (Vetado);

VI: estabeleçam inversão do ônus da prova em prejuízo do consumidor;

VII: determinem a utilização compulsória de arbitragem;

VIII: imponham representante para concluir ou realizar outro negócio jurídico pelo consumidor;

IX: deixem ao fornecedor a opção de concluir ou não o contrato, embora obrigando o consumidor;

X: permitam ao fornecedor, direta ou indiretamente, variação do preço de maneira unilateral;

XI: autorizem o fornecedor a cancelar o contrato unilateralmente, sem que igual direito seja conferido ao consumidor;

XII: obriguem o consumidor a ressarcir os custos de cobrança de sua obrigação, sem que igual direito lhe seja conferido contra o fornecedor;

XIII: autorizem o fornecedor a modificar unilateralmente o conteúdo ou a qualidade do contrato, após sua celebração;

XIV: infrinjam ou possibilitem a violação de normas ambientais;

XV: estejam em desacordo com o sistema de proteção ao consumidor;

XVI: possibilitem a renúncia do direito de indenização por benfeitorias necessárias.

§1°: Presume-se exagerada, entre outros casos, a vontade que:

I: ofende os princípios fundamentais do sistema jurídico a que pertence;

II: restringe direitos ou obrigações fundamentais inerentes à natureza do contrato, de tal modo a ameaçar seu objeto ou equilíbrio contratual;

III: se mostra excessivamente onerosa para o consumidor, considerando-se a natureza e conteúdo do contrato, o interesse das partes e outras circunstâncias peculiares ao caso.

§2°: A nulidade de uma cláusula contratual abusiva não invalida o contrato, exceto quando de sua ausência, apesar dos esforços de integração, decorrer ônus excessivo a qualquer das partes.

§3°: (Vetado).

§4°: É facultado a qualquer consumidor ou entidade que o represente requerer ao Ministério Público que ajuíze a competente ação para ser declarada a nulidade de cláusula contratual que contrarie o disposto neste código ou de qualquer forma não assegure o justo equilíbrio entre direitos e obrigações das partes.

Art. 52: No fornecimento de produtos ou serviços que envolva outorga de crédito ou concessão de financiamento ao consumidor, o fornecedor deverá, entre outros requisitos, informá-lo prévia e adequadamente sobre:

I: preço do produto ou serviço em moeda corrente nacional;

II: montante dos juros de mora e da taxa efetiva anual de juros;

III: acréscimos legalmente previstos;

IV: número e periodicidade das prestações;

V: soma total a pagar, com e sem financiamento.

§1°: As multas de mora decorrentes do inadimplemento de obrigações no seu termo não poderão ser superiores a dois por cento do valor da prestação. (Redação dada pela Lei nº 9.298, de 1°.8.1996)

§2º: É assegurado ao consumidor a liquidação antecipada do débito, total ou parcialmente, mediante redução proporcional dos juros e demais acréscimos.

§3º: (Vetado).

Art. 53: Nos contratos de compra e venda de móveis ou imóveis mediante pagamento em prestações, bem como nas alienações fiduciárias em garantia, consideram-se nulas de pleno direito as cláusulas que estabeleçam a perda total das prestações pagas em benefício do credor que, em razão do inadimplemento, pleitear a resolução do contrato e a retomada do produto alienado.

§1°: (Vetado).

§2º Nos contratos do sistema de consórcio de produtos duráveis, a compensação ou a restituição das parcelas quitadas, na forma deste artigo, terá descontada, além da vantagem econômica auferida com a fruição, os prejuízos que o desistente ou inadimplente causar ao grupo.

§3°: Os contratos de que trata o *caput* deste artigo serão expressos em moeda corrente nacional.

Seção III
Dos Contratos de Adesão

Art. 54: Contrato de adesão é aquele cujas cláusulas tenham sido aprovadas pela autoridade competente ou estabelecidas unilateralmente pelo fornecedor de produtos ou serviços, sem que o consumidor possa discutir ou modificar substancialmente seu conteúdo.

§1°: A inserção de cláusula no formulário não desfigura a natureza de adesão do contrato.

§2°: Nos contratos de adesão admite-se cláusula resolutória, desde que a alternativa, cabendo a escolha ao consumidor, ressalvando-se o disposto no §2° do artigo anterior.

§3°: Os contratos de adesão escritos serão redigidos em termos claros e com caracteres ostensivos e legíveis, de modo a facilitar sua compreensão pelo consumidor.

§4°: As cláusulas que implicarem limitação de direito do consumidor deverão ser redigidas com destaque, permitindo sua imediata e fácil compreensão.

§5°: (Vetado).

[...]

TÍTULO II
DAS INFRAÇÕES PENAIS

Art. 61: Constituem crimes contra as relações de consumo previstas neste código, sem prejuízo do disposto no Código Penal e leis especiais, as condutas tipificadas nos artigos seguintes.

Art. 62: (Vetado).

Art. 63: Omitir dizeres ou sinais ostensivos sobre a nocividade ou periculosidade de produtos, nas embalagens, nos invólucros, recipientes ou publicidade:

Pena: Detenção de seis meses a dois anos e multa.

§1°: Incorrerá nas mesmas penas quem deixar de alertar, mediante recomendações escritas ostensivas, sobre a periculosidade do serviço a ser prestado.

§2°: Se o crime é culposo:

Pena: Detenção de um a seis meses ou multa.

Art. 64: Deixar de comunicar à autoridade competente e aos consumidores a nocividade ou periculosidade de produtos cujo conhecimento seja posterior à sua colocação no mercado:

Pena: Detenção de seis meses a dois anos e multa.

Parágrafo único: Incorrerá nas mesmas penas quem deixar de retirar do mercado, imediatamente quando determinado pela autoridade competente, os produtos nocivos ou perigosos, na forma deste artigo.

Art. 65: Executar serviço de alto grau de periculosidade, contrariando determinação de autoridade competente:

Pena: Detenção de seis meses a dois anos e multa.

Parágrafo único: As penas deste artigo são aplicáveis sem prejuízo das correspondentes à lesão corporal e à morte.

Art. 66: Fazer afirmação falsa ou enganosa, ou omitir informação relevante sobre a natureza, característica, qualidade, quantidade, segurança, desempenho, durabilidade, preço ou garantia de produtos ou serviços:

Pena: Detenção de três meses a um ano e multa.

§1°: Incorrerá nas mesmas penas quem patrocinar a oferta.

§2°: Se o crime é culposo;

Pena: Detenção de um a seis meses ou multa.

Art. 67: Fazer ou promover publicidade que sabe ou deveria saber ser enganosa ou abusiva:

Pena: Detenção de três meses a um ano e multa.

Parágrafo único: (Vetado).

Art. 68: Fazer ou promover publicidade que sabe ou deveria saber ser capaz de induzir o consumidor a se comportar de forma prejudicial ou perigosa a sua saúde ou segurança:

Pena: Detenção de seis meses a dois anos e multa:

Parágrafo único: (Vetado).

Art. 69: Deixar de organizar dados fáticos, técnicos e científicos que dão base à publicidade:

Pena: Detenção de um a seis meses ou multa.

Art. 70: Empregar na reparação de produtos, peça ou componentes de reposição usados, sem autorização do consumidor:

Pena: Detenção de três meses a um ano e multa.

Art. 71: Utilizar, na cobrança de dívidas, de ameaça, coação, constrangimento físico ou moral, afirmações falsas incorretas ou enganosas ou de qualquer outro procedimento que exponha o consumidor, injustificadamente, a ridículo ou interfira com seu trabalho, descanso ou lazer:

Pena: Detenção de três meses a um ano e multa.

Art. 72: Impedir ou dificultar o acesso do consumidor às informações que sobre ele constem em cadastros, banco de dados, fichas e registros:

Pena: Detenção de seis meses a um ano ou multa.

Art. 73: Deixar de corrigir imediatamente informação sobre consumidor constante de cadastro, banco de dados, fichas ou registros que sabe ou deveria saber ser inexata:

Pena: Detenção de um a seis meses ou multa.

Art. 74: Deixar de entregar ao consumidor o termo de garantia adequadamente preenchido e com especificação clara de seu conteúdo;

Pena: Detenção de um a seis meses ou multa.

Art. 75: Quem, de qualquer forma, concorrer para os crimes referidos neste código, incide as penas a esses cominadas na medida de sua culpabilidade, bem como o diretor, administrador ou gerente da pessoa jurídica que promover, permitir ou por qualquer modo aprovar o fornecimento, oferta, exposição à venda ou manutenção em depósito de produtos ou a oferta e prestação de serviços nas condições por ele proibidas.

Art. 76: São circunstâncias agravantes dos crimes tipificados neste código:

I: serem cometidos em época de grave crise econômica ou por ocasião de calamidade;

II: ocasionarem grave dano individual ou coletivo;

III: dissimular-se a natureza ilícita do procedimento;

IV: quando cometidos:

a) por servidor público, ou por pessoa cuja condição econômico-social seja manifestamente superior à da vítima;

b) em detrimento de operário ou rurícola; de menor de dezoito ou maior de sessenta anos ou de pessoas portadoras de deficiência mental interditadas ou não;

V: serem praticados em operações que envolvam alimentos, medicamentos ou quaisquer outros produtos ou serviços essenciais .

Art. 77: A pena pecuniária prevista nesta Seção será fixada em dias-multa, correspondente ao mínimo e ao máximo de dias de duração da pena privativa da liberdade cominada ao crime. Na individualização desta multa, o juiz observará o disposto no art. 60, §1° do Código Penal.

Art. 78: Além das penas privativas de liberdade e de multa, podem ser impostas, cumulativa ou alternadamente, observado o disposto nos arts. 44 a 47, do Código Penal:

I: a interdição temporária de direitos;

II: a publicação em órgãos de comunicação de grande circulação ou audiência, às expensas do condenado, de notícia sobre os fatos e a condenação;

III: a prestação de serviços à comunidade.

Art. 79: O valor da fiança, nas infrações de que trata este código, será fixado pelo juiz, ou pela autoridade que presidir o inquérito, entre cem e duzentas mil vezes o valor do Bônus do Tesouro Nacional (BTN), ou índice equivalente que venha a substituí-lo.

Parágrafo único: Se assim recomendar a situação econômica do indiciado ou réu, a fiança poderá ser:

a) reduzida até a metade do seu valor mínimo;

b) aumentada pelo juiz até vinte vezes.

Art. 80: No processo penal atinente aos crimes previstos neste código, bem como a outros crimes e contravenções que envolvam relações de consumo, poderão intervir, como assistentes do Ministério Público, os legitimados indicados no art. 82, inciso III e IV, aos quais também é facultado propor ação penal subsidiária, se a denúncia não for oferecida no prazo legal.

[...]

Art. 82. Para os fins do art. 81, parágrafo único, são legitimados concorrentemente: (Redação dada pela Lei nº 9.008, de 21.3.1995)

I: o Ministério Público,

II: a União, os Estados, os Municípios e o Distrito Federal;

III: as entidades e órgãos da Administração Pública, direta ou indireta, ainda que sem personalidade jurídica, especificamente destinados à defesa dos interesses e direitos protegidos por este código;

IV: as associações legalmente constituídas há pelo menos um ano e que incluam entre seus fins institucionais a defesa dos interesses e direitos protegidos por este código, dispensada a autorização assemblear.

§1°: O requisito da pré-constituição pode ser dispensado pelo juiz, nas ações previstas nos arts. 91 e seguintes, quando haja manifesto interesse social evidenciado pela dimensão ou característica do dano, ou pela relevância do bem jurídico a ser protegido.

§2: (Vetado).

§3°:(Vetado).

Art. 83: Para a defesa dos direitos e interesses protegidos por este código são admissíveis todas as espécies de ações capazes de propiciar sua adequada e efetiva tutela.

Parágrafo único: (Vetado).

Art. 84: Na ação que tenha por objeto o cumprimento da obrigação de fazer ou não fazer, o juiz concederá a tutela específica da obrigação ou determinará providências que assegurem o resultado prático equivalente ao do adimplemento.

§1°: A conversão da obrigação em perdas e danos somente será admissível se por elas optar o autor ou se impossível a tutela específica ou a obtenção do resultado prático correspondente.

§2°: A indenização por perdas e danos se fará sem prejuízo da multa (art. 287, do Código de Processo Civil).

§3°: Sendo relevante o fundamento da demanda e havendo justificado receio de ineficácia do provimento final, é lícito ao juiz conceder a tutela liminarmente ou após justificação prévia, citado o réu.

§4°: O juiz poderá, na hipótese do §3° ou na sentença, impor multa diária ao réu, independentemente de pedido do autor, se for suficiente ou compatível com a obrigação, fixando prazo razoável para o cumprimento do preceito.

§5°: Para a tutela específica ou para a obtenção do resultado prático equivalente, poderá o juiz determinar as medidas necessárias, tais como busca e apreensão, remoção de coisas e pessoas, desfazimento de obra, impedimento de atividade nociva, além de requisição de força policial.

Art. 85: (Vetado).

Art. 86: (Vetado).

Art. 87: Nas ações coletivas de que trata este código não haverá adiantamento de custas, emolumentos, honorários periciais e quaisquer outras despesas, nem condenação da associação autora, salvo comprovada má-fé, em honorários de advogados, custas e despesas processuais.

Parágrafo único: Em caso de litigância de má-fé, a associação autora e os diretores responsáveis pela propositura da ação serão solidariamente condenados em honorários advocatícios e ao décuplo das custas, sem prejuízo da responsabilidade por perdas e danos.

Art. 88: Na hipótese do art. 13, parágrafo único deste código, a ação de regresso poderá ser ajuizada em processo autônomo, facultada a possibilidade de prosseguir-se nos mesmos autos, vedada a denunciação da lide.

Art. 89: (Vetado)

Art. 90: Aplicam-se às ações previstas neste título as normas do Código de Processo Civil e da Lei nº 7.347, de 24 de julho de 1985, inclusive no que respeita ao inquérito civil, naquilo que não contrariar suas disposições.

CAPÍTULO II
DAS AÇÕES COLETIVAS PARA A DEFESA DE INTERESSES INDIVIDUAIS HOMOGÊNEOS

Art. 91: Os legitimados de que trata o art. 82 poderão propor, em nome próprio e no interesse das vítimas ou seus sucessores, ação civil coletiva de responsabilidade pelos danos individualmente sofridos, de acordo com o disposto nos artigos seguintes. (Redação dada pela Lei nº 9.008, de 21.3.1995)

Art. 92: O Ministério Público, se não ajuizar a ação, atuará sempre como fiscal da lei.

Parágrafo único: (Vetado).

Art. 93: Ressalvada a competência da Justiça Federal, é competente para a causa a justiça local:

I: no foro do lugar onde ocorreu ou deva ocorrer o dano, quando de âmbito local;

II: no foro da Capital do Estado ou no do Distrito Federal, para os danos de âmbito nacional ou regional, aplicando-se as regras do Código de Processo Civil aos casos de competência concorrente.

Art. 94: Proposta a ação, será publicado edital no órgão oficial, a fim de que os interessados possam intervir no processo como litisconsortes, sem prejuízo de ampla divulgação pelos meios de comunicação social por parte dos órgãos de defesa do consumidor.

Art. 95: Em caso de procedência do pedido, a condenação será genérica, fixando a responsabilidade do réu pelos danos causados.

Art. 96: (Vetado).

Art. 97: A liquidação e a execução de sentença poderão ser promovidas pela vítima e seus sucessores, assim como pelos legitimados de que trata o art. 82.

Parágrafo único: (Vetado).

Art. 98: A execução poderá ser coletiva, sendo promovida pelos legitimados de que trata o art. 82, abrangendo as vítimas cujas indenizações já tiveram sido fixadas em sentença de liquidação, sem prejuízo do ajuizamento de outras execuções. (Redação dada pela Lei nº 9.008, de 21.3.1995)

§1°: A execução coletiva far-se-á com base em certidão das sentenças de liquidação, da qual deverá constar a ocorrência ou não do trânsito em julgado.

§2°: É competente para a execução o juízo:

I: da liquidação da sentença ou da ação condenatória, no caso de execução individual;

II: da ação condenatória, quando coletiva a execução.

Art. 99. Em caso de concurso de créditos decorrentes de condenação prevista na Lei n° 7.347, de 24 de julho de 1985 e de indenizações pelos prejuízos individuais resultantes do mesmo evento danoso, estas terão preferência no pagamento.

Parágrafo único: Para efeito do disposto neste artigo, a destinação da importância recolhida ao fundo criado pela Lei n°7.347 de 24 de julho de 1985, ficará sustada enquanto pendentes de decisão de segundo grau as ações de indenização pelos danos individuais, salvo na hipótese de o patrimônio do devedor ser manifestamente suficiente para responder pela integralidade das dívidas.

Art. 100: Decorrido o prazo de um ano sem habilitação de interessados em número compatível com a gravidade do dano, poderão os legitimados do art. 82 promover a liquidação e execução da indenização devida.

Parágrafo único: O produto da indenização devida reverterá para o fundo criado pela Lei nº 7.347, de 24 de julho de 1985.

CAPÍTULO III
DAS AÇÕES DE RESPONSABILIDADE DO FORNECEDOR DE PRODUTOS E SERVIÇOS

Art. 101: Na ação de responsabilidade civil do fornecedor de produtos e serviços, sem prejuízo do disposto nos Capítulos I e II deste título, serão observadas as seguintes normas:

I: a ação pode ser proposta no domicílio do autor;

II: o réu que houver contratado seguro de responsabilidade poderá chamar ao processo o segurador, vedada a integração do contraditório pelo Instituto de Resseguros do Brasil. Nesta hipótese, a sentença que julgar procedente o pedido condenará o réu nos termos do art. 80 do Código de Processo Civil. Se o réu houver sido declarado falido, o síndico será intimado a informar a existência de seguro de responsabilidade, facultando-se, em caso afirmativo, o ajuizamento de ação de indenização diretamente contra o segurador, vedada a denunciação da lide ao Instituto de Resseguros do Brasil e dispensado o litisconsórcio obrigatório com este.

Art. 102: Os legitimados a agir na forma deste código poderão propor ação visando compelir o Poder Público competente a proibir, em todo o território nacional, a produção, divulgação distribuição ou venda, ou a determinar a alteração na composição, estrutura, fórmula ou acondicionamento de produto, cujo uso ou consumo regular se revele nocivo ou perigoso à saúde pública e à incolumidade pessoal.

§1°: (Vetado).

§2°: (Vetado)

CAPÍTULO IV
DA COISA JULGADA

Art. 103: Nas ações coletivas de que trata este código, a sentença fará coisa julgada:

I: *erga omnes*, exceto se o pedido for julgado improcedente por insuficiência de provas, hipótese em que qualquer legitimado poderá intentar outra ação, com idêntico fundamento valendo-se de nova prova, na hipótese do inciso I do parágrafo único do art. 81.

II: *ultra partes*, mas limitadamente ao grupo, categoria ou classe, salvo improcedência por insuficiência de provas, nos termos do inciso anterior, quando se tratar da hipótese prevista no inciso II do parágrafo único do art. 81;

III: *erga omnes*, apenas no caso de procedência do pedido, para beneficiar todas as vítimas e seus sucessores, na hipótese do inciso III do parágrafo único do art. 81.

§1°: Os efeitos da coisa julgada previstos nos incisos I e II não prejudicarão interesses e direitos individuais dos integrantes da coletividade, do grupo, categoria ou classe.

§2°: Na hipótese prevista no inciso III, em caso de improcedência do pedido, os interessados que não tiverem intervindo no processo como litisconsortes poderão propor ação de indenização a título individual.

§3°: Os efeitos da coisa julgada de que cuida o art. 16, combinado com o art. 13 da Lei n° 7.347, de 24 de julho de 1985, não prejudicarão as ações de indenização por danos pessoalmente sofridos, propostas individualmente ou na forma prevista neste código, mas, se procedente o pedido, beneficiarão as vítimas e seus sucessores, que poderão proceder à liquidação e à execução, nos termos dos arts. 96 a 99.

§4°: Aplica-se o disposto no parágrafo anterior à sentença penal condenatória.

Art. 104: As ações coletivas, previstas nos incisos I e II e do parágrafo único do art. 81, não induzem litispendência para as ações individuais, mas os efeitos da coisa julgada *erga omnes* ou *ultra partes* a que aludem os incisos II e III do artigo anterior não beneficiarão os autores das ações individuais, se não for requerida sua suspensão no prazo de trinta dias, a contar da ciência nos autos do ajuizamento da ação coletiva.

TÍTULO IV
DO SISTEMA NACIONAL DE DEFESA DO CONSUMIDOR

Art. 105: Integram o Sistema Nacional de Defesa do Consumidor (SNDC), os órgãos federais, estaduais, do Distrito Federal e municipais e as entidades privadas de defesa do consumidor.

Art. 106: O Departamento Nacional de Defesa do Consumidor, da Secretaria Nacional de Direito Econômico (MJ), ou órgão federal que venha substituí-lo, é organismo de coordenação da política do Sistema Nacional de Defesa do Consumidor, cabendo-lhe:

I: planejar, elaborar, propor, coordenar e executar a política nacional de proteção ao consumidor;

II: receber, analisar, avaliar e encaminhar consultas, denúncias ou sugestões apresentadas por entidades representativas ou pessoas jurídicas de direito público ou privado;

III: prestar aos consumidores orientação permanente sobre seus direitos e garantias;

IV: informar, conscientizar e motivar o consumidor através dos diferentes meios de comunicação;

V: solicitar à polícia judiciária a instauração de inquérito policial para a apreciação de delito contra os consumidores, nos termos da legislação vigente;

VI: representar ao Ministério Público competente para fins de adoção de medidas processuais no âmbito de suas atribuições;

VII: levar ao conhecimento dos órgãos competentes as infrações de ordem administrativa que violarem os interesses difusos, coletivos, ou individuais dos consumidores;

VIII: solicitar o concurso de órgãos e entidades da União, Estados, do Distrito Federal e Municípios, bem como auxiliar a fiscalização de preços, abastecimento, quantidade e segurança de bens e serviços;

IX: incentivar, inclusive com recursos financeiros e outros programas especiais, a formação de entidades de defesa do consumidor pela população e pelos órgãos públicos estaduais e municipais;

X: (Vetado).

XI: (Vetado).

XII: (Vetado)

XIII: desenvolver outras atividades compatíveis com suas finalidades.

Parágrafo único: Para a consecução de seus objetivos, o Departamento Nacional de Defesa do Consumidor poderá solicitar o concurso de órgãos e entidades de notória especialização técnico-científica.

TÍTULO V
DA CONVENÇÃO COLETIVA DE CONSUMO

Art. 107: As entidades civis de consumidores e as associações de fornecedores ou sindicatos de categoria econômica podem regular, por convenção escrita, relações de consumo que tenham por objeto estabelecer condições relativas ao preço, à qualidade, à quantidade, à garantia e características de produtos e serviços, bem como à reclamação e composição do conflito de consumo.

§1°: A convenção tornar-se-á obrigatória a partir do registro do instrumento no cartório de títulos e documentos.

§2°: A convenção somente obrigará os filiados às entidades signatárias.

§3°: Não se exime de cumprir a convenção o fornecedor que se desligar da entidade em data posterior ao registro do instrumento.

Art. 108: (Vetado).

TÍTULO VI
DISPOSIÇÕES FINAIS

Art. 109: (Vetado).

Art. 110: Acrescente-se o seguinte inciso IV ao art. 1° da Lei n° 7.347, de 24 de julho de 1985:

"IV: a qualquer outro interesse difuso ou coletivo".

Art. 111: O inciso II do art. 5° da Lei n° 7.347, de 24 de julho de 1985, passa a ter a seguinte redação:

"II: inclua, entre suas finalidades institucionais, a proteção ao meio ambiente, ao consumidor, ao patrimônio artístico, estético, histórico, turístico e paisagístico, ou a qualquer outro interesse difuso ou coletivo".

Art. 112: O §3° do art. 5° da Lei n° 7.347, de 24 de julho de 1985, passa a ter a seguinte redação:

"§3: Em caso de desistência infundada ou abandono da ação por associação legitimada, o Ministério Público ou outro legitimado assumirá a titularidade ativa".

Art. 113: Acrescente-se os seguintes §§4°, 5° e 6° ao art. 5°. da Lei n° 7.347, de 24 de julho de 1985:

"§4: O requisito da pré-constituição poderá ser dispensado pelo juiz, quando haja manifesto interesse social evidenciado pela dimensão ou característica do dano, ou pela relevância do bem jurídico a ser protegido.

§5: Admitir-se-á o litisconsórcio facultativo entre os Ministérios Públicos da União, do Distrito Federal e dos Estados na defesa dos interesses e direitos de que cuida esta lei. (Vide Mensagem de veto) (Vide REsp 222582 /MG - STJ)

§6°: Os órgãos públicos legitimados poderão tomar dos interessados compromisso de ajustamento de sua conduta às exigências legais, mediante combinações, que terá eficácia de título executivo extrajudicial". (Vide Mensagem de veto) (Vide REsp 222582 /MG - STJ)

Art. 114: O art. 15 da Lei n° 7.347, de 24 de julho de 1985, passa a ter a seguinte redação:

"Art. 15: Decorridos sessenta dias do trânsito em julgado da sentença condenatória, sem que a associação autora lhe promova a execução, deverá fazê-lo o Ministério Público, facultada igual iniciativa aos demais legitimados".

Art. 115: Suprima-se o *caput* do art. 17 da Lei n° 7.347, de 24 de julho de 1985, passando o parágrafo único a constituir o *caput*, com a seguinte redação:

"Art. 17: Art. 17. Em caso de litigância de má-fé, a associação autora e os diretores responsáveis pela propositura da ação serão solidariamente condenados em honorários advocatícios e ao décuplo das custas, sem prejuízo da responsabilidade por perdas e danos".

Art. 116: Dê-se a seguinte redação ao art. 18 da Lei n° 7.347, de 24 de julho de 1985:

"Art. 18: Nas ações de que trata esta lei, não haverá adiantamento de custas, emolumentos, honorários periciais e quaisquer outras despesas, nem condenação da associação autora, salvo comprovada má-fé, em honorários de advogado, custas e despesas processuais".

Art. 117: Acrescente-se à Lei n° 7.347, de 24 de julho de 1985, o seguinte dispositivo, renumerando-se os seguintes:

"Art. 21: Aplicam-se à defesa dos direitos e interesses difusos, coletivos e individuais, no que for cabível, os dispositivos do Título III da lei que instituiu o Código de Defesa do Consumidor".

Art. 118: Este código entrará em vigor dentro de cento e oitenta dias a contar de sua publicação.

6.1.3 Lei de Diretrizes e Bases da Educação Nacional (LDB)

Lei nº 9.394, de 20 de dezembro de 1996:
(Vide Adin 3324-7, de 2005) (Vide Decreto nº 3.860, de 2001) (Vide Lei nº 10.870, de 2004) (Vide Lei nº 12.061, de 2009)

Estabelece as diretrizes e bases da educação nacional.

O PRESIDENTE DA REPÚBLICA, faço saber que o Congresso Nacional decreta e eu sanciono a seguinte Lei:

TÍTULO I
DA EDUCAÇÃO

Art. 1°: A educação abrange os processos formativos que se desenvolvem na vida familiar, na convivência humana, no trabalho, nas instituições de ensino e pesquisa, nos movimentos sociais e organizações da sociedade civil e nas manifestações culturais.

§1°: Esta Lei disciplina a educação escolar, que se desenvolve, predominantemente, por meio do ensino, em instituições próprias.

§2º: A educação escolar deverá vincular-se ao mundo do trabalho e à prática social.

TÍTULO II
DOS PRINCÍPIOS E FINS DA EDUCAÇÃO NACIONAL

Art. 2º: A educação, dever da família e do Estado, inspirada nos princípios de liberdade e nos ideais de solidariedade humana, tem por finalidade o pleno desenvolvimento do educando, seu preparo para o exercício da cidadania e sua qualificação para o trabalho.

Art. 3º: O ensino será ministrado com base nos seguintes princípios:

I: igualdade de condições para o acesso e permanência na escola;

II: liberdade de aprender, ensinar, pesquisar e divulgar a cultura, o pensamento, a arte e o saber;

III: pluralismo de idéias e de concepções pedagógicas;

IV: respeito à liberdade e apreço à tolerância;

V: coexistência de instituições públicas e privadas de ensino;

VI: gratuidade do ensino público em estabelecimentos oficiais;

VII: valorização do profissional da educação escolar;

VIII: gestão democrática do ensino público, na forma desta Lei e da legislação dos sistemas de ensino;

IX: garantia de padrão de qualidade;

X: valorização da experiência extra-escolar;

XI: vinculação entre a educação escolar, o trabalho e as práticas sociais.

XII: consideração com a diversidade étnico-racial. (Incluído pela Lei nº 12.796, de 2013)

TÍTULO III
DO DIREITO À EDUCAÇÃO E DO DEVER DE EDUCAR

Art. 4º: O dever do Estado com educação escolar pública será efetivado mediante a garantia de:

I: educação básica obrigatória e gratuita dos 4 (quatro) aos 17 (dezessete) anos de idade, organizada da seguinte forma: (Redação dada pela Lei nº 12.796, de 2013)

a) pré-escola; (Incluído pela Lei nº 12.796, de 2013)

b) ensino fundamental; (Incluído pela Lei nº 12.796, de 2013)

c) ensino médio; (Incluído pela Lei nº 12.796, de 2013)

II: educação infantil gratuita às crianças de até 5 (cinco) anos de idade; (Redação dada pela Lei nº 12.796, de 2013)

III: atendimento educacional especializado gratuito aos educandos com deficiência, transtornos globais do desenvolvimento e altas habilidades ou superdotação, transversal a todos os níveis, etapas e modalidades, preferencialmente na rede regular de ensino; (Redação dada pela Lei nº 12.796, de 2013)

IV: acesso público e gratuito aos ensinos fundamental e médio para todos os que não os concluíram na idade própria; (Redação dada pela Lei nº 12.796, de 2013)

V: acesso aos níveis mais elevados do ensino, da pesquisa e da criação artística, segundo a capacidade de cada um;

VI: oferta de ensino noturno regular, adequado às condições do educando;

VII: oferta de educação escolar regular para jovens e adultos, com características e modalidades adequadas às suas necessidades e disponibilidades, garantindo-se aos que forem trabalhadores as condições de acesso e permanência na escola;

VIII: atendimento ao educando, em todas as etapas da educação básica, por meio de programas suplementares de material didático-escolar, transporte, alimentação e assistência à saúde; (Redação dada pela Lei nº 12.796, de 2013)

IX: padrões mínimos de qualidade de ensino, definidos como a variedade e quantidade mínimas, por aluno, de insumos indispensáveis ao desenvolvimento do processo de ensino-aprendizagem.

X: vaga na escola pública de educação infantil ou de ensino fundamental mais próxima de sua residência a toda criança a partir do dia em que completar 4 (quatro) anos de idade. (Incluído pela Lei nº 11.700, de 2008).

Art. 5º: O acesso à educação básica obrigatória é direito público subjetivo, podendo qualquer cidadão, grupo de cidadãos, associação comunitária, organização sindical, entidade de classe ou outra legalmente constituída e, ainda, o Ministério Público, acionar o poder público para exigi-lo. (Redação dada pela Lei nº 12.796, de 2013)

§1º: O poder público, na esfera de sua competência federativa, deverá: (Redação dada pela Lei nº 12.796, de 2013)

I: recensear anualmente as crianças e adolescentes em idade escolar, bem como os jovens e adultos que não concluíram a educação básica; (Redação dada pela Lei nº 12.796, de 2013)

II: fazer-lhes a chamada pública;

III: zelar, junto aos pais ou responsáveis, pela freqüência à escola.

§2º: Em todas as esferas administrativas, o Poder Público assegurará em primeiro lugar o acesso ao ensino obrigatório, nos termos deste artigo, contemplando em seguida os demais níveis e modalidades de ensino, conforme as prioridades constitucionais e legais.

§3º: Qualquer das partes mencionadas no *caput* deste artigo tem legitimidade para peticionar no Poder Judiciário, na hipótese do §2º do art. 208 da Constituição Federal, sendo gratuita e de rito sumário a ação judicial correspondente.

§4º: Comprovada a negligência da autoridade competente para garantir o oferecimento do ensino obrigatório, poderá ela ser imputada por crime de responsabilidade.

§5º: Para garantir o cumprimento da obrigatoriedade de ensino, o Poder Público criará formas alternativas de acesso aos diferentes níveis de ensino, independentemente da escolarização anterior.

Art. 6º: É dever dos pais ou responsáveis efetuar a matrícula das crianças na educação básica a partir dos 4 (quatro) anos de idade. (Redação dada pela Lei nº 12.796, de 2013)

Art. 7º: O ensino é livre à iniciativa privada, atendidas as seguintes condições:

I: cumprimento das normas gerais da educação nacional e do respectivo sistema de ensino;

II: autorização de funcionamento e avaliação de qualidade pelo Poder Público;

III: capacidade de autofinanciamento, ressalvado o previsto no art. 213 da Constituição Federal.

TÍTULO IV
DA ORGANIZAÇÃO DA EDUCAÇÃO NACIONAL

Art. 8º: A União, os Estados, o Distrito Federal e os Municípios organizarão, em regime de colaboração, os respectivos sistemas de ensino.

§1º: Caberá à União a coordenação da política nacional de educação, articulando os diferentes níveis e sistemas e exercendo função normativa, redistributiva e supletiva em relação às demais instâncias educacionais.

§2º: Os sistemas de ensino terão liberdade de organização nos termos desta Lei.

Art. 9º: A União incumbir-se-á de: (Regulamento)

I: elaborar o Plano Nacional de Educação, em colaboração com os Estados, o Distrito Federal e os Municípios;

II: organizar, manter e desenvolver os órgãos e instituições oficiais do sistema federal de ensino e o dos Territórios;

III: prestar assistência técnica e financeira aos Estados, ao Distrito Federal e aos Municípios para o desenvolvimento de seus sistemas de ensino e o atendimento prioritário à escolaridade obrigatória, exercendo sua função redistributiva e supletiva;

IV: estabelecer, em colaboração com os Estados, o Distrito Federal e os Municípios, competências e diretrizes para a educação infantil, o ensino fundamental e o ensino médio, que nortearão os currículos e seus conteúdos mínimos, de modo a assegurar formação básica comum;

V: coletar, analisar e disseminar informações sobre a educação;

VI: assegurar processo nacional de avaliação do rendimento escolar no ensino fundamental, médio e superior, em colaboração com os sistemas de ensino, objetivando a definição de prioridades e a melhoria da qualidade do ensino;

VII: baixar normas gerais sobre cursos de graduação e pós-graduação;

VIII: assegurar processo nacional de avaliação das instituições de educação superior, com a cooperação dos sistemas que tiverem responsabilidade sobre este nível de ensino;

IX: autorizar, reconhecer, credenciar, supervisionar e avaliar, respectivamente, os cursos das instituições de educação superior e os estabelecimentos do seu sistema de ensino. (Vide Lei nº 10.870, de 2004)

§1º: Na estrutura educacional, haverá um Conselho Nacional de Educação, com funções normativas e de supervisão e atividade permanente, criado por lei.

§2°: Para o cumprimento do disposto nos incisos V a IX, a União terá acesso a todos os dados e informações necessários de todos os estabelecimentos e órgãos educacionais.

§3°: As atribuições constantes do inciso IX poderão ser delegadas aos Estados e ao Distrito Federal, desde que mantenham instituições de educação superior.

Art. 10: Os Estados incumbir-se-ão de:

I: organizar, manter e desenvolver os órgãos e instituições oficiais dos seus sistemas de ensino;

II: definir, com os Municípios, formas de colaboração na oferta do ensino fundamental, as quais devem assegurar a distribuição proporcional das responsabilidades, de acordo com a população a ser atendida e os recursos financeiros disponíveis em cada uma dessas esferas do Poder Público;

III: elaborar e executar políticas e planos educacionais, em consonância com as diretrizes e planos nacionais de educação, integrando e coordenando as suas ações e as dos seus Municípios;

IV: autorizar, reconhecer, credenciar, supervisionar e avaliar, respectivamente, os cursos das instituições de educação superior e os estabelecimentos do seu sistema de ensino;

V: baixar normas complementares para o seu sistema de ensino;

VI: assegurar o ensino fundamental e oferecer, com prioridade, o ensino médio a todos que o demandarem, respeitado o disposto no art. 38 desta Lei; (Redação dada pela Lei n° 12.061, de 2009)

VII: assumir o transporte escolar dos alunos da rede estadual. (Incluído pela Lei n° 10.709, de 31.7.2003)

Parágrafo único: Ao Distrito Federal aplicar-se-ão as competências referentes aos Estados e aos Municípios.

Art. 11: Os Municípios incumbir-se-ão de:

I: organizar, manter e desenvolver os órgãos e instituições oficiais dos seus sistemas de ensino, integrando-os às políticas e planos educacionais da União e dos Estados;

II: exercer ação redistributiva em relação às suas escolas;

III: baixar normas complementares para o seu sistema de ensino;

IV: autorizar, credenciar e supervisionar os estabelecimentos do seu sistema de ensino;

V: oferecer a educação infantil em creches e pré-escolas, e, com prioridade, o ensino fundamental, permitida a atuação em outros níveis de ensino somente quando estiverem atendidas plenamente as necessidades de sua área de competência e com recursos acima dos percentuais mínimos vinculados pela Constituição Federal à manutenção e desenvolvimento do ensino.

VI: assumir o transporte escolar dos alunos da rede municipal. (Incluído pela Lei nº 10.709, de 31.7.2003)

Parágrafo único: Os Municípios poderão optar, ainda, por se integrar ao sistema estadual de ensino ou compor com ele um sistema único de educação básica.

Art. 12: Os estabelecimentos de ensino, respeitadas as normas comuns e as do seu sistema de ensino, terão a incumbência de:

I: elaborar e executar sua proposta pedagógica;

II: administrar seu pessoal e seus recursos materiais e financeiros;

III: assegurar o cumprimento dos dias letivos e horas-aula estabelecidas;

IV: velar pelo cumprimento do plano de trabalho de cada docente;

V: prover meios para a recuperação dos alunos de menor rendimento;

VI: articular-se com as famílias e a comunidade, criando processos de integração da sociedade com a escola;

VII: informar pai e mãe, conviventes ou não com seus filhos, e, se for o caso, os responsáveis legais, sobre a frequência e rendimento dos alunos, bem como sobre a execução da proposta pedagógica da escola; (Redação dada pela Lei nº 12.013, de 2009)

VIII: notificar ao Conselho Tutelar do Município, ao juiz competente da Comarca e ao respectivo representante do Ministério Público a relação dos alunos que apresentem quantidade de faltas acima de cinqüenta por cento do percentual permitido em lei.(Incluído pela Lei nº 10.287, de 2001)

Art. 13: Os docentes incumbir-se-ão de:

I: participar da elaboração da proposta pedagógica do estabelecimento de ensino;

II: elaborar e cumprir plano de trabalho, segundo a proposta pedagógica do estabelecimento de ensino;

III: zelar pela aprendizagem dos alunos;

IV: estabelecer estratégias de recuperação para os alunos de menor rendimento;

V: ministrar os dias letivos e horas-aula estabelecidos, além de participar integralmente dos períodos dedicados ao planejamento, à avaliação e ao desenvolvimento profissional;

VI: colaborar com as atividades de articulação da escola com as famílias e a comunidade.

Art. 14: Os sistemas de ensino definirão as normas da gestão democrática do ensino público na educação básica, de acordo com as suas peculiaridades e conforme os seguintes princípios:

I: participação dos profissionais da educação na elaboração do projeto pedagógico da escola;

II: participação das comunidades escolar e local em conselhos escolares ou equivalentes.

Art. 15: Os sistemas de ensino assegurarão às unidades escolares públicas de educação básica que os integram progressivos graus de autonomia pedagógica e administrativa e de gestão financeira, observadas as normas gerais de direito financeiro público.

Art. 16: O sistema federal de ensino compreende: (Regulamento)

I: as instituições de ensino mantidas pela União;

II: as instituições de educação superior criadas e mantidas pela iniciativa privada;

III: os órgãos federais de educação.

Art. 17: Os sistemas de ensino dos Estados e do Distrito Federal compreendem:

I: as instituições de ensino mantidas, respectivamente, pelo Poder Público estadual e pelo Distrito Federal;

II: as instituições de educação superior mantidas pelo Poder Público municipal;

III: as instituições de ensino fundamental e médio criadas e mantidas pela iniciativa privada;

IV: os órgãos de educação estaduais e do Distrito Federal, respectivamente.

Parágrafo único: No Distrito Federal, as instituições de educação infantil, criadas e mantidas pela iniciativa privada, integram seu sistema de ensino.

Art. 18: Os sistemas municipais de ensino compreendem:

I: as instituições do ensino fundamental, médio e de educação infantil mantidas pelo Poder Público municipal;

II: as instituições de educação infantil criadas e mantidas pela iniciativa privada;

III: os órgãos municipais de educação.

Art. 19: As instituições de ensino dos diferentes níveis classificam-se nas seguintes categorias administrativas: (Regulamento)(Regulamento)

I: públicas, assim entendidas as criadas ou incorporadas, mantidas e administradas pelo Poder Público;

II: privadas, assim entendidas as mantidas e administradas por pessoas físicas ou jurídicas de direito privado.

Art. 20: As instituições privadas de ensino se enquadrarão nas seguintes categorias: (Regulamento)(Regulamento)

I: particulares em sentido estrito, assim entendidas as que são instituídas e mantidas por uma ou mais pessoas físicas ou jurídicas de direito privado que não apresentem as características dos incisos abaixo;

II: comunitárias, assim entendidas as que são instituídas por grupos de pessoas físicas ou por uma ou mais pessoas jurídicas, inclusive cooperativas educacionais, sem fins lucrativos, que incluam na sua entidade mantenedora representantes da comunidade; (Redação dada pela Lei nº 12.020, de 2009)

III: confessionais, assim entendidas as que são instituídas por grupos de pessoas físicas ou por uma ou mais pessoas jurídicas que atendem a orientação confessional e ideologia específicas e ao disposto no inciso anterior;

IV: filantrópicas, na forma da lei.

TÍTULO V
DOS NÍVEIS E DAS MODALIDADES DE EDUCAÇÃO E ENSINO

CAPÍTULO I
DA COMPOSIÇÃO DOS NÍVEIS ESCOLARES

Art. 21. A educação escolar compõe-se de:

I: educação básica, formada pela educação infantil, ensino fundamental e ensino médio;

II: educação superior.

CAPÍTULO II
DA EDUCAÇÃO BÁSICA

Seção I

Das Disposições Gerais

Art. 22: A educação básica tem por finalidades desenvolver o educando, assegurar-lhe a formação comum indispensável para o exercício da cidadania e fornecer-lhe meios para progredir no trabalho e em estudos posteriores.

Art. 23: A educação básica poderá organizar-se em séries anuais, períodos semestrais, ciclos, alternância regular de períodos de estudos, grupos não-seriados, com base na idade, na competência e em outros critérios, ou por forma diversa de organização, sempre que o interesse do processo de aprendizagem assim o recomendar.

§1°: A escola poderá reclassificar os alunos, inclusive quando se tratar de transferências entre estabelecimentos situados no País e no exterior, tendo como base as normas curriculares gerais.

§2°: O calendário escolar deverá adequar-se às peculiaridades locais, inclusive climáticas e econômicas, a critério do respectivo sistema de ensino, sem com isso reduzir o número de horas letivas previsto nesta Lei.

Art. 24: A educação básica, nos níveis fundamental e médio, será organizada de acordo com as seguintes regras comuns:

I: a carga horária mínima anual será de oitocentas horas, distribuídas por um mínimo de duzentos dias de efetivo trabalho escolar, excluído o tempo reservado aos exames finais, quando houver;

II: a classificação em qualquer série ou etapa, exceto a primeira do ensino fundamental, pode ser feita:

a) por promoção, para alunos que cursaram, com aproveitamento, a série ou fase anterior, na própria escola;

b) por transferência, para candidatos procedentes de outras escolas;

c) independentemente de escolarização anterior, mediante avaliação feita pela escola, que defina o grau de desenvolvimento e experiência do candidato e permita sua inscrição na série ou etapa adequada, conforme regulamentação do respectivo sistema de ensino;

III: nos estabelecimentos que adotam a progressão regular por série, o regimento escolar pode admitir formas de progressão parcial, desde que preservada a seqüência do currículo, observadas as normas do respectivo sistema de ensino;

IV: poderão organizar-se classes, ou turmas, com alunos de séries distintas, com níveis equivalentes de adiantamento na matéria, para o ensino de línguas estrangeiras, artes, ou outros componentes curriculares;

V: a verificação do rendimento escolar observará os seguintes critérios:

a) avaliação contínua e cumulativa do desempenho do aluno, com prevalência dos aspectos qualitativos sobre os quantitativos e dos resultados ao longo do período sobre os de eventuais provas finais;

b) possibilidade de aceleração de estudos para alunos com atraso escolar;

c) possibilidade de avanço nos cursos e nas séries mediante verificação do aprendizado;

d) aproveitamento de estudos concluídos com êxito;

e) obrigatoriedade de estudos de recuperação, de preferência paralelos ao período letivo, para os casos de baixo rendimento escolar, a serem disciplinados pelas instituições de ensino em seus regimentos;

VI: o controle de freqüência fica a cargo da escola, conforme o disposto no seu regimento e nas normas do respectivo sistema de ensino, exigida a freqüência mínima de setenta e cinco por cento do total de horas letivas para aprovação;

VII: cabe a cada instituição de ensino expedir históricos escolares, declarações de conclusão de série e diplomas ou certificados de conclusão de cursos, com as especificações cabíveis.

Art. 25: Será objetivo permanente das autoridades responsáveis alcançar relação adequada entre o número de alunos e o professor, a carga horária e as condições materiais do estabelecimento.

Parágrafo único: Cabe ao respectivo sistema de ensino, à vista das condições disponíveis e das características regionais e locais, estabelecer parâmetro para atendimento do disposto neste artigo.

Art. 26: Os currículos da educação infantil, do ensino fundamental e do ensino médio devem ter base nacional comum, a ser complementada, em cada sistema de ensino e em cada estabelecimento escolar, por uma parte diversificada, exigida pelas características regionais e locais da sociedade, da cultura, da economia e dos educandos. (Redação dada pela Lei nº 12.796, de 2013)

§1º: Os currículos a que se refere o *caput* devem abranger, obrigatoriamente, o estudo da língua portuguesa e da matemática, o conhecimento do mundo físico e natural e da realidade social e política, especialmente do Brasil.

§2º: O ensino da arte, especialmente em suas expressões regionais, constituirá componente curricular obrigatório nos diversos níveis da educação básica, de forma a promover o desenvolvimento cultural dos alunos. (Redação dada pela Lei nº 12.287, de 2010)

§3º: A educação física, integrada à proposta pedagógica da escola, é componente curricular obrigatório da educação básica, sendo sua prática facultativa ao aluno: (Redação dada pela Lei nº 10.793, de 1º.12.2003)

I: que cumpra jornada de trabalho igual ou superior a seis horas; (Incluído pela Lei nº 10.793, de 1º.12.2003)

II: maior de trinta anos de idade; (Incluído pela Lei nº 10.793, de 1º.12.2003)

III: que estiver prestando serviço militar inicial ou que, em situação similar, estiver obrigado à prática da educação física; (Incluído pela Lei nº 10.793, de 1º.12.2003)

IV: amparado pelo Decreto-Lei nº 1.044, de 21 de outubro de 1969; (Incluído pela Lei nº 10.793, de 1º.12.2003)

V: (VETADO) (Incluído pela Lei nº 10.793, de 1º.12.2003)

VI: que tenha prole. (Incluído pela Lei nº 10.793, de 1º.12.2003)

§4º: O ensino da História do Brasil levará em conta as contribuições das diferentes culturas e etnias para a formação do povo brasileiro, especialmente das matrizes indígena, africana e européia.

§5º: Na parte diversificada do currículo será incluído, obrigatoriamente, a partir da quinta série, o ensino de pelo menos uma língua estrangeira moderna, cuja escolha ficará a cargo da comunidade escolar, dentro das possibilidades da instituição.

§6º: A música deverá ser conteúdo obrigatório, mas não exclusivo, do componente curricular de que trata o §2º deste artigo. (Incluído pela Lei nº 11.769, de 2008)

§7º: Os currículos do ensino fundamental e médio devem incluir os princípios da proteção e defesa civil e a educação ambiental de forma integrada aos conteúdos obrigatórios. (Incluído pela Lei nº 12.608, de 2012)

Art. 26: A. Nos estabelecimentos de ensino fundamental e de ensino médio, públicos e privados, torna-se obrigatório o estudo da história e cultura afro-brasileira e indígena. (Redação dada pela Lei nº 11.645, de 2008).

§1º: O conteúdo programático a que se refere este artigo incluirá diversos aspectos da história e da cultura que caracterizam a formação da população brasileira, a partir desses dois grupos étnicos, tais como o estudo da história da África e dos africanos, a luta dos negros e dos povos indígenas no Brasil, a cultura negra e indígena brasileira e o negro e o índio na formação da sociedade nacional, resgatando as suas contribuições nas áreas social, econômica e política, pertinentes à história do Brasil. (Redação dada pela Lei nº 11.645, de 2008).

§2º: Os conteúdos referentes à história e cultura afro-brasileira e dos povos indígenas brasileiros serão ministrados no âmbito de todo o currículo escolar, em especial nas áreas de educação artística e de literatura e história brasileiras. (Redação dada pela Lei nº 11.645, de 2008).

Art. 27: Os conteúdos curriculares da educação básica observarão, ainda, as seguintes diretrizes:

I: a difusão de valores fundamentais ao interesse social, aos direitos e deveres dos cidadãos, de respeito ao bem comum e à ordem democrática;

II: consideração das condições de escolaridade dos alunos em cada estabelecimento;

III: orientação para o trabalho;

IV: promoção do desporto educacional e apoio às práticas desportivas não-formais.

Art. 28: Na oferta de educação básica para a população rural, os sistemas de ensino promoverão as adaptações necessárias à sua adequação às peculiaridades da vida rural e de cada região, especialmente:

I: conteúdos curriculares e metodologias apropriadas às reais necessidades e interesses dos alunos da zona rural;

II: organização escolar própria, incluindo adequação do calendário escolar às fases do ciclo agrícola e às condições climáticas;

III: adequação à natureza do trabalho na zona rural.

Parágrafo único: O fechamento de escolas do campo, indígenas e quilombolas será precedido de manifestação do órgão normativo do respectivo sistema de ensino, que considerará a justificativa apresentada pela Secretaria de Educação, a análise do diagnóstico do impacto da ação e a manifestação da comunidade escolar. (Incluído pela Lei nº 12.960, de 2014)

Seção II
Da Educação Infantil

Art. 29: A educação infantil, primeira etapa da educação básica, tem como finalidade o desenvolvimento integral da criança de até 5 (cinco) anos, em seus aspectos físico, psicológico, intelectual e social, complementando a ação da família e da comunidade. (Redação dada pela Lei nº 12.796, de 2013)

Art. 30: A educação infantil será oferecida em:

I: creches, ou entidades equivalentes, para crianças de até três anos de idade;

II: pré-escolas, para as crianças de 4 (quatro) a 5 (cinco) anos de idade. (Redação dada pela Lei nº 12.796, de 2013)

Art. 31: A educação infantil será organizada de acordo com as seguintes regras comuns: (Redação dada pela Lei nº 12.796, de 2013)

I: avaliação mediante acompanhamento e registro do desenvolvimento das crianças, sem o objetivo de promoção, mesmo para o acesso ao ensino fundamental; (Incluído pela Lei nº 12.796, de 2013)

II: carga horária mínima anual de 800 (oitocentas) horas, distribuída por um mínimo de 200 (duzentos) dias de trabalho educacional; (Incluído pela Lei nº 12.796, de 2013)

III: atendimento à criança de, no mínimo, 4 (quatro) horas diárias para o turno parcial e de 7 (sete) horas para a jornada integral; (Incluído pela Lei nº 12.796, de 2013)

IV: controle de frequência pela instituição de educação pré-escolar, exigida a frequência mínima de 60% (sessenta por cento) do total de horas; (Incluído pela Lei nº 12.796, de 2013)

V: expedição de documentação que permita atestar os processos de desenvolvimento e aprendizagem da criança. (Incluído pela Lei nº 12.796, de 2013)

Seção III
Do Ensino Fundamental

Art. 32: O ensino fundamental obrigatório, com duração de 9 (nove) anos, gratuito na escola pública, iniciando-se aos 6 (seis) anos de idade, terá por objetivo a formação básica do cidadão, mediante: (Redação dada pela Lei nº 11.274, de 2006)

I: o desenvolvimento da capacidade de aprender, tendo como meios básicos o pleno domínio da leitura, da escrita e do cálculo;

II: a compreensão do ambiente natural e social, do sistema político, da tecnologia, das artes e dos valores em que se fundamenta a sociedade;

III: o desenvolvimento da capacidade de aprendizagem, tendo em vista a aquisição de conhecimentos e habilidades e a formação de atitudes e valores;

IV: o fortalecimento dos vínculos de família, dos laços de solidariedade humana e de tolerância recíproca em que se assenta a vida social.

§1º: É facultado aos sistemas de ensino desdobrar o ensino fundamental em ciclos.

§2º: Os estabelecimentos que utilizam progressão regular por série podem adotar no ensino fundamental o regime de progressão continuada, sem prejuízo da avaliação do processo de ensino-aprendizagem, observadas as normas do respectivo sistema de ensino.

§3º: O ensino fundamental regular será ministrado em língua portuguesa, assegurada às comunidades indígenas a utilização de suas línguas maternas e processos próprios de aprendizagem.

§4º: O ensino fundamental será presencial, sendo o ensino a distância utilizado como complementação da aprendizagem ou em situações emergenciais.

§5º: O currículo do ensino fundamental incluirá, obrigatoriamente, conteúdo que trate dos direitos das crianças e dos adolescentes, tendo como diretriz a Lei nº 8.069, de 13 de julho de 1990, que institui o Estatuto da Criança e do Adolescente, observada a produção e distribuição de material didático adequado. (Incluído pela Lei nº 11.525, de 2007).

§6º: O estudo sobre os símbolos nacionais será incluído como tema transversal nos currículos do ensino fundamental. (Incluído pela Lei nº 12.472, de 2011).

Art. 33: O ensino religioso, de matrícula facultativa, é parte integrante da formação básica do cidadão e constitui disciplina dos horários normais das escolas públicas de ensino fundamental, assegurado o respeito à diversidade cultural religiosa do Brasil, vedadas quaisquer formas de proselitismo. (Redação dada pela Lei nº 9.475, de 22.7.1997)

§1º: Os sistemas de ensino regulamentarão os procedimentos para a definição dos conteúdos do ensino religioso e estabelecerão as normas para a habilitação e admissão dos professores.

§2º: Os sistemas de ensino ouvirão entidade civil, constituída pelas diferentes denominações religiosas, para a definição dos conteúdos do ensino religioso."

Art. 34: A jornada escolar no ensino fundamental incluirá pelo menos quatro horas de trabalho efetivo em sala de aula, sendo progressivamente ampliado o período de permanência na escola.

§1º: São ressalvados os casos do ensino noturno e das formas alternativas de organização autorizadas nesta Lei.

§2º: O ensino fundamental será ministrado progressivamente em tempo integral, a critério dos sistemas de ensino.

Seção IV
Do Ensino Médio

Art. 35: O ensino médio, etapa final da educação básica, com duração mínima de três anos, terá como finalidades:

I: a consolidação e o aprofundamento dos conhecimentos adquiridos no ensino fundamental, possibilitando o prosseguimento de estudos;

II: a preparação básica para o trabalho e a cidadania do educando, para continuar aprendendo, de modo a ser capaz de se adaptar com flexibilidade a novas condições de ocupação ou aperfeiçoamento posteriores;

III: o aprimoramento do educando como pessoa humana, incluindo a formação ética e o desenvolvimento da autonomia intelectual e do pensamento crítico;

IV: a compreensão dos fundamentos científico-tecnológicos dos processos produtivos, relacionando a teoria com a prática, no ensino de cada disciplina.

Art. 36: O currículo do ensino médio observará o disposto na Seção I deste Capítulo e as seguintes diretrizes:

I: destacará a educação tecnológica básica, a compreensão do significado da ciência, das letras e das artes; o processo histórico de transformação da sociedade e da cultura; a língua portuguesa como instrumento de comunicação, acesso ao conhecimento e exercício da cidadania;

II: adotará metodologias de ensino e de avaliação que estimulem a iniciativa dos estudantes;

III: será incluída uma língua estrangeira moderna, como disciplina obrigatória, escolhida pela comunidade escolar, e uma segunda, em caráter optativo, dentro das disponibilidades da instituição.

IV: serão incluídas a Filosofia e a Sociologia como disciplinas obrigatórias em todas as séries do ensino médio. (Incluído pela Lei nº 11.684, de 2008)

§1º: Os conteúdos, as metodologias e as formas de avaliação serão organizados de tal forma que ao final do ensino médio o educando demonstre:

I: domínio dos princípios científicos e tecnológicos que presidem a produção moderna;

II: conhecimento das formas contemporâneas de linguagem;

§3º: Os cursos do ensino médio terão equivalência legal e habilitarão ao prosseguimento de estudos.

Seção IV-A

Da Educação Profissional Técnica de Nível Médio

(Incluído pela Lei nº 11.741, de 2008)

Art. 36-A: Sem prejuízo do disposto na Seção IV deste Capítulo, o ensino médio, atendida a formação geral do educando, poderá prepará-lo para o exercício de profissões técnicas. (Incluído pela Lei nº 11.741, de 2008)

Parágrafo único: A preparação geral para o trabalho e, facultativamente, a habilitação profissional poderão ser desenvolvidas nos próprios estabelecimentos de ensino médio ou em cooperação com instituições especializadas em educação profissional. (Incluído pela Lei nº 11.741, de 2008)

Art. 36-B: A educação profissional técnica de nível médio será desenvolvida nas seguintes formas: (Incluído pela Lei nº 11.741, de 2008)

I: articulada com o ensino médio; (Incluído pela Lei nº 11.741, de 2008)

II: subseqüente, em cursos destinados a quem já tenha concluído o ensino médio.(Incluído pela Lei nº 11.741, de 2008)

Parágrafo único: A educação profissional técnica de nível médio deverá observar: (Incluído pela Lei nº 11.741, de 2008)

I: os objetivos e definições contidos nas diretrizes curriculares nacionais estabelecidas pelo Conselho Nacional de Educação; (Incluído pela Lei nº 11.741, de 2008)

II: as normas complementares dos respectivos sistemas de ensino; (Incluído pela Lei nº 11.741, de 2008)

III: as exigências de cada instituição de ensino, nos termos de seu projeto pedagógico. (Incluído pela Lei nº 11.741, de 2008)

Art. 36-C: A educação profissional técnica de nível médio articulada, prevista no inciso I do *caput* do art. 36-B desta Lei, será desenvolvida de forma: (Incluído pela Lei nº 11.741, de 2008)

I: integrada, oferecida somente a quem já tenha concluído o ensino fundamental, sendo o curso planejado de modo a conduzir o aluno à habilitação profissional técnica de nível médio, na mesma instituição de ensino, efetuando-se matrícula única para cada aluno; (Incluído pela Lei nº 11.741, de 2008)

II: concomitante, oferecida a quem ingresse no ensino médio ou já o esteja cursando, efetuando-se matrículas distintas para cada curso, e podendo ocorrer: (Incluído pela Lei nº 11.741, de 2008)

a) na mesma instituição de ensino, aproveitando-se as oportunidades educacionais disponíveis; (Incluído pela Lei nº 11.741, de 2008)

b) em instituições de ensino distintas, aproveitando-se as oportunidades educacionais disponíveis; (Incluído pela Lei nº 11.741, de 2008)

c) em instituições de ensino distintas, mediante convênios de intercomplementaridade, visando ao planejamento e ao desenvolvimento de projeto pedagógico unificado. (Incluído pela Lei nº 11.741, de 2008)

Art. 36-D: Os diplomas de cursos de educação profissional técnica de nível médio, quando registrados, terão validade nacional e habilitarão ao prosseguimento de estudos na educação superior. (Incluído pela Lei nº 11.741, de 2008)

Parágrafo único: Os cursos de educação profissional técnica de nível médio, nas formas articulada concomitante e subseqüente, quando estruturados e organizados em etapas com terminalidade, possibilitarão a obtenção de certificados de qualificação para o trabalho após a conclusão, com aproveitamento, de cada etapa que caracterize uma qualificação para o trabalho. (Incluído pela Lei nº 11.741, de 2008)

Seção V
Da Educação de Jovens e Adultos

Art. 37: A educação de jovens e adultos será destinada àqueles que não tiveram acesso ou continuidade de estudos no ensino fundamental e médio na idade própria.

§1º: Os sistemas de ensino assegurarão gratuitamente aos jovens e aos adultos, que não puderam efetuar os estudos na idade regular, oportunidades educacionais apropriadas, consideradas as características do alunado, seus interesses, condições de vida e de trabalho, mediante cursos e exames.

§2º: O Poder Público viabilizará e estimulará o acesso e a permanência do trabalhador na escola, mediante ações integradas e complementares entre si.

§3º: A educação de jovens e adultos deverá articular-se, preferencialmente, com a educação profissional, na forma do regulamento. (Incluído pela Lei nº 11.741, de 2008)

Art. 38: Os sistemas de ensino manterão cursos e exames supletivos, que compreenderão a base nacional comum do currículo, habilitando ao prosseguimento de estudos em caráter regular.

§1º: Os exames a que se refere este artigo realizar-se-ão:

I: no nível de conclusão do ensino fundamental, para os maiores de quinze anos;

II: no nível de conclusão do ensino médio, para os maiores de dezoito anos.

§2º: Os conhecimentos e habilidades adquiridos pelos educandos por meios informais serão aferidos e reconhecidos mediante exames.

CAPÍTULO III
DA EDUCAÇÃO PROFISSIONAL

Da Educação Profissional e Tecnológica
(Redação dada pela Lei nº 11.741, de 2008)

Art. 39: A educação profissional e tecnológica, no cumprimento dos objetivos da educação nacional, integra-se aos diferentes níveis e modalidades de educação e às dimensões do trabalho, da ciência e da tecnologia. (Redação dada pela Lei nº 11.741, de 2008)

§1º: Os cursos de educação profissional e tecnológica poderão ser organizados por eixos tecnológicos, possibilitando a construção de diferentes itinerários formativos, observadas as normas do respectivo sistema e nível de ensino. (Incluído pela Lei nº 11.741, de 2008)

§2º: A educação profissional e tecnológica abrangerá os seguintes cursos: (Incluído pela Lei nº 11.741, de 2008)

I: de formação inicial e continuada ou qualificação profissional; (Incluído pela Lei nº 11.741, de 2008)

II: de educação profissional técnica de nível médio; (Incluído pela Lei nº 11.741, de 2008)

III: de educação profissional tecnológica de graduação e pós-graduação. (Incluído pela Lei nº 11.741, de 2008)

§3º: Os cursos de educação profissional tecnológica de graduação e pós-graduação organizar-se-ão, no que concerne a objetivos, características e duração, de acordo com as diretrizes curriculares nacionais estabelecidas pelo Conselho Nacional de Educação. (Incluído pela Lei nº 11.741, de 2008)

Art. 40: A educação profissional será desenvolvida em articulação com o ensino regular ou por diferentes estratégias de educação continuada, em instituições especializadas ou no ambiente de trabalho. (Regulamento) (Regulamento) (Regulamento)

Art. 41: O conhecimento adquirido na educação profissional e tecnológica, inclusive no trabalho, poderá ser objeto de avaliação, reconhecimento e certificação para prosseguimento ou conclusão de estudos.(Redação dada pela Lei nº 11.741, de 2008)

Art. 42:As instituições de educação profissional e tecnológica, além dos seus cursos regulares, oferecerão cursos especiais, abertos à comunidade, condicionada a matrícula à capacidade de aproveitamento e não necessariamente ao nível de escolaridade. (Redação dada pela Lei nº 11.741, de 2008)

CAPÍTULO IV
DA EDUCAÇÃO SUPERIOR

Art. 43:A educação superior tem por finalidade:

I: estimular a criação cultural e o desenvolvimento do espírito científico e do pensamento reflexivo;

II: formar diplomados nas diferentes áreas de conhecimento, aptos para a inserção em setores profissionais e para a participação no desenvolvimento da sociedade brasileira, e colaborar na sua formação contínua;

III: incentivar o trabalho de pesquisa e investigação científica, visando o desenvolvimento da ciência e da tecnologia e da criação e difusão da cultura, e, desse modo, desenvolver o entendimento do homem e do meio em que vive;

IV: promover a divulgação de conhecimentos culturais, científicos e técnicos que constituem patrimônio da humanidade e comunicar o saber através do ensino, de publicações ou de outras formas de comunicação;

V: suscitar o desejo permanente de aperfeiçoamento cultural e profissional e possibilitar a correspondente concretização, integrando os conhecimentos que vão sendo adquiridos numa estrutura intelectual sistematizadora do conhecimento de cada geração;

VI: estimular o conhecimento dos problemas do mundo presente, em particular os nacionais e regionais, prestar serviços especializados à comunidade e estabelecer com esta uma relação de reciprocidade;

VII: promover a extensão, aberta à participação da população, visando à difusão das conquistas e benefícios resultantes da criação cultural e da pesquisa científica e tecnológica geradas na instituição.

Art. 44: A educação superior abrangerá os seguintes cursos e programas (Regulamento)

I: cursos seqüenciais por campo de saber, de diferentes níveis de abrangência, abertos a candidatos que atendam aos requisitos estabelecidos pelas instituições de ensino, desde que tenham concluído o ensino médio ou equivalente; (Redação dada pela Lei nº 11.632, de 2007).

II: de graduação, abertos a candidatos que tenham concluído o ensino médio ou equivalente e tenham sido classificados em processo seletivo;

III: de pós-graduação, compreendendo programas de mestrado e doutorado, cursos de especialização, aperfeiçoamento e outros, abertos a candidatos diplomados em cursos de graduação e que atendam às exigências das instituições de ensino;

IV: de extensão, abertos a candidatos que atendam aos requisitos estabelecidos em cada caso pelas instituições de ensino.

Parágrafo único: Os resultados do processo seletivo referido no inciso II do *caput* deste artigo serão tornados públicos pelas instituições de ensino superior, sendo obrigatória a divulgação da relação nominal dos classificados, a respectiva ordem de classificação, bem como do cronograma das chamadas para matrícula, de acordo com os critérios para preenchimento das vagas constantes do respectivo edital. (Incluído pela Lei nº 11.331, de 2006)

Art. 45: A educação superior será ministrada em instituições de ensino superior, públicas ou privadas, com variados graus de abrangência ou especialização. (Regulamento)(Regulamento)

Art. 46: A autorização e o reconhecimento de cursos, bem como o credenciamento de instituições de educação superior, terão prazos limitados, sendo renovados, periodicamente, após processo regular de avaliação. (Regulamento) (Regulamento) (Vide Lei nº 10.870, de 2004)

§1º: Após um prazo para saneamento de deficiências eventualmente identificadas pela avaliação a que se refere este artigo, haverá reavaliação, que poderá resultar, conforme o caso, em desativação de cursos e habilitações, em intervenção na instituição, em suspensão temporária de prerrogativas da autonomia, ou em descredenciamento. (Regulamento) (Regulamento) (Vide Lei nº 10.870, de 2004)

§2º: No caso de instituição pública, o Poder Executivo responsável por sua manutenção acompanhará o processo de saneamento e fornecerá recursos adicionais, se necessários, para a superação das deficiências.

Art. 47: Na educação superior, o ano letivo regular, independente do ano civil, tem, no mínimo, duzentos dias de trabalho acadêmico efetivo, excluído o tempo reservado aos exames finais, quando houver.

§1º: As instituições informarão aos interessados, antes de cada período letivo, os programas dos cursos e demais componentes curriculares, sua duração, requisitos, qualificação dos professores, recursos disponíveis e critérios de avaliação, obrigando-se a cumprir as respectivas condições.

§2º: Os alunos que tenham extraordinário aproveitamento nos estudos, demonstrado por meio de provas e outros instrumentos de avaliação específicos, aplicados por banca examinadora especial, poderão ter abreviada a duração dos seus cursos, de acordo com as normas dos sistemas de ensino.

§3º: É obrigatória a freqüência de alunos e professores, salvo nos programas de educação a distância.

§4º: As instituições de educação superior oferecerão, no período noturno, cursos de graduação nos mesmos padrões de qualidade mantidos no período diurno, sendo obrigatória a oferta noturna nas instituições públicas, garantida a necessária previsão orçamentária.

Art. 48: Os diplomas de cursos superiores reconhecidos, quando registrados, terão validade nacional como prova da formação recebida por seu titular.

§1º: Os diplomas expedidos pelas universidades serão por elas próprias registrados, e aqueles conferidos por instituições não-universitárias serão registrados em universidades indicadas pelo Conselho Nacional de Educação.

§2º: Os diplomas de graduação expedidos por universidades estrangeiras serão revalidados por universidades públicas que tenham curso do mesmo nível e área ou equivalente, respeitando-se os acordos internacionais de reciprocidade ou equiparação.

§3º: Os diplomas de Mestrado e de Doutorado expedidos por universidades estrangeiras só poderão ser reconhecidos por universidades que possuam cursos de pós-graduação reconhecidos e avaliados, na mesma área de conhecimento e em nível equivalente ou superior.

Art. 49: As instituições de educação superior aceitarão a transferência de alunos regulares, para cursos afins, na hipótese de existência de vagas, e mediante processo seletivo.

Parágrafo único: As transferências *ex officio* dar-se-ão na forma da lei. (Regulamento)

Art. 50: As instituições de educação superior, quando da ocorrência de vagas, abrirão matrícula nas disciplinas de seus cursos a alunos não regulares que demonstrarem capacidade de cursá-las com proveito, mediante processo seletivo prévio.

Art. 51: As instituições de educação superior credenciadas como universidades, ao deliberar sobre critérios e normas de seleção e admissão de estudantes, levarão em conta os efeitos desses critérios sobre a orientação do ensino médio, articulando-se com os órgãos normativos dos sistemas de ensino.

Art. 52: As universidades são instituições pluridisciplinares de formação dos quadros profissionais de nível superior, de pesquisa, de extensão e de domínio e cultivo do saber humano, que se caracterizam por: (Regulamento) (Regulamento)

I: produção intelectual institucionalizada mediante o estudo sistemático dos temas e problemas mais relevantes, tanto do ponto de vista científico e cultural, quanto regional e nacional;

II: um terço do corpo docente, pelo menos, com titulação acadêmica de mestrado ou doutorado;

III: um terço do corpo docente em regime de tempo integral.

Parágrafo único: É facultada a criação de universidades especializadas por campo do saber. (Regulamento)

Art. 53: No exercício de sua autonomia, são asseguradas às universidades, sem prejuízo de outras, as seguintes atribuições:

I: criar, organizar e extinguir, em sua sede, cursos e programas de educação superior previstos nesta Lei, obedecendo às normas gerais da União e, quando for o caso, do respectivo sistema de ensino; (Regulamento)

II: fixar os currículos dos seus cursos e programas, observadas as diretrizes gerais pertinentes;

III: estabelecer planos, programas e projetos de pesquisa científica, produção artística e atividades de extensão;

IV: fixar o número de vagas de acordo com a capacidade institucional e as exigências do seu meio;

V: elaborar e reformar os seus estatutos e regimentos em consonância com as normas gerais atinentes;

VI: conferir graus, diplomas e outros títulos;

VII: firmar contratos, acordos e convênios;

VIII: aprovar e executar planos, programas e projetos de investimentos referentes a obras, serviços e aquisições em geral, bem como administrar rendimentos conforme dispositivos institucionais;

IX: administrar os rendimentos e deles dispor na forma prevista no ato de constituição, nas leis e nos respectivos estatutos;

X: receber subvenções, doações, heranças, legados e cooperação financeira resultante de convênios com entidades públicas e privadas.

Parágrafo único: Para garantir a autonomia didático-científica das universidades, caberá aos seus colegiados de ensino e pesquisa decidir, dentro dos recursos orçamentários disponíveis, sobre:

I: criação, expansão, modificação e extinção de cursos;

II: ampliação e diminuição de vagas;

III: elaboração da programação dos cursos;

IV: programação das pesquisas e das atividades de extensão;

V: contratação e dispensa de professores;

VI: planos de carreira docente.

Art. 54: As universidades mantidas pelo Poder Público gozarão, na forma da lei, de estatuto jurídico especial para atender às peculiaridades de sua estrutura, organização e financiamento pelo Poder Público, assim como dos seus planos de carreira e do regime jurídico do seu pessoal. (Regulamento)

§1°: No exercício da sua autonomia, além das atribuições asseguradas pelo artigo anterior, as universidades públicas poderão:

I: propor o seu quadro de pessoal docente, técnico e administrativo, assim como um plano de cargos e salários, atendidas as normas gerais pertinentes e os recursos disponíveis;

II: elaborar o regulamento de seu pessoal em conformidade com as normas gerais concernentes;

III: aprovar e executar planos, programas e projetos de investimentos referentes a obras, serviços e aquisições em geral, de acordo com os recursos alocados pelo respectivo Poder mantenedor;

IV: elaborar seus orçamentos anuais e plurianuais;

V: adotar regime financeiro e contábil que atenda às suas peculiaridades de organização e funcionamento;

VI: realizar operações de crédito ou de financiamento, com aprovação do Poder competente, para aquisição de bens imóveis, instalações e equipamentos;

VII: efetuar transferências, quitações e tomar outras providências de ordem orçamentária, financeira e patrimonial necessárias ao seu bom desempenho.

§2º: Atribuições de autonomia universitária poderão ser estendidas a instituições que comprovem alta qualificação para o ensino ou para a pesquisa, com base em avaliação realizada pelo Poder Público.

Art. 55: Caberá à União assegurar, anualmente, em seu Orçamento Geral, recursos suficientes para manutenção e desenvolvimento das instituições de educação superior por ela mantidas.

Art. 56: As instituições públicas de educação superior obedecerão ao princípio da gestão democrática, assegurada a existência de órgãos colegiados deliberativos, de que participarão os segmentos da comunidade institucional, local e regional.

Parágrafo único: Em qualquer caso, os docentes ocuparão setenta por cento dos assentos em cada órgão colegiado e comissão, inclusive nos que tratarem da elaboração e modificações estatutárias e regimentais, bem como da escolha de dirigentes.

Art. 57: Nas instituições públicas de educação superior, o professor ficará obrigado ao mínimo de oito horas semanais de aulas. (Regulamento)

CAPÍTULO V
DA EDUCAÇÃO ESPECIAL

Art. 58: Entende-se por educação especial, para os efeitos desta Lei, a modalidade de educação escolar oferecida preferencialmente na rede regular de ensino, para educandos com deficiência, transtornos globais do desenvolvimento e altas habilidades ou superdotação. (Redação dada pela Lei nº 12.796, de 2013)

§1º: Haverá, quando necessário, serviços de apoio especializado, na escola regular, para atender às peculiaridades da clientela de educação especial.

§2º: O atendimento educacional será feito em classes, escolas ou serviços especializados, sempre que, em função das condições específicas dos alunos, não for possível a sua integração nas classes comuns de ensino regular.

§3º: A oferta de educação especial, dever constitucional do Estado, tem início na faixa etária de zero a seis anos, durante a educação infantil.

~~Art. 59. Os sistemas de ensino assegurarão aos educandos com necessidades especiais:~~

Art. 59: Os sistemas de ensino assegurarão aos educandos com deficiência, transtornos globais do desenvolvimento e altas habilidades ou superdotação: (Redação dada pela Lei nº 12.796, de 2013)

I: currículos, métodos, técnicas, recursos educativos e organização específicos, para atender às suas necessidades;

II: terminalidade específica para aqueles que não puderem atingir o nível exigido para a conclusão do ensino fundamental, em virtude de suas deficiências, e aceleração para concluir em menor tempo o programa escolar para os superdotados;

III: professores com especialização adequada em nível médio ou superior, para atendimento especializado, bem como professores do ensino regular capacitados para a integração desses educandos nas classes comuns;

IV: educação especial para o trabalho, visando a sua efetiva integração na vida em sociedade, inclusive condições adequadas para os que não revelarem capacidade de inserção no trabalho competitivo, mediante articulação com os órgãos oficiais afins, bem como para aqueles que apresentam uma habilidade superior nas áreas artística, intelectual ou psicomotora;

V: acesso igualitário aos benefícios dos programas sociais suplementares disponíveis para o respectivo nível do ensino regular.

Art. 60: Os órgãos normativos dos sistemas de ensino estabelecerão critérios de caracterização das instituições privadas sem fins lucrativos, especializadas e com atuação exclusiva em educação especial, para fins de apoio técnico e financeiro pelo Poder Público.

Parágrafo único: O poder público adotará, como alternativa preferencial, a ampliação do atendimento aos educandos com deficiência, transtornos globais do desenvolvimento e altas habilidades ou superdotação na própria rede pública regular de ensino, independentemente do apoio às instituições previstas neste artigo. (Redação dada pela Lei nº 12.796, de 2013)

TÍTULO VI
DOS PROFISSIONAIS DA EDUCAÇÃO

Art. 61: Consideram-se profissionais da educação escolar básica os que, nela estando em efetivo exercício e tendo sido formados em cursos reconhecidos, são: (Redação dada pela Lei nº 12.014, de 2009)

I: professores habilitados em nível médio ou superior para a docência na educação infantil e nos ensinos fundamental e médio; (Redação dada pela Lei nº 12.014, de 2009)

II: trabalhadores em educação portadores de diploma de pedagogia, com habilitação em administração, planejamento, supervisão, inspeção e orientação educacional, bem como com títulos de mestrado ou doutorado nas mesmas áreas; (Redação dada pela Lei nº 12.014, de 2009)

III: trabalhadores em educação, portadores de diploma de curso técnico ou superior em área pedagógica ou afim. (Incluído pela Lei nº 12.014, de 2009)

Parágrafo único: A formação dos profissionais da educação, de modo a atender às especificidades do exercício de suas atividades, bem como aos objetivos das diferentes etapas e modalidades da educação básica, terá como fundamentos: (Incluído pela Lei nº 12.014, de 2009)

I: a presença de sólida formação básica, que propicie o conhecimento dos fundamentos científicos e sociais de suas competências de trabalho; (Incluído pela Lei nº 12.014, de 2009)

II: a associação entre teorias e práticas, mediante estágios supervisionados e capacitação em serviço; (Incluído pela Lei nº 12.014, de 2009)

III: o aproveitamento da formação e experiências anteriores, em instituições de ensino e em outras atividades. (Incluído pela Lei nº 12.014, de 2009)

Art. 62: A formação de docentes para atuar na educação básica far-se-á em nível superior, em curso de licenciatura, de graduação plena, em universidades e institutos superiores de educação, admitida, como formação mínima para o exercício do magistério na educação infantil e nos 5 (cinco) primeiros anos do ensino fundamental, a oferecida em nível médio na modalidade normal. (Redação dada pela Lei nº 12.796, de 2013)

§1º: A União, o Distrito Federal, os Estados e os Municípios, em regime de colaboração, deverão promover a formação inicial, a continuada e a capacitação dos profissionais de magistério. (Incluído pela Lei nº 12.056, de 2009).

§2º: A formação continuada e a capacitação dos profissionais de magistério poderão utilizar recursos e tecnologias de educação a distância. (Incluído pela Lei nº 12.056, de 2009).

§3º: A formação inicial de profissionais de magistério dará preferência ao ensino presencial, subsidiariamente fazendo uso de recursos e tecnologias de educação a distância. (Incluído pela Lei nº 12.056, de 2009).

§4º: A União, o Distrito Federal, os Estados e os Municípios adotarão mecanismos facilitadores de acesso e permanência em cursos de formação de docentes em nível superior para atuar na educação básica pública. (Incluído pela Lei nº 12.796, de 2013)

§5º: A União, o Distrito Federal, os Estados e os Municípios incentivarão a formação de profissionais do magistério para atuar na educação básica pública mediante programa institucional de bolsa de iniciação à docência a estudantes matriculados em cursos de licenciatura, de graduação plena, nas instituições de educação superior. (Incluído pela Lei nº 12.796, de 2013)

§6º: O Ministério da Educação poderá estabelecer nota mínima em exame nacional aplicado aos concluintes do ensino médio como pré-requisito para o ingresso em cursos de graduação para formação de docentes, ouvido o Conselho Nacional de Educação - CNE. (Incluído pela Lei nº 12.796, de 2013)

§7º: (Vetado). (Incluído pela Lei nº 12.796, de 2013)

Art. 62-A: A formação dos profissionais a que se refere o inciso III do art. 61 far-se-á por meio de cursos de conteúdo técnico-pedagógico, em nível médio ou superior, incluindo habilitações tecnológicas. (Incluído pela Lei nº 12.796, de 2013)

Parágrafo único: Garantir-se-á formação continuada para os profissionais a que se refere o *caput*, no local de trabalho ou em instituições de educação básica e superior, incluindo cursos de educação profissional, cursos superiores de graduação plena ou tecnológicos e de pós-graduação. (Incluído pela Lei nº 12.796, de 2013)

Art. 63: Os institutos superiores de educação manterão: (Regulamento)

I: cursos formadores de profissionais para a educação básica, inclusive o curso normal superior, destinado à formação de docentes para a educação infantil e para as primeiras séries do ensino fundamental;

II: programas de formação pedagógica para portadores de diplomas de educação superior que queiram se dedicar à educação básica;

III: programas de educação continuada para os profissionais de educação dos diversos níveis.

Art. 64: A formação de profissionais de educação para administração, planejamento, inspeção, supervisão e orientação educacional para a educação básica, será feita em cursos de graduação em pedagogia ou em nível de pós-graduação, a critério da instituição de ensino, garantida, nesta formação, a base comum nacional.

Art. 65: A formação docente, exceto para a educação superior, incluirá prática de ensino de, no mínimo, trezentas horas.

Art. 66: A preparação para o exercício do magistério superior far-se-á em nível de pós-graduação, prioritariamente em programas de mestrado e doutorado.

Parágrafo único: O notório saber, reconhecido por universidade com curso de doutorado em área afim, poderá suprir a exigência de título acadêmico.

Art. 67: Os sistemas de ensino promoverão a valorização dos profissionais da educação, assegurando-lhes, inclusive nos termos dos estatutos e dos planos de carreira do magistério público:

I: ingresso exclusivamente por concurso público de provas e títulos;

II: aperfeiçoamento profissional continuado, inclusive com licenciamento periódico remunerado para esse fim;

III: piso salarial profissional;

IV: progressão funcional baseada na titulação ou habilitação, e na avaliação do desempenho;

V: período reservado a estudos, planejamento e avaliação, incluído na carga de trabalho;

VI: condições adequadas de trabalho.

§1º: A experiência docente é pré-requisito para o exercício profissional de quaisquer outras funções de magistério, nos termos das normas de cada sistema de ensino. (Renumerado pela Lei nº 11.301, de 2006)

§2º: Para os efeitos do disposto no §5º do art. 40 e no §8º do art. 201 da Constituição Federal, são consideradas funções de magistério as exercidas por professores e especialistas em educação no desempenho de atividades educativas, quando exercidas em estabelecimento de educação básica em seus diversos níveis e modalidades, incluídas, além do exercício da docência, as de direção de unidade escolar e as de coordenação e assessoramento pedagógico. (Incluído pela Lei nº 11.301, de 2006)

§3º: A União prestará assistência técnica aos Estados, ao Distrito Federal e aos Municípios na elaboração de concursos públicos para provimento de cargos dos profissionais da educação. (Incluído pela Lei nº 12.796, de 2013)

TÍTULO VII
DOS RECURSOS FINANCEIROS

Art. 68: Serão recursos públicos destinados à educação os originários de:

I: receita de impostos próprios da União, dos Estados, do Distrito Federal e dos Municípios;

II: receita de transferências constitucionais e outras transferências;

III: receita do salário-educação e de outras contribuições sociais;

IV: receita de incentivos fiscais;

V: outros recursos previstos em lei.

Art. 69: A União aplicará, anualmente, nunca menos de dezoito, e os Estados, o Distrito Federal e os Municípios, vinte e cinco por cento, ou o que consta nas respectivas Constituições ou Leis Orgânicas, da receita resultante de impostos, compreendidas as transferências constitucionais, na manutenção e desenvolvimento do ensino público.

§1º: A parcela da arrecadação de impostos transferida pela União aos Estados, ao Distrito Federal e aos Municípios, ou pelos Estados aos respectivos Municípios, não será considerada, para efeito do cálculo previsto neste artigo, receita do governo que a transferir.

§2º:Serão consideradas excluídas das receitas de impostos mencionadas neste artigo as operações de crédito por antecipação de receita orçamentária de impostos.

§3º: Para fixação inicial dos valores correspondentes aos mínimos estatuídos neste artigo, será considerada a receita estimada na lei do orçamento anual, ajustada, quando for o caso, por lei que autorizar a abertura de créditos adicionais, com base no eventual excesso de arrecadação.

§4º: As diferenças entre a receita e a despesa previstas e as efetivamente realizadas, que resultem no não atendimento dos percentuais mínimos obrigatórios, serão apuradas e corrigidas a cada trimestre do exercício financeiro.

§5º: O repasse dos valores referidos neste artigo do caixa da União, dos Estados, do Distrito Federal e dos Municípios ocorrerá imediatamente ao órgão responsável pela educação, observados os seguintes prazos:

I: recursos arrecadados do primeiro ao décimo dia de cada mês, até o vigésimo dia;

II: recursos arrecadados do décimo primeiro ao vigésimo dia de cada mês, até o trigésimo dia;

III: recursos arrecadados do vigésimo primeiro dia ao final de cada mês, até o décimo dia do mês subseqüente.

§6°: O atraso da liberação sujeitará os recursos a correção monetária e à responsabilização civil e criminal das autoridades competentes.

Art. 70: Considerar-se-ão como de manutenção e desenvolvimento do ensino as despesas realizadas com vistas à consecução dos objetivos básicos das instituições educacionais de todos os níveis, compreendendo as que se destinam a:

I: remuneração e aperfeiçoamento do pessoal docente e demais profissionais da educação;

II: aquisição, manutenção, construção e conservação de instalações e equipamentos necessários ao ensino;

III: uso e manutenção de bens e serviços vinculados ao ensino;

IV: levantamentos estatísticos, estudos e pesquisas visando precipuamente ao aprimoramento da qualidade e à expansão do ensino;

V: realização de atividades-meio necessárias ao funcionamento dos sistemas de ensino;

VI: concessão de bolsas de estudo a alunos de escolas públicas e privadas;

VII: amortização e custeio de operações de crédito destinadas a atender ao disposto nos incisos deste artigo;

VIII: aquisição de material didático-escolar e manutenção de programas de transporte escolar.

Art. 71: Não constituirão despesas de manutenção e desenvolvimento do ensino aquelas realizadas com:

I: pesquisa, quando não vinculada às instituições de ensino, ou, quando efetivada fora dos sistemas de ensino, que não vise, precipuamente, ao aprimoramento de sua qualidade ou à sua expansão;

II: subvenção a instituições públicas ou privadas de caráter assistencial, desportivo ou cultural;

III: formação de quadros especiais para a administração pública, sejam militares ou civis, inclusive diplomáticos;

IV: programas suplementares de alimentação, assistência médico-odontológica, farmacêutica e psicológica, e outras formas de assistência social;

V: obras de infra-estrutura, ainda que realizadas para beneficiar direta ou indiretamente a rede escolar;

VI: pessoal docente e demais trabalhadores da educação, quando em desvio de função ou em atividade alheia à manutenção e desenvolvimento do ensino.

Art. 72: As receitas e despesas com manutenção e desenvolvimento do ensino serão apuradas e publicadas nos balanços do Poder Público, assim como nos relatórios a que se refere o §3° do art. 165 da Constituição Federal.

Art. 73: Os órgãos fiscalizadores examinarão, prioritariamente, na prestação de contas de recursos públicos, o cumprimento do disposto no art. 212 da Constituição Federal, no art. 60 do Ato das Disposições Constitucionais Transitórias e na legislação concernente.

Art. 74: A União, em colaboração com os Estados, o Distrito Federal e os Municípios, estabelecerá padrão mínimo de oportunidades educacionais para o ensino fundamental, baseado no cálculo do custo mínimo por aluno, capaz de assegurar ensino de qualidade.

Parágrafo único: O custo mínimo de que trata este artigo será calculado pela União ao final de cada ano, com validade para o ano subseqüente, considerando variações regionais no custo dos insumos e as diversas modalidades de ensino.

Art. 75: A ação supletiva e redistributiva da União e dos Estados será exercida de modo a corrigir, progressivamente, as disparidades de acesso e garantir o padrão mínimo de qualidade de ensino.

§1º: A ação a que se refere este artigo obedecerá a fórmula de domínio público que inclua a capacidade de atendimento e a medida do esforço fiscal do respectivo Estado, do Distrito Federal ou do Município em favor da manutenção e do desenvolvimento do ensino.

§2º: A capacidade de atendimento de cada governo será definida pela razão entre os recursos de uso constitucionalmente obrigatório na manutenção e desenvolvimento do ensino e o custo anual do aluno, relativo ao padrão mínimo de qualidade.

§3º: Com base nos critérios estabelecidos nos §§1º e 2º, a União poderá fazer a transferência direta de recursos a cada estabelecimento de ensino, considerado o número de alunos que efetivamente freqüentam a escola.

§4º: A ação supletiva e redistributiva não poderá ser exercida em favor do Distrito Federal, dos Estados e dos Municípios se estes oferecerem vagas, na área de ensino de sua responsabilidade, conforme o inciso VI do art. 10 e o inciso V do art. 11 desta Lei, em número inferior à sua capacidade de atendimento.

Art. 76: A ação supletiva e redistributiva prevista no artigo anterior ficará condicionada ao efetivo cumprimento pelos Estados, Distrito Federal e Municípios do disposto nesta Lei, sem prejuízo de outras prescrições legais.

Art. 77: Os recursos públicos serão destinados às escolas públicas, podendo ser dirigidos a escolas comunitárias, confessionais ou filantrópicas que:

I: comprovem finalidade não-lucrativa e não distribuam resultados, dividendos, bonificações, participações ou parcela de seu patrimônio sob nenhuma forma ou pretexto;

II: apliquem seus excedentes financeiros em educação;

III: assegurem a destinação de seu patrimônio a outra escola comunitária, filantrópica ou confessional, ou ao Poder Público, no caso de encerramento de suas atividades;

IV: prestem contas ao Poder Público dos recursos recebidos.

§1º: Os recursos de que trata este artigo poderão ser destinados a bolsas de estudo para a educação básica, na forma da lei, para os que demonstrarem insuficiência de recursos, quando houver falta de vagas e cursos regulares da rede pública de domicílio do educando, ficando o Poder Público obrigado a investir prioritariamente na expansão da sua rede local.

§2º: As atividades universitárias de pesquisa e extensão poderão receber apoio financeiro do Poder Público, inclusive mediante bolsas de estudo.

TÍTULO VIII
DAS DISPOSIÇÕES GERAIS

Art. 78: O Sistema de Ensino da União, com a colaboração das agências federais de fomento à cultura e de assistência aos índios, desenvolverá programas integrados de ensino e pesquisa, para oferta de educação escolar bilíngue e intercultural aos povos indígenas, com os seguintes objetivos:

I: proporcionar aos índios, suas comunidades e povos, a recuperação de suas memórias históricas; a reafirmação de suas identidades étnicas; a valorização de suas línguas e ciências;

II: garantir aos índios, suas comunidades e povos, o acesso às informações, conhecimentos técnicos e científicos da sociedade nacional e demais sociedades indígenas e não-índias.

Art. 79: A União apoiará técnica e financeiramente os sistemas de ensino no provimento da educação intercultural às comunidades indígenas, desenvolvendo programas integrados de ensino e pesquisa.

§1º: Os programas serão planejados com audiência das comunidades indígenas.

§2º: Os programas a que se refere este artigo, incluídos nos Planos Nacionais de Educação, terão os seguintes objetivos:

I: fortalecer as práticas sócio-culturais e a língua materna de cada comunidade indígena;

II: manter programas de formação de pessoal especializado, destinado à educação escolar nas comunidades indígenas;

III: desenvolver currículos e programas específicos, neles incluindo os conteúdos culturais correspondentes às respectivas comunidades;

IV: elaborar e publicar sistematicamente material didático específico e diferenciado.

§3º:No que se refere à educação superior, sem prejuízo de outras ações, o atendimento aos povos indígenas efetivar-se-á, nas universidades públicas e privadas, mediante a oferta de ensino e de assistência estudantil, assim como de estímulo à pesquisa e desenvolvimento de programas especiais. (Incluído pela Lei nº 12.416, de 2011)

Art. 79-A: (Vetado) (Incluído pela Lei nº 10.639, de 9.1.2003)

Art. 79-B: O calendário escolar incluirá o dia 20 de novembro como 'Dia Nacional da Consciência Negra'.(Incluído pela Lei nº 10.639, de 9.1.2003)

Art. 80: O Poder Público incentivará o desenvolvimento e a veiculação de programas de ensino a distância, em todos os níveis e modalidades de ensino, e de educação continuada. (Regulamento)

§1º:A educação a distância, organizada com abertura e regime especiais, será oferecida por instituições especificamente credenciadas pela União.

§2º:A União regulamentará os requisitos para a realização de exames e registro de diploma relativos a cursos de educação a distância.

§3º: As normas para produção, controle e avaliação de programas de educação a distância e a autorização para sua implementação, caberão aos respectivos sistemas de ensino, podendo haver cooperação e integração entre os diferentes sistemas. (Regulamento)

§4°: A educação a distância gozará de tratamento diferenciado, que incluirá:

I: custos de transmissão reduzidos em canais comerciais de radiodifusão sonora e de sons e imagens e em outros meios de comunicação que sejam explorados mediante autorização, concessão ou permissão do poder público; (Redação dada pela Lei n° 12.603, de 2012)

II: concessão de canais com finalidades exclusivamente educativas;

III reserva de tempo mínimo, sem ônus para o Poder Público, pelos concessionários de canais comerciais.

Art. 81: É permitida a organização de cursos ou instituições de ensino experimentais, desde que obedecidas as disposições desta Lei.

Art. 82: Os sistemas de ensino estabelecerão as normas de realização de estágio em sua jurisdição, observada a lei federal sobre a matéria. (Redação dada pela Lei n° 11.788, de 2008)

Art. 83: O ensino militar é regulado em lei específica, admitida a equivalência de estudos, de acordo com as normas fixadas pelos sistemas de ensino.

Art. 84: Os discentes da educação superior poderão ser aproveitados em tarefas de ensino e pesquisa pelas respectivas instituições, exercendo funções de monitoria, de acordo com seu rendimento e seu plano de estudos.

Art. 85: Qualquer cidadão habilitado com a titulação própria poderá exigir a abertura de concurso público de provas e títulos para cargo de docente de instituição pública de ensino que estiver sendo ocupado por professor não concursado, por mais de seis anos, ressalvados os direitos assegurados pelos arts. 41 da Constituição Federal e 19 do Ato das Disposições Constitucionais Transitórias.

Art. 86: As instituições de educação superior constituídas como universidades integrar-se-ão, também, na sua condição de instituições de pesquisa, ao Sistema Nacional de Ciência e Tecnologia, nos termos da legislação específica.

TÍTULO IX
DAS DISPOSIÇÕES TRANSITÓRIAS

Art. 87: É instituída a Década da Educação, a iniciar-se um ano a partir da publicação desta Lei.

§1°: A União, no prazo de um ano a partir da publicação desta Lei, encaminhará, ao Congresso Nacional, o Plano Nacional de Educação, com diretrizes e metas para os dez anos seguintes, em sintonia com a Declaração Mundial sobre Educação para Todos.

[...]

§3°: O Distrito Federal, cada Estado e Município, e, supletivamente, a União, devem: (Redação dada pela Lei n° 11.330, de 2006)

[...]

a) (Revogado) (Redação dada pela Lei n° 11.274, de 2006)

b) (Revogado) (Redação dada pela Lei n° 11.274, de 2006)

c) (Revogado) (Redação dada pela Lei n° 11.274, de 2006)

II: prover cursos presenciais ou a distância aos jovens e adultos insuficientemente escolarizados;

III: realizar programas de capacitação para todos os professores em exercício, utilizando também, para isto, os recursos da educação a distância;

IV: integrar todos os estabelecimentos de ensino fundamental do seu território ao sistema nacional de avaliação do rendimento escolar.

~~§4º Até o fim da Década da Educação somente serão admitidos professores habilitados em nível superior ou formados por treinamento em serviço.~~ (Revogado pela Lei nº 12.796, de 2013)

§5º:Serão conjugados todos os esforços objetivando a progressão das redes escolares públicas urbanas de ensino fundamental para o regime de escolas de tempo integral.

§6º: A assistência financeira da União aos Estados, ao Distrito Federal e aos Municípios, bem como a dos Estados aos seus Municípios, ficam condicionadas ao cumprimento do art. 212 da Constituição Federal e dispositivos legais pertinentes pelos governos beneficiados.

Art. 87-A: (Vetado). (Incluído pela Lei nº 12.796, de 2013)

Art. 88: A União, os Estados, o Distrito Federal e os Municípios adaptarão sua legislação educacional e de ensino às disposições desta Lei no prazo máximo de um ano, a partir da data de sua publicação. (Regulamento)

§1º: As instituições educacionais adaptarão seus estatutos e regimentos aos dispositivos desta Lei e às normas dos respectivos sistemas de ensino, nos prazos por estes estabelecidos.

§2º: O prazo para que as universidades cumpram o disposto nos incisos II e III do art. 52 é de oito anos.

Art. 89: As creches e pré-escolas existentes ou que venham a ser criadas deverão, no prazo de três anos, a contar da publicação desta Lei, integrar-se ao respectivo sistema de ensino.

Art. 90: As questões suscitadas na transição entre o regime anterior e o que se institui nesta Lei serão resolvidas pelo Conselho Nacional de Educação ou, mediante delegação deste, pelos órgãos normativos dos sistemas de ensino, preservada a autonomia universitária.

Art. 91: Esta Lei entra em vigor na data de sua publicação.

Art. 92: Revogam-se as disposições das Leis nºs 4.024, de 20 de dezembro de 1961, e 5.540, de 28 de novembro de 1968, não alteradas pelas Leis nºs 9.131, de 24 de novembro de 1995 e

9.192, de 21 de dezembro de 1995 e, ainda, as Leis nºs 5.692, de 11 de agosto de 1971 e 7.044, de 18 de outubro de 1982, e as demais leis e decretos-lei que as modificaram e quaisquer outras disposições em contrário.

Brasília, 20 de dezembro de 1996; 175º da Independência e 108º da República.

FERNANDO HENRIQUE CARDOSO
Paulo Renato Souza

6.1.4 Anuidades escolares

Lei nº 9.870, de 23 de novembro de 1999

Dispõe sobre o valor total das anuidades escolares e dá outras providências.

Mensagem de veto
Conversão da MPV nº 1.890-67, de 1999

O PRESIDENTE DA REPÚBLICA, faço saber que o Congresso Nacional decreta e eu sanciono a seguinte Lei:

Art. 1º: O valor das anuidades ou das semestralidades escolares do ensino pré-escolar, fundamental, médio e superior, será contratado, nos termos desta Lei, no ato da matrícula ou da sua renovação, entre o estabelecimento de ensino e o aluno, o pai do aluno ou o responsável.

§1º O valor anual ou semestral referido no *caput* deste artigo deverá ter como base a última parcela da anuidade ou da semestralidade legalmente fixada no ano anterior, multiplicada pelo número de parcelas do período letivo.

§2º: (Vetado)

§3º: Poderá ser acrescido ao valor total anual de que trata o §1º montante proporcional à variação de custos a título de pessoal e de custeio, comprovado mediante apresentação de planilha de custo, mesmo quando esta variação resulte da introdução de aprimoramentos no processo didático-pedagógico. (Incluído pela Medida Provisória nº 2.173-24, 23.8.2001)

§4º: A planilha de que trata o §3º será editada em ato do Poder Executivo. (Incluído pela Medida Provisória nº 2.173-24, 23.8.2001)

§5º: O valor total, anual ou semestral, apurado na forma dos parágrafos precedentes terá vigência por um ano e será dividido em doze ou seis parcelas mensais iguais, facultada a apresentação de planos de pagamento alternativos, desde que não excedam ao valor total anual ou semestral apurado na forma dos parágrafos anteriores. (Renumerado pela Medida Provisória nº 2.173-24, 23.8.2001)

§6º: Será nula, não produzindo qualquer efeito, cláusula contratual de revisão ou reajustamento do valor das parcelas da anuidade ou semestralidade escolar em prazo inferior a um ano a contar da data de sua fixação, salvo quando expressamente prevista em lei. (Renumerado pela Medida Provisória nº 2.173-24, 23.8.2001)

Art. 2º: O estabelecimento de ensino deverá divulgar, em local de fácil acesso ao público, o texto da proposta de contrato, o valor apurado na forma do art. 1º e o número de vagas por sala-classe, no período mínimo de quarenta e cinco dias antes da data final para matrícula, conforme calendário e cronograma da instituição de ensino.

Parágrafo único: (Vetado)

Art. 3º: (Vetado)

Art. 4º: A Secretaria de Direito Econômico do Ministério da Justiça, quando necessário, poderá requerer, nos termos da Lei nº 8.078, de 11 de setembro de 1990, e no âmbito de suas atribuições, comprovação documental referente a qualquer cláusula contratual, exceto dos estabelecimentos de ensino que tenham firmado acordo com alunos, pais de alunos ou associações de pais e alunos, devidamente legalizadas, bem como quando o valor arbitrado for decorrente da decisão do mediador.

Parágrafo único: Quando a documentação apresentada pelo estabelecimento de ensino não corresponder às condições desta Lei, o órgão de que trata este artigo poderá tomar, dos interessados, termo de compromisso, na forma da legislação vigente.

Art. 5º: Os alunos já matriculados, salvo quando inadimplentes, terão direito à renovação das matrículas, observado o calendário escolar da instituição, o regimento da escola ou cláusula contratual.

Art. 6º: São proibidas a suspensão de provas escolares, a retenção de documentos escolares ou a aplicação de quaisquer outras penalidades pedagógicas por motivo de inadimplemento, sujeitando-se o contratante, no que couber, às sanções legais e administrativas, compatíveis com o Código de Defesa do Consumidor, e com os arts. 177 e 1.092 do Código Civil Brasileiro, caso a inadimplência perdure por mais de noventa dias.

§1º: O desligamento do aluno por inadimplência somente poderá ocorrer ao final do ano letivo ou, no ensino superior, ao final do semestre letivo quando a instituição adotar o regime didático semestral. (Incluído pela Medida Provisória nº 2.173-24, 23.8.2001)

§2º: Os estabelecimentos de ensino fundamental, médio e superior deverão expedir, a qualquer tempo, os documentos de transferência de seus alunos, independentemente de sua adimplência ou da adoção de procedimentos legais de cobranças judiciais. (Renumerado pela Medida Provisória nº 2.173-24, 23.8.2001)

§3º: São asseguradas em estabelecimentos públicos de ensino fundamental e médio as matrículas dos alunos, cujos contratos, celebrados por seus pais ou responsáveis para a prestação de serviços educacionais, tenham sido suspensos em virtude de inadimplemento, nos termos do *caput* deste artigo. (Renumerado pela Medida Provisória nº 2.173-24, 23.8.2001)

§4º: Na hipótese de os alunos a que se refere o §2º, ou seus pais ou responsáveis, não terem providenciado a sua imediata matrícula em outro estabelecimento de sua livre escolha, as Secretarias de Educação estaduais e municipais deverão providenciá-la em estabelecimento de ensino da rede pública, em curso e série correspondentes aos cursados na escola de origem, de forma a garantir a continuidade de seus estudos no mesmo período letivo e a respeitar o disposto no inciso V do art. 53 do Estatuto da Criança e do Adolescente. (Renumerado pela Medida Provisória nº 2.173-24, 23.8.2001)

Art. 7º: São legitimados à propositura das ações previstas na Lei nº 8.078, de 1990, para a defesa dos direitos assegurados por esta Lei e pela legislação vigente, as associações de alunos, de pais de alunos e responsáveis, sendo indispensável, em qualquer caso, o apoio de, pelo menos, vinte por cento dos pais de alunos do estabelecimento de ensino ou dos alunos, no caso de ensino superior.

Art. 8º: O art. 39 da Lei nº 8.078, de 1990, passa a vigorar acrescido do seguinte inciso:

"XIII: aplicar fórmula ou índice de reajuste diverso do legal ou contratualmente estabelecido."

Art. 9º: A Lei nº 9.131, de 24 de novembro de 1995, passa a vigorar acrescida dos seguintes artigos:

"Art. 7º-A: As pessoas jurídicas de direito privado, mantenedoras de instituições de ensino superior, previstas no inciso II do art. 19 da Lei nº 9.394, de 20 de dezembro de 1996, poderão assumir qualquer das formas admitidas em direito, de natureza civil ou comercial e, quando constituídas como fundações, serão regidas pelo disposto no art. 24 do Código Civil Brasileiro.

Parágrafo único: Quaisquer alterações estatutárias na entidade mantenedora, devidamente averbadas pelos órgãos competentes, deverão ser comunicadas ao Ministério da Educação, para as devidas providências.

Art. 7º-B: As entidades mantenedoras de instituições de ensino superior, sem finalidade lucrativa, deverão:

I: elaborar e publicar em cada exercício social demonstrações financeiras, com o parecer do conselho fiscal, ou órgão similar;

II: manter escrituração completa e regular de todos os livros fiscais, na forma da legislação pertinente, bem como de quaisquer outros atos ou operações que venham a modificar sua situação patrimonial, em livros revestidos de formalidades que assegurem a respectiva exatidão;

III: conservar em boa ordem, pelo prazo de cinco anos, contado da data de emissão, os documentos que comprovem a origem de suas receitas e a efetivação de suas despesas, bem como a realização de quaisquer outros atos ou operações que venham a modificar sua situação patrimonial;

IV: submeter-se, a qualquer tempo, a auditoria pelo Poder Público;

V: destinar seu patrimônio a outra instituição congênere ou ao Poder Público, no caso de encerramento de suas atividades, promovendo, se necessário, a alteração estatutária correspondente;

VI: comprovar, sempre que solicitada pelo órgão competente:

a) a aplicação dos seus excedentes financeiros para os fins da instituição de ensino;

b) a não remuneração ou concessão de vantagens ou benefícios, por qualquer forma ou título, a seus instituidores, dirigentes, sócios, conselheiros ou equivalentes.

Parágrafo único: A comprovação do disposto neste artigo é indispensável, para fins de credenciamento e recredenciamento da instituição de ensino superior.

Art. 7º-C: As entidades mantenedoras de instituições privadas de ensino superior comunitárias, confessionais e filantrópicas ou constituídas como fundações não poderão ter finalidade lucrativa e deverão adotar os preceitos do art. 14 do Código Tributário Nacional e do art. 55 da Lei nº 8.212, de 24 de julho de 1991, além de atender ao disposto no art. 7 7º-B.

Art. 7º-D: As entidades mantenedoras de instituições de ensino superior, com finalidade lucrativa, ainda que de natureza civil, deverão elaborar, em cada exercício social, demonstrações financeiras atestadas por profissionais competentes."

Art. 10: Continuam a produzir efeitos os atos praticados com base na Medida Provisória nº 1.890-66, de 24 de setembro de 1999, e nas suas antecessoras.

Art. 11: Esta Lei entra em vigor na data de sua publicação.

Art. 12: Revogam-se a Lei nº 8.170, de 17 de janeiro de 1991; o art. 14 da Lei nº 8.178, de 1º de março de 1991; e a Lei nº 8.747, de 9 de dezembro de 1993.

Brasília, 23 de novembro de 1999; 178º da Independência e 111º da República.

FERNANDO HENRIQUE CARDOSO
José Carlos Dias
Pedro Malan
Paulo Renato Souza

6.1.5 Tamanho mínimo das letras no contrato de adesão

Lei nº 11.785, de 22 de setembro de 2008

Altera o §3º do art. 54 da Lei nº 8.078, de-11 de setembro de 1990 – Código de Defesa do Consumidor, CDC –, para definir tamanho mínimo da fonte em contrato de adesão

O VICE-PRESIDENTE DA REPÚBLICA, no exercício do cargo de PRESIDENTE DA REPÚBLICA, faço saber que o Congresso Nacional decreta e eu sanciono a seguinte Lei:

Art. 1º: O §3º do art. 54 da Lei nº 8.078, de 11 de setembro de 1990 – Código de Defesa do Consumidor – CDC, passa a vigorar com a seguinte redação:

"Art. 54:

[...]

§3º Os contratos de adesão escritos serão redigidos em termos claros e com caracteres ostensivos e legíveis, cujo tamanho da fonte não será inferior ao corpo doze, de modo a facilitar sua compreensão pelo consumidor.

[...]" (NR)

Art. 2º: Esta Lei entra em vigor na data de sua publicação.

Brasília, 22 de setembro de 2008; 187º da Independência e 120º da República.

JOSÉ ALENCAR GOMES DA SILVA
Luiz Paulo Teles Ferreira Barreto
José Antonio Dias Toffoli

6.1.6 Libras, ferramenta de comunicação com a comunidade de surdos do Brasil

Lei nº 10.436, de 24 de abril de 2002.

Dispõe sobre a Língua Brasileira de Sinais – Libras e dá outras providências.

O PRESIDENTE DA REPÚBLICA, faço saber que o Congresso Nacional decreta e eu sanciono a seguinte Lei:

Art. 1º: É reconhecida como meio legal de comunicação e expressão a Língua Brasileira de Sinais - Libras e outros recursos de expressão a ela associados.

Parágrafo único: Entende-se como Língua Brasileira de Sinais - Libras a forma de comunicação e expressão, em que o sistema linguístico de natureza visual-motora, com estrutura gramatical própria, constituem um sistema linguístico de transmissão de idéias e fatos, oriundos de comunidades de pessoas surdas do Brasil.

Art. 2º: Deve ser garantido, por parte do poder público em geral e empresas concessionárias de serviços públicos, formas institucionalizadas de apoiar o uso e difusão da Língua Brasileira de Sinais - Libras como meio de comunicação objetiva e de utilização corrente das comunidades surdas do Brasil.

Art. 3º: As instituições públicas e empresas concessionárias de serviços públicos de assistência à saúde devem garantir atendimento e tratamento adequado aos portadores de deficiência auditiva, de acordo com as normas legais em vigor.

Art. 4º: O sistema educacional federal e os sistemas educacionais estaduais, municipais e do Distrito Federal devem garantir a inclusão nos cursos de formação de Educação Especial, de Fonoaudiologia e de Magistério, em seus níveis médio e superior, do ensino da Língua Brasileira de Sinais – Libras, como parte integrante dos Parâmetros Curriculares Nacionais – PCNs, conforme legislação vigente.

Parágrafo único: A Língua Brasileira de Sinais – Libras não poderá substituir a modalidade escrita da língua portuguesa.

Art. 5º: Esta Lei entra em vigor na data de sua publicação.

Brasília, 24 de abril de 2002; 181º da Independência e 114º da República.

FERNANDO HENRIQUE CARDOSO
Paulo Renato Souza

6.1.7 Sistema de avaliação do ensino superior no país

Lei nº 10.861, de 14 de abril de 2004.

Conversão da MPV nº 147, de 2003

Institui o Sistema Nacional de Avaliação da Educação Superior – SINAES e dá outras providências

O PRESIDENTE DA REPÚBLICA, faço saber que o Congresso Nacional decreta e eu sanciono a seguinte Lei:

Art. 1º: Fica instituído o Sistema Nacional de Avaliação da Educação Superior – SINAES, com o objetivo de assegurar processo nacional de avaliação das instituições de educação superior, dos cursos de graduação e do desempenho acadêmico de seus estudantes, nos termos do art. 9º,VI,VIII e IX, da Lei nº 9.394, de 20 de dezembro de 1996.

§1º: O SINAES tem por finalidades a melhoria da qualidade da educação superior, a orientação da expansão da sua oferta, o aumento permanente da sua eficácia institucional e efetividade acadêmica e social e, especialmente, a promoção do aprofundamento dos compromissos e responsabilidades sociais das instituições de educação superior, por meio da valorização de sua missão pública, da promoção dos valores democráticos, do respeito à diferença e à diversidade, da afirmação da autonomia e da identidade institucional.

§2º: O SINAES será desenvolvido em cooperação com os sistemas de ensino dos Estados e do Distrito Federal.

Art. 2º: O SINAES, ao promover a avaliação de instituições, de cursos e de desempenho dos estudantes, deverá assegurar:

I: avaliação institucional, interna e externa, contemplando a análise global e integrada das dimensões, estruturas, relações, compromisso social, atividades, finalidades e responsabilidades sociais das instituições de educação superior e de seus cursos;

II: o caráter público de todos os procedimentos, dados e resultados dos processos avaliativos;

III: o respeito à identidade e à diversidade de instituições e de cursos;

IV: a participação do corpo discente, docente e técnico-administrativo das instituições de educação superior, e da sociedade civil, por meio de suas representações.

Parágrafo único: Os resultados da avaliação referida no *caput* deste artigo constituirão referencial básico dos processos de regulação e supervisão da educação superior, neles compreendidos o credenciamento e a renovação de credenciamento de instituições de educação superior, a autorização, o reconhecimento e a renovação de reconhecimento de cursos de graduação.

Art. 3º:A avaliação das instituições de educação superior terá por objetivo identificar o seu perfil e o significado de sua atuação, por meio de suas atividades, cursos, programas, projetos e setores, considerando as diferentes dimensões institucionais, dentre elas obrigatoriamente as seguintes:

I: a missão e o plano de desenvolvimento institucional;

II: a política para o ensino, a pesquisa, a pós-graduação, a extensão e as respectivas formas de operacionalização, incluídos os procedimentos para estímulo à produção acadêmica, as bolsas de pesquisa, de monitoria e demais modalidades;

III: a responsabilidade social da instituição, considerada especialmente no que se refere à sua contribuição em relação à inclusão social, ao desenvolvimento econômico e social, à defesa do meio ambiente, da memória cultural, da produção artística e do patrimônio cultural;

IV: a comunicação com a sociedade;

V: as políticas de pessoal, as carreiras do corpo docente e do corpo técnico-administrativo, seu aperfeiçoamento, desenvolvimento profissional e suas condições de trabalho;

VI: organização e gestão da instituição, especialmente o funcionamento e representatividade dos colegiados, sua independência e autonomia na relação com a mantenedora, e a participação dos segmentos da comunidade universitária nos processos decisórios;

VII: infra-estrutura física, especialmente a de ensino e de pesquisa, biblioteca, recursos de informação e comunicação;

VIII: planejamento e avaliação, especialmente os processos, resultados e eficácia da auto-avaliação institucional;

IX: políticas de atendimento aos estudantes;

X: sustentabilidade financeira, tendo em vista o significado social da continuidade dos compromissos na oferta da educação superior.

§1º: Na avaliação das instituições, as dimensões listadas no *caput* deste artigo serão consideradas de modo a respeitar a diversidade e as especificidades das diferentes organizações acadêmicas, devendo ser contemplada, no caso das universidades, de acordo com critérios estabelecidos em regulamento, pontuação específica pela existência de programas de pós-graduação e por seu desempenho, conforme a avaliação mantida pela Fundação Coordenação de Aperfeiçoamento de Pessoal de Nível Superior – CAPES.

§2º: Para a avaliação das instituições, serão utilizados procedimentos e instrumentos diversificados, dentre os quais a auto-avaliação e a avaliação externa *in loco.*

§3º: A avaliação das instituições de educação superior resultará na aplicação de conceitos, ordenados em uma escala com 5 (cinco) níveis, a cada uma das dimensões e ao conjunto das dimensões avaliadas.

Art. 4º: A avaliação dos cursos de graduação tem por objetivo identificar as condições de ensino oferecidas aos estudantes, em especial as relativas ao perfil do corpo docente, às instalações físicas e à organização didático-pedagógica.

§1º: A avaliação dos cursos de graduação utilizará procedimentos e instrumentos diversificados, dentre os quais obrigatoriamente as visitas por comissões de especialistas das respectivas áreas do conhecimento.

§2º: A avaliação dos cursos de graduação resultará na atribuição de conceitos, ordenados em uma escala com 5 (cinco) níveis, a cada uma das dimensões e ao conjunto das dimensões avaliadas.

Art. 5º: A avaliação do desempenho dos estudantes dos cursos de graduação será realizada mediante aplicação do Exame Nacional de Desempenho dos Estudantes - ENADE.

§1º: O ENADE aferirá o desempenho dos estudantes em relação aos conteúdos programáticos previstos nas diretrizes curriculares do respectivo curso de graduação, suas habilidades para ajustamento às exigências decorrentes da evolução do conhecimento e suas competências para compreender temas exteriores ao âmbito específico de sua profissão, ligados à realidade brasileira e mundial e a outras áreas do conhecimento.

§2º: O ENADE será aplicado periodicamente, admitida a utilização de procedimentos amostrais, aos alunos de todos os cursos de graduação, ao final do primeiro e do último ano de curso.

§3º: A periodicidade máxima de aplicação do ENADE aos estudantes de cada curso de graduação será trienal.

§4º: A aplicação do ENADE será acompanhada de instrumento destinado a levantar o perfil dos estudantes, relevante para a compreensão de seus resultados.

§5º: O ENADE é componente curricular obrigatório dos cursos de graduação, sendo inscrita no histórico escolar do estudante somente a sua situação regular com relação a essa obrigação, atestada pela sua efetiva participação ou, quando for o caso, dispensa oficial pelo Ministério da Educação, na forma estabelecida em regulamento.

§6º: Será responsabilidade do dirigente da instituição de educação superior a inscrição junto ao Instituto Nacional de Estudos e Pesquisas Educacionais Anísio Teixeira - INEP de todos os alunos habilitados à participação no ENADE.

§7°: A não-inscrição de alunos habilitados para participação no ENADE, nos prazos estipulados pelo INEP, sujeitará a instituição à aplicação das sanções previstas no §2º do art. 10, sem prejuízo do disposto no art. 12 desta Lei.

§8°: A avaliação do desempenho dos alunos de cada curso no ENADE será expressa por meio de conceitos, ordenados em uma escala com 5 (cinco) níveis, tomando por base padrões mínimos estabelecidos por especialistas das diferentes áreas do conhecimento.

§9°:Na divulgação dos resultados da avaliação é vedada a identificação nominal do resultado individual obtido pelo aluno examinado, que será a ele exclusivamente fornecido em documento específico, emitido pelo INEP.

§10: Aos estudantes de melhor desempenho no ENADE o Ministério da Educação concederá estímulo, na forma de bolsa de estudos, ou auxílio específico, ou ainda alguma outra forma de distinção com objetivo similar, destinado a favorecer a excelência e a continuidade dos estudos, em nível de graduação ou de pós-graduação, conforme estabelecido em regulamento.

§11: A introdução do ENADE, como um dos procedimentos de avaliação do SINAES, será efetuada gradativamente, cabendo ao Ministro de Estado da Educação determinar anualmente os cursos de graduação a cujos estudantes será aplicado.

Art. 6°: Fica instituída, no âmbito do Ministério da Educação e vinculada ao Gabinete do Ministro de Estado, a Comissão Nacional de Avaliação da Educação Superior – CONAES, órgão colegiado de coordenação e supervisão do SINAES, com as atribuições de:

I: propor e avaliar as dinâmicas, procedimentos e mecanismos da avaliação institucional, de cursos e de desempenho dos estudantes;

II: estabelecer diretrizes para organização e designação de comissões de avaliação, analisar relatórios, elaborar pareceres e encaminhar recomendações às instâncias competentes;

III: formular propostas para o desenvolvimento das instituições de educação superior, com base nas análises e recomendações produzidas nos processos de avaliação;

IV: articular-se com os sistemas estaduais de ensino, visando a estabelecer ações e critérios comuns de avaliação e supervisão da educação superior;

V: submeter anualmente à aprovação do Ministro de Estado da Educação a relação dos cursos a cujos estudantes será aplicado o Exame Nacional de Desempenho dos Estudantes - ENADE;

VI: elaborar o seu regimento, a ser aprovado em ato do Ministro de Estado da Educação;

VII: realizar reuniões ordinárias mensais e extraordinárias, sempre que convocadas pelo Ministro de Estado da Educação.

Art. 7º: A CONAES terá a seguinte composição:

I: 1 (um) representante do INEP;

II: 1 (um) representante da Fundação Coordenação de Aperfeiçoamento de Pessoal de Nível Superior – CAPES;

III: 3 (três) representantes do Ministério da Educação, sendo 1 (um) obrigatoriamente do órgão responsável pela regulação e supervisão da educação superior;

IV: 1 (um) representante do corpo discente das instituições de educação superior;

V: 1 (um) representante do corpo docente das instituições de educação superior;

VI: 1 (um) representante do corpo técnico-administrativo das instituições de educação superior;

VII: 5 (cinco) membros, indicados pelo Ministro de Estado da Educação, escolhidos entre cidadãos com notório saber científico, filosófico e artístico, e reconhecida competência em avaliação ou gestão da educação superior.

§1º: Os membros referidos nos incisos I e II do *caput* deste artigo serão designados pelos titulares dos órgãos por eles representados e aqueles referidos no inciso III do *caput* deste artigo, pelo Ministro de Estado da Educação.

§2º: O membro referido no inciso IV do *caput* deste artigo será nomeado pelo Presidente da República para mandato de 2 (dois) anos, vedada a recondução.

§3º: Os membros referidos nos incisos V a VII do *caput* deste artigo serão nomeados pelo Presidente da República para mandato de 3 (três) anos, admitida 1 (uma) recondução, observado o disposto no parágrafo único do art. 13 desta Lei.

§4º: A CONAES será presidida por 1 (um) dos membros referidos no inciso VII do *caput* deste artigo, eleito pelo colegiado, para mandato de 1 (um) ano, permitida 1 (uma) recondução.

§5º: As instituições de educação superior deverão abonar as faltas do estudante que, em decorrência da designação de que trata o inciso IV do *caput* deste artigo, tenha participado de reuniões da CONAES em horário coincidente com as atividades acadêmicas.

§6º: Os membros da CONAES exercem função não remunerada de interesse público relevante, com precedência sobre quaisquer outros cargos públicos de que sejam titulares e, quando convocados, farão jus a transporte e diárias.

Art. 8º: A realização da avaliação das instituições, dos cursos e do desempenho dos estudantes será responsabilidade do INEP.

Art. 9º: O Ministério da Educação tornará público e disponível o resultado da avaliação das instituições de ensino superior e de seus cursos.

Art. 10: Os resultados considerados insatisfatórios ensejarão a celebração de protocolo de compromisso, a ser firmado entre a instituição de educação superior e o Ministério da Educação, que deverá conter:

I: o diagnóstico objetivo das condições da instituição;

II: os encaminhamentos, processos e ações a serem adotados pela instituição de educação superior com vistas na superação das dificuldades detectadas;

III: a indicação de prazos e metas para o cumprimento de ações, expressamente definidas, e a caracterização das respectivas responsabilidades dos dirigentes;

IV: a criação, por parte da instituição de educação superior, de comissão de acompanhamento do protocolo de compromisso.

§1º: O protocolo a que se refere o *caput* deste artigo será público e estará disponível a todos os interessados.

§2º: O descumprimento do protocolo de compromisso, no todo ou em parte, poderá ensejar a aplicação das seguintes penalidades:

I: suspensão temporária da abertura de processo seletivo de cursos de graduação;

II: cassação da autorização de funcionamento da instituição de educação superior ou do reconhecimento de cursos por ela oferecidos;

III: advertência, suspensão ou perda de mandato do dirigente responsável pela ação não executada, no caso de instituições públicas de ensino superior.

§3º: As penalidades previstas neste artigo serão aplicadas pelo órgão do Ministério da Educação responsável pela regulação e supervisão da educação superior, ouvida a Câmara de Educação Superior, do Conselho Nacional de Educação, em processo administrativo próprio, ficando assegurado o direito de ampla defesa e do contraditório.

§4º: Da decisão referida no §2º deste artigo caberá recurso dirigido ao Ministro de Estado da Educação.

§5º: O prazo de suspensão da abertura de processo seletivo de cursos será definido em ato próprio do órgão do Ministério da Educação referido no §3º deste artigo.

Art. 11: Cada instituição de ensino superior, pública ou privada, constituirá Comissão Própria de Avaliação - CPA, no prazo de 60 (sessenta) dias, a contar da publicação desta Lei, com as atribuições de condução dos processos de avaliação internos da instituição, de sistematização e de prestação das informações solicitadas pelo INEP, obedecidas as seguintes diretrizes:

I: constituição por ato do dirigente máximo da instituição de ensino superior, ou por previsão no seu próprio estatuto ou regimento, assegurada a participação de todos os segmentos da comunidade universitária e da sociedade civil organizada, e vedada a composição que privilegie a maioria absoluta de um dos segmentos;

II: atuação autônoma em relação a conselhos e demais órgãos colegiados existentes na instituição de educação superior.

Art. 12: Os responsáveis pela prestação de informações falsas ou pelo preenchimento de formulários e relatórios de avaliação que impliquem omissão ou distorção de dados a serem fornecidos ao SINAES responderão civil, penal e administrativamente por essas condutas.

Art. 13: A CONAES será instalada no prazo de 60 (sessenta) dias a contar da publicação desta Lei.

Parágrafo único: Quando da constituição da CONAES, 2 (dois) dos membros referidos no inciso VII do *caput* do art. 7º desta Lei serão nomeados para mandato de 2 (dois) anos.

Art. 14: O Ministro de Estado da Educação regulamentará os procedimentos de avaliação do SINAES.

Art. 15: Esta Lei entra em vigor na data de sua publicação.

Art. 16: Revogam-se a alínea a do §2º do art. 9º da Lei nº 4.024, de 20 de dezembro de 1961, e os arts. 3º e e 4º da Lei nº 9.131, de 24 de novembro de 1995.

Brasília, 14 de abril de 2004; 183º da Independência e 116º da República.

LUIZ INÁCIO LULA DA SILVA

Tarso Genro

Este texto não substitui o publicado no DOU de 15.4.2004

6.2. Decretos

6.2.1 Sobre regulação, supervisão e avaliação

Decreto nº 5.773, de 9 de maio de 2006

Dispõe sobre o exercício das funções de regulação, supervisão e avaliação de instituições de educação superior e cursos superiores de graduação e sequenciais no sistema federal de ensino.

O PRESIDENTE DA REPÚBLICA, no uso da atribuição que lhe confere o art. 84, inciso IV, da Constituição, e tendo em vista o disposto nos arts. 9º, incisos VI, VIII e IX, e 46 da Lei nº 9.394, de 20 de dezembro de 1996, na Lei nº 9.784, de 29 de janeiro de 1999, e na Lei nº 10.861, de 14 de abril de 2004, e, decreta:

CAPÍTULO I
DA EDUCAÇÃO SUPERIOR NO SISTEMA FEDERAL DE ENSINO

Art. 1º: Este decreto dispõe sobre o exercício das funções de regulação, supervisão e avaliação de instituições de educação superior e cursos superiores de graduação e sequenciais no sistema federal de ensino.

§1º: A regulação será realizada por meio de atos administrativos autorizativos do funcionamento de instituições de educação superior e de cursos de graduação e sequenciais.

§2°: A supervisão será realizada a fim de zelar pela conformidade da oferta de educação superior no sistema federal de ensino com a legislação aplicável.

§3°: A avaliação realizada pelo Sistema Nacional de Avaliação da Educação Superior – SINAES constituirá referencial básico para os processos de regulação e supervisão da educação superior, a fim de promover a melhoria de sua qualidade.

Art. 2°: O sistema federal de ensino superior compreende as instituições federais de educação superior, as instituições de educação superior criadas e mantidas pela iniciativa privada e os órgãos federais de educação superior.

Art. 3°: As competências para as funções de regulação, supervisão e avaliação serão exercidas pelo Ministério da Educação, pelo Conselho Nacional de Educação – CNE, pelo Instituto Nacional de Estudos e Pesquisas Educacionais Anísio Teixeira – INEP, e pela Comissão Nacional de Avaliação da Educação Superior – CONAES, na forma deste Decreto.

Parágrafo único: As competências previstas neste Decreto serão exercidas sem prejuízo daquelas previstas na estrutura regimental do Ministério da Educação e do INEP, bem como nas demais normas aplicáveis.

Art. 4°: Ao Ministro de Estado da Educação, como autoridade máxima da educação superior no sistema federal de ensino, compete, no que respeita às funções disciplinadas por este Decreto:

I: homologar deliberações do CNE em pedidos de credenciamento e recredenciamento de instituições de educação superior;

II: homologar os instrumentos de avaliação elaborados pelo INEP;

III: homologar os pareceres da CONAES;

IV: homologar pareceres e propostas de atos normativos aprovadas pelo CNE; e

V: expedir normas e instruções para a execução de leis, decretos e regulamentos.

Art. 5º: No que diz respeito à matéria objeto deste Decreto, compete ao Ministério da Educação, por intermédio de suas Secretarias, exercer as funções de regulação e supervisão da educação superior, em suas respectivas áreas de atuação.

§1º: No âmbito do Ministério da Educação, além do Ministro de Estado da Educação, desempenharão as funções regidas por este Decreto a Secretaria de Educação Superior, a Secretaria de Educação Profissional e Tecnológica e a Secretaria de Educação a Distância, na execução de suas respectivas competências.

§2º: À Secretaria de Educação Superior compete especialmente:

I: instruir e exarar parecer nos processos de credenciamento e recredenciamento de instituições de educação superior, promovendo as diligências necessárias;

II: instruir e decidir os processos de autorização, reconhecimento e renovação de reconhecimento de cursos de graduação e sequenciais, promovendo as diligências necessárias;

III: propor ao CNE diretrizes para a elaboração, pelo INEP, dos instrumentos de avaliação para credenciamento de instituições;

IV: estabelecer diretrizes para a elaboração, pelo INEP, dos instrumentos de avaliação para autorização de cursos de graduação e sequenciais;

V: aprovar os instrumentos de avaliação para autorização de cursos de graduação e sequenciais, elaborados pelo INEP, e submetê-los à homologação pelo Ministro de Estado da Educação;

VI: exercer a supervisão de instituições de educação superior e de cursos de graduação, exceto tecnológicos, e sequenciais;

VII: celebrar protocolos de compromisso, na forma dos arts. 60 e 61; e

VIII: aplicar as penalidades previstas na legislação, de acordo com o disposto no Capítulo III deste Decreto.

§3º: À Secretaria de Educação Profissional e Tecnológica compete especialmente:

I: instruir e exarar parecer nos processos de credenciamento e recredenciamento de instituições de educação superior tecnológica, promovendo as diligências necessárias;

II: instruir e decidir os processos de autorização, reconhecimento e renovação de reconhecimento de cursos superiores de tecnologia, promovendo as diligências necessárias;

III: propor ao CNE diretrizes para a elaboração, pelo INEP, dos instrumentos de avaliação para credenciamento de instituições de educação superior tecnológica;

IV: estabelecer diretrizes para a elaboração, pelo INEP, dos instrumentos de avaliação para autorização de cursos superiores de tecnologia;

V: aprovar os instrumentos de avaliação para autorização de cursos superiores de tecnologia, elaborados pelo INEP, e submetê-los à homologação pelo Ministro de Estado da Educação;

VI: elaborar catálogo de denominações de cursos superiores de tecnologia, para efeito de reconhecimento e renovação de reconhecimento de cursos superiores de tecnologia;

VII: apreciar pedidos de inclusão e propor ao CNE a exclusão de denominações de cursos superiores de tecnologia do catálogo de que trata o inciso VI;

VIII: exercer a supervisão de instituições de educação superior tecnológica e de cursos superiores de tecnologia;

IX: celebrar protocolos de compromisso, na forma dos arts. 60 e 61; e

X: aplicar as penalidades previstas na legislação, de acordo com o disposto no Capítulo III deste Decreto.

§4º: À Secretaria de Educação a Distância compete especialmente:

I: instruir e exarar parecer nos processos de credenciamento e recredenciamento de instituições específico para oferta de educação superior a distância, promovendo as diligências necessárias; (Redação dada pelo Decreto nº 6.303, de 2007)

II: instruir e decidir os processos de autorização, reconhecimento e renovação de reconhecimento de cursos superiores a distância, promovendo as diligências necessárias; (Redação dada pelo Decreto nº 6.303, de 2007)

III: propor ao CNE, compartilhadamente com a Secretaria de Educação Superior e a Secretaria de Educação Profissional e Tecnológica, diretrizes para a elaboração, pelo INEP, dos instrumentos de avaliação para credenciamento de instituições específico para oferta de educação superior a distância;

IV: estabelecer diretrizes, compartilhadamente com a Secretaria de Educação Superior e a Secretaria de Educação Profissional e Tecnológica, para a elaboração, pelo INEP, dos instrumentos de avaliação para autorização de cursos superiores a distância; e

V: exercer a supervisão dos cursos de graduação e sequenciais a distância, no que se refere a sua área de atuação. (Redação dada pelo Decreto nº 6.303, de 2007)

Art. 6º: No que diz respeito à matéria objeto deste Decreto, compete ao CNE:

I: exercer atribuições normativas, deliberativas e de assessoramento do Ministro de Estado da Educação;

II: deliberar, com base no parecer da Secretaria competente, observado o disposto no art. 4º, inciso I, sobre pedidos de credenciamento e recredenciamento de instituições de educação superior e específico para a oferta de cursos de educação superior a distância;

III: recomendar, por sua Câmara de Educação Superior, providências das Secretarias, entre as quais a celebração de protocolo de compromisso, quando não satisfeito o padrão de qualidade específico para credenciamento e recredenciamento de universidades, centros universitários e faculdades;

IV: deliberar sobre as diretrizes propostas pelas Secretarias para a elaboração, pelo INEP, dos instrumentos de avaliação para credenciamento de instituições;

V: aprovar os instrumentos de avaliação para credenciamento de instituições, elaborados pelo INEP;

VI: deliberar, por sua Câmara de Educação Superior, sobre a exclusão de denominação de curso superior de tecnologia do catálogo de que trata o art. 5º, §3º, inciso VII;

VII: aplicar as penalidades previstas no Capítulo IV deste Decreto;

VIII: julgar recursos, nas hipóteses previstas neste Decreto;

IX: analisar questões relativas à aplicação da legislação da educação superior; e

X: orientar sobre os casos omissos na aplicação deste Decreto, ouvido o órgão de consultoria jurídica do Ministério da Educação.

Art. 7º: No que diz respeito à matéria objeto deste Decreto, compete ao INEP:

I: realizar visitas para avaliação *in loco* nos processos de credenciamento e recredenciamento de instituições de educação superior e nos processos de autorização, reconhecimento e renovação de reconhecimento de cursos de graduação e sequenciais;

II: realizar as diligências necessárias à verificação das condições de funcionamento de instituições e cursos, como subsídio para o parecer da Secretaria competente, quando solicitado;

III: realizar a avaliação das instituições, dos cursos e do desempenho dos estudantes;

IV: elaborar os instrumentos de avaliação conforme as diretrizes da CONAES;

V: elaborar os instrumentos de avaliação para credenciamento de instituições e autorização de cursos, conforme as diretrizes do CNE e das Secretarias, conforme o caso; e

VI: constituir e manter banco público de avaliadores especializados, conforme diretrizes da CONAES.

Art. 8º: No que diz respeito à matéria objeto deste Decreto, compete à CONAES:

I: coordenar e supervisionar o SINAES;

II: estabelecer diretrizes para a elaboração, pelo INEP, dos instrumentos de avaliação de cursos de graduação e de avaliação interna e externa de instituições;

III: estabelecer diretrizes para a constituição e manutenção do banco público de avaliadores especializados;

IV: aprovar os instrumentos de avaliação referidos no inciso II e submetê-los à homologação pelo Ministro de Estado da Educação;

V: submeter à aprovação do Ministro de Estado da Educação a relação dos cursos para aplicação do Exame Nacional de Desempenho dos Estudantes – ENADE;

VI: avaliar anualmente as dinâmicas, procedimentos e mecanismos da avaliação institucional, de cursos e de desempenho dos estudantes do SINAES;

VII: estabelecer diretrizes para organização e designação de comissões de avaliação, analisar relatórios, elaborar pareceres e encaminhar recomendações às instâncias competentes;

VIII: ter acesso a dados, processos e resultados da avaliação; e

IX: submeter anualmente, para fins de publicação pelo Ministério da Educação, relatório com os resultados globais da avaliação do SINAES.

CAPÍTULO II
DA REGULAÇÃO

Seção I
Dos Atos Autorizativos

Art. 9º: A educação superior é livre à iniciativa privada, observadas as normas gerais da educação nacional e mediante autorização e avaliação de qualidade pelo Poder Público.

Art. 10: O funcionamento de instituição de educação superior e a oferta de curso superior dependem de ato autorizativo do Poder Público, nos termos deste Decreto.

§1º: São modalidades de atos autorizativos os atos administrativos de credenciamento e recredenciamento de instituições de educação superior e de autorização, reconhecimento e renovação de reconhecimento de cursos superiores, bem como suas respectivas modificações.

§2º: Os atos autorizativos fixam os limites da atuação dos agentes públicos e privados em matéria de educação superior.

§3º: A autorização e o reconhecimento de cursos, bem como o credenciamento de instituições de educação superior, terão prazos limitados, sendo renovados, periodicamente, após processo regular de avaliação, nos termos da Lei nº 10.861, de 14 de abril de 2004.

§4º: Qualquer modificação na forma de atuação dos agentes da educação superior após a expedição do ato autorizativo, relativa à mantenedora, à abrangência geográfica das atividades, habilitações, vagas, endereço de oferta dos cursos ou qualquer outro elemento relevante para o exercício das funções educacionais, depende de modificação do ato autorizativo originário, que se processará na forma de pedido de aditamento.

§5º: Havendo divergência entre o ato autorizativo e qualquer documento de instrução do processo, prevalecerá o ato autorizativo.

§6º: Os prazos contam-se da publicação do ato autorizativo.

§7º: Os atos autorizativos são válidos até o ciclo avaliativo seguinte. (Redação dada pelo Decreto nº 6.303, de 2007)

§8º: O protocolo do pedido de recredenciamento de instituição de educação superior, de reconhecimento e de renovação de reconhecimento de curso superior prorroga a validade do ato autorizativo pelo prazo máximo de um ano.

§9º: Todos os processos administrativos previstos neste Decreto observarão o disposto na Lei nº 9.784, de 29 de janeiro de 1999.

§10: Os pedidos de ato autorizativo serão decididos tendo por base o relatório de avaliação e o conjunto de elementos de instrução apresentados pelas entidades interessadas no processo ou solicitados pela Secretaria em sua atividade instrutória. (Incluído pelo Decreto nº 6.303, de 2007)

Art. 11: O funcionamento de instituição de educação superior ou a oferta de curso superior sem o devido ato autorizativo configura irregularidade administrativa, nos termos deste Decreto, sem prejuízo dos efeitos da legislação civil e penal.

§1º: Na ausência de qualquer dos atos autorizativos exigidos nos termos deste Decreto, fica vedada a admissão de novos estudantes pela instituição, aplicando-se as medidas punitivas e reparatórias cabíveis.

§2º: A instituição que oferecer curso antes da devida autorização, quando exigível, terá sobrestados os processos de autorização e credenciamento em curso, pelo prazo previsto no parágrafo único do art. 68.

§3º: O Ministério da Educação determinará, motivadamente, como medida cautelar, a suspensão preventiva da admissão de novos alunos em cursos e instituições irregulares, visando evitar prejuízo a novos alunos.

§4º: Na hipótese do §3º, caberá recurso administrativo ao CNE, no prazo de trinta dias, sem efeito suspensivo.

Seção II

Do Credenciamento e Recredenciamento de Instituição de Educação Superior

Subseção I

Das Disposições Gerais

Art. 12: As instituições de educação superior, de acordo com sua organização e respectivas prerrogativas acadêmicas, serão credenciadas como:

I: faculdades;

II: centros universitários; e

III: universidades.

Art. 13: O início do funcionamento de instituição de educação superior é condicionado à edição prévia de ato de credenciamento pelo Ministério da Educação.

§1º: A instituição será credenciada originalmente como faculdade.

§2º: O credenciamento como universidade ou centro universitário, com as consequentes prerrogativas de autonomia, depende do credenciamento específico de instituição já credenciada, em funcionamento regular e com padrão satisfatório de qualidade.

§3º: O indeferimento do pedido de credenciamento como universidade ou centro universitário não impede o credenciamento subsidiário como centro universitário ou faculdade, cumpridos os requisitos previstos em lei.

§4º: O primeiro credenciamento terá prazo máximo de três anos, para faculdades e centros universitários, e de cinco anos, para universidades.

Art. 14: São fases do processo de credenciamento:

I: protocolo do pedido junto à Secretaria competente, instruído conforme disposto nos arts. 15 e 16;

II: análise documental pela Secretaria competente;

III: avaliação *in loco* pelo INEP;

IV: parecer da Secretaria competente;

V: deliberação pelo CNE; e

VI: homologação do parecer do CNE pelo Ministro de Estado da Educação.

Art. 15: O pedido de credenciamento deverá ser instruído com os seguintes documentos:

I: da mantenedora:

a) atos constitutivos, devidamente registrados no órgão competente, que atestem sua existência e capacidade jurídica, na forma da legislação civil;

b) comprovante de inscrição no Cadastro Nacional de Pessoas Jurídicas do Ministério da Fazenda – CNPJ/MF;

c) comprovante de inscrição nos cadastros de contribuintes estadual e municipal, quando for o caso;

d) certidões de regularidade fiscal perante as Fazendas Federal, Estadual e Municipal;

e) certidões de regularidade relativa à Seguridade Social e ao Fundo de Garantia do Tempo de Serviço – FGTS;

f) demonstração de patrimônio para manter a instituição;

g) para as entidades sem fins lucrativos, demonstração de aplicação dos seus excedentes financeiros para os fins da instituição mantida; não remuneração ou concessão de vantagens ou benefícios a seus instituidores, dirigentes, sócios, conselheiros, ou equivalentes e, em caso de encerramento de suas atividades, destinação de seu patrimônio a outra instituição congênere ou ao Poder Público, promovendo, se necessário, a alteração estatutária correspondente; e

h) para as entidades com fins lucrativos, apresentação de demonstrações financeiras atestadas por profissionais competentes;

II: da instituição de educação superior:

a) comprovante de recolhimento da taxa de avaliação *in loco*, prevista na Lei nº 10.870, de 19 de maio de 2004;

b) plano de desenvolvimento institucional;

c) regimento ou estatuto; e

d) identificação dos integrantes do corpo dirigente, destacando a experiência acadêmica e administrativa de cada um.

Art. 16: O plano de desenvolvimento institucional deverá conter, pelo menos, os seguintes elementos:

I: missão, objetivos e metas da instituição, em sua área de atuação, bem como seu histórico de implantação e desenvolvimento, se for o caso;

II: projeto pedagógico da instituição;

III: cronograma de implantação e desenvolvimento da instituição e de cada um de seus cursos, especificando-se a programação de abertura de cursos, aumento de vagas, ampliação das instalações físicas e, quando for o caso, a previsão de abertura dos cursos fora de sede;

IV: organização didático-pedagógica da instituição, com a indicação de número de turmas previstas por curso, número de alunos por turma, locais e turnos de funcionamento e eventuais inovações consideradas significativas, especialmente quanto a flexibilidade dos componentes curriculares, oportunidades diferenciadas de integralização do curso, atividades práticas e estágios, desenvolvimento de materiais pedagógicos e incorporação de avanços tecnológicos;

V: perfil do corpo docente, indicando requisitos de titulação, experiência no magistério superior e experiência profissional não-acadêmica, bem como os critérios de seleção e contração, a existência de plano de carreira, o regime de trabalho e os procedimentos para substituição eventual dos professores do quadro;

VI: organização administrativa da instituição, identificando as formas de participação dos professores e alunos nos órgãos colegiados responsáveis pela condução dos assuntos acadêmicos e os procedimentos de auto-avaliação institucional e de atendimento aos alunos;

VII: infra-estrutura física e instalações acadêmicas, especificando:

a) com relação à biblioteca: acervo de livros, periódicos acadêmicos e científicos e assinaturas de revistas e jornais, obras clássicas, dicionários e enciclopédias, formas de atualização e expansão, identificado sua correlação pedagógica com os cursos e programas previstos; vídeos, DVD, CD, CD-ROMS e assinaturas eletrônicas; espaço físico para estudos e horário de funcionamento, pessoal técnico administrativo e serviços oferecidos;

b) com relação aos laboratórios: instalações e equipamentos existentes e a serem adquiridos, identificando sua correlação pedagógica com os cursos e programas previstos, os recursos de informática disponíveis, informações concernentes à relação equipamento/aluno; e descrição de inovações tecnológicas consideradas significativas; e

c) plano de promoção de acessibilidade e de atendimento prioritário, imediato e diferenciado às pessoas portadoras de necessidades educacionais especiais ou com mobilidade reduzida, para utilização, com segurança e autonomia, total ou assistida, dos espaços, mobiliários e equipamentos urbanos, das edificações, dos serviços de transporte; dos dispositivos, sistemas e meios de comunicação e informação, serviços de tradutor e intérprete da Língua Brasileira de Sinais – LIBRAS;

VIII: oferta de educação a distância, sua abrangência e pólos de apoio presencial;

IX: oferta de cursos e programas de mestrado e doutorado; e

X: demonstrativo de capacidade e sustentabilidade financeiras.

Art. 17: A Secretaria de Educação Superior ou a Secretaria de Educação Profissional e Tecnológica, conforme o caso, receberá os documentos protocolados e dará impulso ao processo.

§1º: A Secretaria competente procederá à análise dos documentos sob os aspectos da regularidade formal e do mérito do pedido.

§2º: A Secretaria, após análise documental, encaminhará o processo ao INEP para avaliação *in loco*.

§3º: A Secretaria poderá realizar as diligências necessárias à completa instrução do processo, visando subsidiar a deliberação final das autoridades competentes.

~~§4º: A Secretaria solicitará parecer da Secretaria de Educação a Distância, quando for o caso, e, ao final, tendo como referencial básico o relatório de avaliação do INEP, emitirá parecer.~~

§4º: A Secretaria competente emitirá parecer, ao final da instrução, tendo como referencial básico o relatório de avaliação do INEP e considerando o conjunto de elementos que compõem o processo. (Redação dada pelo Decreto nº 6.303, de 2007)

Art. 18: O processo será encaminhado ao CNE, para deliberação, em ato único, motivadamente, sobre a conformidade do estatuto ou do regimento com a legislação aplicável, a regularidade da instrução e o mérito do pedido.

Parágrafo único: Da decisão do CNE caberá recurso administrativo, na forma de seu regimento interno.

Art. 19: O processo será restituído ao Ministro de Estado da Educação para homologação do parecer do CNE. (Redação dada pelo Decreto nº 6.303, de 2007)

Parágrafo único: O Ministro de Estado da Educação poderá restituir o processo ao CNE para reexame, motivadamente.

Subseção II
Do Recredenciamento

Art. 20: A instituição deverá protocolar pedido de recredenciamento ao final de cada ciclo avaliativo do SINAES junto à Secretaria competente, devidamente instruído, no prazo previsto no §7° do art. 10.

Parágrafo único: O processo de recredenciamento observará as disposições processuais referentes ao pedido de credenciamento, no que couber.

Art. 21: O pedido de recredenciamento de instituição de educação superior deve ser instruído com os seguintes documentos:

I: quanto à mantenedora, os documentos referidos no art. 15, inciso I; e

II: quanto à instituição de educação superior, a atualização do plano de desenvolvimento institucional, do regimento ou estatuto e das informações relativas ao corpo dirigente, com destaque para as alterações ocorridas após o credenciamento.

Art. 22: O deferimento do pedido de recredenciamento é condicionado à demonstração do funcionamento regular da instituição e terá como referencial básico os processos de avaliação do SINAES.

§1°: A Secretaria competente considerará, para fins regulatórios, o último relatório de avaliação disponível no SINAES.

§2°: Caso considere necessário, a Secretaria solicitará ao INEP realização de nova avaliação *in loco*.

Art. 23: O resultado insatisfatório da avaliação do SINAES enseja a celebração de protocolo de compromisso, na forma dos arts. 60 e 61 deste Decreto.

Parágrafo único: Expirado o prazo do protocolo de compromisso sem o cumprimento satisfatório das metas nele estabelecidas, será instaurado processo administrativo, na forma do art. 63, inciso II, ficando suspensa a tramitação do pedido de recredenciamento até o encerramento do processo.

Subseção III
(Redação dada pelo Decreto nº 6.303, de 2007)
Do Credenciamento de Campus Fora de Sede

Art. 24: As universidades poderão pedir credenciamento de campus fora de sede em Município diverso da abrangência geográfica do ato de credenciamento em vigor, desde que no mesmo Estado. (Redação dada pelo Decreto nº 6.303, de 2007)

§1º: O campus fora de sede integrará o conjunto da universidade e não gozará de prerrogativas de autonomia. (Redação dada pelo Decreto nº 6.303, de 2007)

§2º: O pedido de credenciamento de campus fora de sede processar-se-á como aditamento ao ato de credenciamento, aplicando-se, no que couber, as disposições processuais que regem o pedido de credenciamento. (Redação dada pelo Decreto nº 6.303, de 2007)

§3º: É vedada a oferta de curso em unidade fora da sede sem o prévio credenciamento do campus fora de sede e autorização específica do curso, na forma deste Decreto. (Incluído pelo Decreto nº 6.303, de 2007)

Subseção IV
Da Transferência de Mantença

Art. 25: A alteração da mantença de qualquer instituição de educação superior deve ser submetida ao Ministério da Educação.

§1º: O novo mantenedor deve apresentar os documentos referidos no art. 15, inciso I, além do instrumento jurídico que dá base à transferência de mantença. (Redação dada pelo Decreto nº 6.303, de 2007)

§2º: O pedido tramitará na forma de aditamento ao ato de credenciamento ou recredenciamento da instituição, sujeitando-se a deliberação específica das autoridades competentes.

§3º: É vedada a transferência de cursos ou programas entre mantenedoras.

§4º: Não se admitirá a transferência de mantença em favor de postulante que, diretamente ou por qualquer entidade mantida, tenha recebido penalidades, em matéria de educação superior, perante o sistema federal de ensino, nos últimos cinco anos.

§5º: No exercício da atividade instrutória, poderá a Secretaria solicitar a apresentação de documentos que informem sobre as condições econômicas da entidade que cede a mantença, tais como certidões de regularidade fiscal e outros, visando obter informações circunstanciadas sobre as condições de autofinanciamento da instituição, nos termos do art. 7º, inciso III, da Lei nº 9.394, de 1996, no intuito de preservar a atividade educacional e o interesse dos estudantes. (Incluído pelo Decreto nº 6.303, de 2007)

Subseção V
Do Credenciamento Específico para Oferta de Educação a Distância

Art. 26: A oferta de educação a distância é sujeita a credenciamento específico, nos termos de regulamentação própria.

§1º: O pedido observará os requisitos pertinentes ao credenciamento de instituições e será instruído pela Secretaria de Educação Superior ou pela Secretaria de Educação Profissional e Tecnológica, conforme o caso, com a colaboração da Secretaria de Educação a Distância.

§2º: O pedido de credenciamento de instituição de educação superior para a oferta de educação a distância deve ser instruído com o comprovante do recolhimento da taxa de avaliação *in loco* e documentos referidos em regulamentação específica.

§3º: Aplicam-se, no que couber, as disposições que regem o credenciamento e o recredenciamento de instituições de educação superior.

Seção III
Da Autorização, do Reconhecimento e da Renovação de Reconhecimento de Curso Superior

Subseção I
Da Autorização

Art. 27: A oferta de cursos superiores em faculdade ou instituição equiparada, nos termos deste Decreto, depende de autorização do Ministério da Educação.

§1º: O disposto nesta Subseção aplica-se aos cursos de graduação e sequenciais.

§2º: Os cursos e programas oferecidos por instituições de pesquisa científica e tecnológica submetem-se ao disposto neste Decreto.

Art. 28: As universidades e centros universitários, nos limites de sua autonomia, observado o disposto nos §§2º e 3º deste artigo, independem de autorização para funcionamento de curso superior, devendo informar à Secretaria competente os cursos abertos para fins de supervisão, avaliação e posterior reconhecimento, no prazo de sessenta dias.

§1º: Aplica-se o disposto no *caput* a novas turmas, cursos congêneres e toda alteração que importe aumento no número de estudantes da instituição ou modificação das condições constantes do ato de credenciamento.

§2º: A criação de cursos de graduação em direito e em medicina, odontologia e psicologia, inclusive em universidades e centros universitários, deverá ser submetida, respectivamente, à manifestação do Conselho Federal da Ordem dos Advogados do Brasil ou do Conselho Nacional de Saúde, previamente à autorização pelo Ministério da Educação. (Redação dada pelo Decreto nº 5.840 de 2006)

§3º: O prazo para a manifestação prevista no §2º é de sessenta dias, prorrogável por igual período, a requerimento do Conselho interessado.

Art. 29: São fases do processo de autorização:

I: protocolo do pedido junto à Secretaria competente, instruído conforme disposto no art. 30 deste Decreto;

II: análise documental pela Secretaria competente;

III: avaliação *in loco* pelo INEP; e

IV: decisão da Secretaria competente.

Art. 30: O pedido de autorização de curso deverá ser instruído com os seguintes documentos:

I: comprovante de recolhimento da taxa de avaliação *in loco*;

II: projeto pedagógico do curso, informando número de alunos, turnos, programa do curso e demais elementos acadêmicos pertinentes;

III: relação de docentes, acompanhada de termo de compromisso firmado com a instituição, informando-se a respectiva titulação, carga horária e regime de trabalho; e

IV: comprovante de disponibilidade do imóvel.

Art. 31: A Secretaria competente receberá os documentos protocolados e dará impulso ao processo.

§1º: A Secretaria realizará a análise documental, as diligências necessárias à completa instrução do processo e o encaminhará ao INEP para avaliação *in loco*.

§2º: A Secretaria solicitará parecer da Secretaria de Educação a Distância, quando for o caso.

§3º: A Secretaria oficiará o Conselho Federal da Ordem dos Advogados do Brasil ou o Conselho Nacional de Saúde, nas hipóteses do art. 28.

§4º: A Secretaria procederá à análise dos documentos sob os aspectos da regularidade formal e do mérito do pedido, tendo como referencial básico o relatório de avaliação do INEP, e ao final decidirá o pedido.

Art. 32: O Secretário competente poderá, em cumprimento das normas gerais da educação nacional:

I: deferir o pedido de autorização de curso;

II: deferir o pedido de autorização de curso, em caráter experimental, nos termos do art. 81 da Lei nº 9.394, de 20 de dezembro de 1996; ou

III: indeferir, motivadamente, o pedido de autorização de curso.

Art. 33: Da decisão do Secretário, caberá recurso administrativo ao CNE, no prazo de trinta dias.

Subseção II
Do Reconhecimento

Art. 34: O reconhecimento de curso é condição necessária, juntamente com o registro, para a validade nacional dos respectivos diplomas.

Parágrafo único: O reconhecimento de curso na sede não se estende às unidades fora de sede, para registro do diploma ou qualquer outro fim. (Incluído pelo Decreto nº 6.303, de 2007)

Art. 35: A instituição deverá protocolar pedido de reconhecimento de curso, no período entre metade do prazo previsto para a integralização de sua carga horária e setenta e cinco por cento desse prazo. (Redação dada pelo Decreto nº 6.303, de 2007)

§1º: O pedido de reconhecimento deverá ser instruído com os seguintes documentos:

I: comprovante de recolhimento da taxa de avaliação *in loco*;

II: projeto pedagógico do curso, incluindo número de alunos, turnos e demais elementos acadêmicos pertinentes;

III: relação de docentes, constante do cadastro nacional de docentes; e

IV: comprovante de disponibilidade do imóvel.

§2º: Os cursos autorizados nos termos deste Decreto ficam dispensados do cumprimento dos incisos II e IV, devendo apresentar apenas os elementos de atualização dos documentos juntados por ocasião da autorização.

§3º: A Secretaria competente considerará, para fins regulatórios, o último relatório de avaliação disponível no SINAES.

§4º: Caso considere necessário, a Secretaria solicitará ao INEP realização de nova avaliação *in loco*.

Art. 36: O reconhecimento de cursos de graduação em direito e em medicina, odontologia e psicologia, deverá ser submetido, respectivamente, à manifestação do Conselho Federal da Ordem dos Advogados do Brasil ou do Conselho Nacional de Saúde.

§1º: O prazo para manifestação prevista no *caput* é de sessenta dias, prorrogável por igual período. (Renumerado do parágrafo único pelo Decreto nº 6.303, de 2007)

§2º: Nos processos de reconhecimento dos cursos de licenciatura e normal superior, o Conselho Técnico Científico da Educação Básica, da Fundação Coordenação de Aperfeiçoamento de Pessoal de Nível Superior – CAPES, poderá se manifestar, aplicando-se, no que couber, as disposições procedimentais que regem a manifestação dos conselhos de regulamentação profissional. (Incluído pelo Decreto nº 6.303, de 2007)

Art. 37: No caso de curso correspondente a profissão regulamentada, a Secretaria abrirá prazo para que o respectivo órgão de regulamentação profissional, de âmbito nacional, querendo, ofereça subsídios à decisão do Ministério da Educação, em sessenta dias.

§1º: Decorrido o prazo fixado no *caput*, a Secretaria abrirá prazo para manifestação do requerente, por trinta dias.

§2º: Instruído o processo, a Secretaria examinará os documentos e decidirá o pedido.

Art. 38: O deferimento do pedido de reconhecimento terá como referencial básico os processos de avaliação do SINAES.

Art. 39: O resultado insatisfatório da avaliação do SINAES enseja a celebração de protocolo de compromisso, na forma do arts. 60 e 61.

Parágrafo único: Expirado o prazo do protocolo de compromisso sem o cumprimento satisfatório das metas nele estabelecidas, será instaurado processo administrativo de cassação de autorização de funcionamento na forma do art. 63, inciso II.

Art. 40: Da decisão, caberá recurso administrativo ao CNE, no prazo de trinta dias.

Subseção III
Da Renovação de Reconhecimento

Art. 41: A instituição deverá protocolar pedido de renovação de reconhecimento ao final de cada ciclo avaliativo do SINAES junto à Secretaria competente, devidamente instruído, no prazo previsto no §7º do art. 10.

§1º: O pedido de renovação de reconhecimento deverá ser instruído com os documentos referidos no art. 35, §1º, com a atualização dos documentos apresentados por ocasião do pedido de reconhecimento de curso.

§2º: Aplicam-se à renovação do reconhecimento de cursos as disposições pertinentes ao processo de reconhecimento.

§3º: A renovação do reconhecimento de cursos de graduação, incluídos os de tecnologia, de uma mesma instituição deverá ser realizada de forma integrada e concomitante.

Subseção IV
(Redação dada pelo Decreto nº 6.303, de 2007)
Da Autorização, Reconhecimento e Renovação
de Reconhecimento de Cursos Superiores de Tecnologia

Art. 42: A autorização, o reconhecimento e a renovação de reconhecimento de cursos superiores de tecnologia terão por base o catálogo de denominações de cursos publicado pela Secretaria de Educação Profissional e Tecnológica. (Redação dada pelo Decreto nº 6.303, de 2007)

Art. 43: A inclusão no catálogo de denominação de curso superior de tecnologia com o respectivo perfil profissional dar-se-á pela Secretaria de Educação Profissional e Tecnológica, de ofício ou a requerimento da instituição.

§1º: O pedido será instruído com os elementos que demonstrem a consistência da área técnica definida, de acordo com as diretrizes curriculares nacionais.

§2º: O CNE, mediante proposta fundamentada da Secretaria de Educação Profissional e Tecnológica, deliberará sobre a exclusão de denominação de curso do catálogo.

Art. 44: O Secretário, nos processos de autorização, reconhecimento e renovação de reconhecimento de cursos superiores de tecnologia, poderá, em cumprimento das normas gerais da educação nacional: (Redação dada pelo Decreto nº 6.303, de 2007)

I: deferir o pedido, com base no catálogo de denominações de cursos publicado pela Secretaria de Educação Profissional e Tecnológica;

II: deferir o pedido, determinando a inclusão da denominação do curso no catálogo;

III: deferir o pedido, mantido o caráter experimental do curso;

IV: deferir o pedido exclusivamente para fins de registro de diploma, vedada a admissão de novos alunos; ou

V: indeferir o pedido, motivadamente.

Parágrafo único: Aplicam-se à autorização, reconhecimento e renovação de reconhecimento de cursos superiores de tecnologia as disposições previstas nas

Subseções II e III.
(Redação dada pelo Decreto nº 6.303, de 2007)
[...]

CAPÍTULO III
DA SUPERVISÃO

Art. 45: A Secretaria de Educação Superior, a Secretaria de Educação Profissional e Tecnológica e a Secretaria de Educação a Distância exercerão as atividades de supervisão relativas, respectivamente, aos cursos de graduação e sequenciais, aos cursos superiores de tecnologia e aos cursos na modalidade de educação a distância.

§1º: A Secretaria ou órgão de supervisão competente poderá, no exercício de sua atividade de supervisão, nos limites da lei, determinar a apresentação de documentos complementares ou a realização de auditoria.

§2º: Os atos de supervisão do Poder Público buscarão resguardar os interesses dos envolvidos, bem como preservar as atividades em andamento.

Art. 46: Os alunos, professores e o pessoal técnico-administrativo, por meio dos respectivos órgãos representativos, poderão representar aos órgãos de supervisão, de modo circunstanciado, quando verificarem irregularidades no funcionamento de instituição ou curso superior.

§1º: A representação deverá conter a qualificação do representante, a descrição clara e precisa dos fatos a serem apurados e a documentação pertinente, bem como os demais elementos relevantes para o esclarecimento do seu objeto.

§2º: A representação será recebida, numerada e autuada pela Secretaria competente e em seguida submetida à apreciação do Secretário.

§3º: O processo administrativo poderá ser instaurado de ofício, quando a Secretaria competente tiver ciência de irregularidade que lhe caiba sanar e punir.

Art. 47: A Secretaria dará ciência da representação à instituição, que poderá, em dez dias, manifestar-se previamente pela insubsistência da representação ou requerer a concessão de prazo para saneamento de deficiências, nos termos do art. 46, §1º, da Lei nº 9.394, de 1996, sem prejuízo da defesa de que trata o art. 51.

§1º: Em vista da manifestação da instituição, o Secretário decidirá pela admissibilidade da representação, instaurando processo administrativo ou concedendo prazo para saneamento de deficiências.

§2º: Não admitida a representação, o Secretário arquivará o processo.

Art. 48: Na hipótese da determinação de saneamento de deficiências, o Secretário exarará despacho, devidamente motivado, especificando as deficiências identificadas, bem como as providências para sua correção efetiva, em prazo fixado.

§1º: A instituição poderá impugnar, em dez dias, as medidas determinadas ou o prazo fixado.

§2º: O Secretário apreciará a impugnação e decidirá pela manutenção das providências de saneamento e do prazo ou pela adaptação das providências e do respectivo prazo, não cabendo novo recurso dessa decisão.

§3º: O prazo para saneamento de deficiências não poderá ser superior a doze meses, contados do despacho referido no *caput*.

§4º: Na vigência de prazo para saneamento de deficiências, poderá ser aplicada a medida prevista no art. 11, §3º, motivadamente, desde que, no caso específico, a medida de cautela se revele necessária para evitar prejuízo aos alunos.

Art. 49: Esgotado o prazo para saneamento de deficiências, a Secretaria competente poderá realizar verificação *in loco*, visando comprovar o efetivo saneamento das deficiências.

Parágrafo único: O Secretário apreciará os elementos do processo e decidirá sobre o saneamento das deficiências.

Art. 50: Não saneadas as deficiências ou admitida de imediato a representação, será instaurado processo administrativo para aplicação de penalidades, mediante portaria do Secretário, da qual constarão:

I: identificação da instituição e de sua mantenedora;

II: resumo dos fatos objeto das apurações, e, quando for o caso, das razões de representação;

III: informação sobre a concessão de prazo para saneamento de deficiências e as condições de seu descumprimento ou cumprimento insuficiente;

IV: outras informações pertinentes;

V: consignação da penalidade aplicável; e

VI: determinação de notificação do representado.

§1º: O processo será conduzido por autoridade especialmente designada, integrante da Secretaria competente para a supervisão, que realizará as diligências necessárias à instrução.

§2º: Não será deferido novo prazo para saneamento de deficiências no curso do processo administrativo.

Art. 51: O representado será notificado por ciência no processo, via postal com aviso de recebimento, por telegrama ou outro meio que assegure a certeza da ciência do interessado, para, no prazo de quinze dias, apresentar defesa, tratando das matérias de fato e de direito pertinentes.

Art. 52: Recebida a defesa, o Secretário apreciará o conjunto dos elementos do processo e proferirá decisão, devidamente motivada, arquivando o processo ou aplicando uma das seguintes penalidades previstas no art. 46, §1º, da Lei nº 9.394, de 1996:

I: desativação de cursos e habilitações;

II: intervenção;

III: suspensão temporária de prerrogativas da autonomia; ou

IV: descredenciamento.

Art. 53: Da decisão do Secretário caberá recurso ao CNE, em trinta dias.

Parágrafo único: A decisão administrativa final será homologada em portaria do Ministro de Estado da Educação.

Art. 54: A decisão de desativação de cursos e habilitações implicará a cessação imediata do funcionamento do curso ou habilitação, vedada a admissão de novos estudantes.

§1º: Os estudantes que se transferirem para outra instituição de educação superior têm assegurado o aproveitamento dos estudos realizados.

§2º: Na impossibilidade de transferência, ficam ressalvados os direitos dos estudantes matriculados à conclusão do curso, exclusivamente para fins de expedição de diploma.

Art. 55: A decisão de intervenção será implementada por despacho do Secretário, que nomeará o interventor e estabelecerá a duração e as condições da intervenção.

Art. 56: A decisão de suspensão temporária de prerrogativas da autonomia definirá o prazo de suspensão e as prerrogativas suspensas, dentre aquelas previstas nos incisos I a X do art. 53 da Lei nº 9.394, de 1996, constando obrigatoriamente as dos incisos I e IV daquele artigo.

Parágrafo único: O prazo de suspensão será, no mínimo, o dobro do prazo concedido para saneamento das deficiências.

Art. 57: A decisão de descredenciamento da instituição

implicará a cessação imediata do funcionamento da instituição, vedada a admissão de novos estudantes.

§1º: Os estudantes que se transferirem para outra instituição de educação superior têm assegurado o aproveitamento dos estudos realizados.

§2º: Na impossibilidade de transferência, ficam ressalvados os direitos dos estudantes matriculados à conclusão do curso, exclusivamente para fins de expedição de diploma.

CAPÍTULO IV
DA AVALIAÇÃO

Art. 58: A avaliação das instituições de educação superior, dos cursos de graduação e do desempenho acadêmico de seus estudantes será realizada no âmbito do SINAES, nos termos da legislação aplicável.

§1º: O SINAES, a fim de cumprir seus objetivos e atender a suas finalidades constitucionais e legais, compreende os seguintes processos de avaliação institucional:

I: avaliação interna das instituições de educação superior;

II: avaliação externa das instituições de educação superior;

III: avaliação dos cursos de graduação; e

IV: avaliação do desempenho acadêmico dos estudantes de cursos de graduação.

§2º : Os processos de avaliação obedecerão ao disposto no art. 2º da Lei nº 10.861, de 2004.

Art. 59: O SINAES será operacionalizado pelo INEP, conforme as diretrizes da CONAES, em ciclos avaliativos com duração inferior a:

I: dez anos, como referencial básico para recredenciamento de universidades; e

II: cinco anos, como referencial básico para recredenciamento de centros universitários e faculdades e renovação de reconhecimento de cursos.

§3º: A avaliação, como referencial básico para a regulação de instituições e cursos, resultará na atribuição de conceitos, conforme uma escala de cinco níveis. (Incluído pelo Decreto nº 6.303, de 2007)

Art. 60: A obtenção de conceitos insatisfatórios nos processos periódicos de avaliação, nos processos de recredenciamento de instituições, reconhecimento e renovação de reconhecimento de cursos de graduação enseja a celebração de protocolo de compromisso com a instituição de educação superior.

Parágrafo único: Caberá, a critério da instituição, recurso administrativo para revisão de conceito, previamente à celebração de protocolo de compromisso, conforme normas expedidas pelo Ministério da Educação. (Redação dada pelo Decreto nº 6.303, de 2007)

Art. 61: O protocolo de compromisso deverá conter:

I: o diagnóstico objetivo das condições da instituição;

II: os encaminhamentos, processos e ações a serem adotados pela instituição com vistas à superação das dificuldades detectadas;

III: a indicação expressa de metas a serem cumpridas e, quando couber, a caracterização das respectivas responsabilidades dos dirigentes;

IV: o prazo máximo para seu cumprimento; e

V: a criação, por parte da instituição de educação superior, de comissão de acompanhamento do protocolo de compromisso.

§1º: A celebração de protocolo de compromisso suspende o fluxo do processo regulatório, até a realização da avaliação que ateste o cumprimento das exigências contidas no protocolo. (Redação dada pelo Decreto nº 6.303, de 2007)

§2º: Na vigência de protocolo de compromisso, poderá ser aplicada a medida prevista no art. 11, §3º, motivadamente, desde que, no caso específico, a medida de cautela se revele necessária para evitar prejuízo aos alunos.

Art. 62: Esgotado o prazo do protocolo de compromisso, a instituição será submetida a nova avaliação *in loco* pelo INEP, para verificar o cumprimento das metas estipuladas, com vistas à alteração ou à manutenção do conceito.

§1º: O INEP expedirá relatório de nova avaliação à Secretaria competente, vedadas a celebração de novo protocolo de compromisso.

§2º: A instituição de educação superior deverá apresentar comprovante de recolhimento da taxa de avaliação *in loco* para a nova avaliação até trinta dias antes da expiração do prazo do protocolo de compromisso.

Art. 63: O descumprimento do protocolo de compromisso enseja a instauração de processo administrativo para aplicação das seguintes penalidades previstas no art. 10, §2º, da Lei nº 10.861, de 2004:

I: suspensão temporária da abertura de processo seletivo de cursos de graduação;

II: cassação da autorização de funcionamento da instituição de educação superior ou do reconhecimento de cursos por ela oferecidos; e

III: advertência, suspensão ou perda de mandato do dirigente responsável pela ação não executada, no caso de instituições públicas de educação superior.

§1º: A instituição de educação superior será notificada por ciência no processo, via postal com aviso de recebimento, por telegrama ou outro meio que assegure a certeza da ciência do interessado, para, no prazo de dez dias, apresentar defesa, tratando das matérias de fato e de direito pertinentes.

§2º: Recebida a defesa, o Secretário apreciará o conjunto dos elementos do processo e o remeterá ao CNE para deliberação, com parecer recomendando a aplicação da penalidade cabível ou o seu arquivamento.

§3º: Da decisão do CNE caberá recurso administrativo, na forma de seu regimento interno.

§4º: A decisão de arquivamento do processo administrativo enseja a retomada do fluxo dos prazos previstos nos §§7º e 8º do art. 10.

§5º: A decisão administrativa final será homologada em portaria do Ministro de Estado da Educação.

Art. 64: A decisão de suspensão temporária da abertura de processo seletivo de cursos de graduação definirá o prazo de suspensão, que não poderá ser menor que o dobro do prazo fixado no protocolo de compromisso.

Art. 65: À decisão de cassação da autorização de funcionamento da instituição de educação superior ou do reconhecimento de cursos de graduação por ela oferecidos, aplicam-se o disposto nos arts. 57 ou 54, respectivamente.

Art. 66: A decisão de advertência, suspensão ou perda de mandato do dirigente responsável pela ação não executada, no caso de instituições públicas de educação superior, será precedida de processo administrativo disciplinar, nos termos da Lei nº 8.112, de 11 de dezembro de 1990.

CAPÍTULO V
DAS DISPOSIÇÕES FINAIS E TRANSITÓRIAS

Seção I
Das Disposições Finais

Art. 67: O pedido de credenciamento de instituição de educação superior tramitará em conjunto com pedido de autorização de pelo menos um curso superior, observando-se as disposições pertinentes deste Decreto, bem como a racionalidade e economicidade administrativas.

Art. 68: O requerente terá prazo de doze meses, a contar da publicação do ato autorizativo, para iniciar o funcionamento do curso, sob pena de caducidade.

§1º: Nos casos de caducidade do ato autorizativo e de decisão final desfavorável em processo de credenciamento de instituição de educação superior, inclusive de campus fora de sede, e de autorização de curso superior, os interessados só poderão apresentar nova solicitação relativa ao mesmo pedido após decorridos dois anos contados do ato que encerrar o processo. (Renumerado do parágrafo único pelo Decreto nº 6.303, de 2007)

§2º: Considera-se início de funcionamento do curso, para efeito do prazo referido no *caput*, a oferta efetiva de aulas. (Incluído pelo Decreto nº 6.303, de 2007)

Art. 69: O exercício de atividade docente na educação superior não se sujeita à inscrição do professor em órgão de regulamentação profissional.

Parágrafo único: O regime de trabalho docente em tempo integral compreende a prestação de quarenta horas semanais de trabalho na mesma instituição, nele reservado o tempo de pelo menos vinte horas semanais para estudos, pesquisa, trabalhos de extensão, planejamento e avaliação.

Seção II
Das Disposições Transitórias

Art. 70: O disposto no §7º do art. 10 não se aplica a atos autorizativos anteriores a este Decreto que tenham fixado prazo determinado.

Art. 71: O catálogo de cursos superiores de tecnologia será publicado no prazo de noventa dias.

§1º: Os pedidos de autorização, reconhecimento e renovação de reconhecimento dos cursos superiores de tecnologia em tramitação deverão adequar-se aos termos deste Decreto, no prazo de sessenta dias, contados da publicação do catálogo.

§2º: As instituições de educação superior que ofereçam cursos superiores de tecnologia poderão, após a publicação deste Decreto, adaptar as denominações de seus cursos ao catálogo de que trata o art. 42.

Art. 72: Os campi fora de sede já criados e em funcionamento na data de publicação do Decreto nº 3.860, de 9 de julho de 2001, preservarão suas prerrogativas de autonomia pelo prazo de validade do ato de credenciamento, sendo submetidos a processo de recredenciamento, que se processará em conjunto com o recredenciamento da universidade, quando se decidirá acerca das respectivas prerrogativas de autonomia.

Art. 73: Os processos iniciados antes da entrada em vigor deste Decreto obedecerão às disposições processuais nele contidas, aproveitando-se os atos já praticados.

Parágrafo único: Serão observados os princípios e as disposições da legislação do processo administrativo federal, em especial no que respeita aos prazos para a prática dos atos processuais pelo Poder Público, à adoção de formas simples, suficientes para propiciar adequado grau de certeza, segurança e respeito aos direitos dos administrados e à interpretação da norma administrativa da forma que melhor garanta o atendimento do fim público a que se dirige.

Art. 74: Os processos de autorização, reconhecimento e renovação de reconhecimento de cursos em tramitação no CNE e já distribuídos aos respectivos Conselheiros relatores seguirão seu curso regularmente, na forma deste Decreto.

Parágrafo único: Os processos ainda não distribuídos deverão retornar à Secretaria competente do Ministério da Educação.

Art. 75: As avaliações de instituições e cursos de graduação já em funcionamento, para fins de recredenciamento, reconhecimento e renovação de reconhecimento, serão escalonadas em portaria ministerial, com base em proposta da CONAES, ouvidas as Secretarias e o INEP.

Art. 76: O Ministério da Educação e os órgãos federais de educação revogarão expressamente os atos normativos incompatíveis com este Decreto, em até trinta dias contados da sua publicação.

Art. 77: Os arts. 1º e 17 do Decreto nº 5.224, de 1º de outubro de 2004, passam a vigorar com a seguinte redação:

"Art. 1º: [...]

§1º: Os CEFET são instituições de ensino superior pluricurriculares, especializados na oferta de educação tecnológica nos diferentes níveis e modalidades de ensino, caracterizando-se pela atuação prioritária na área tecnológica.

[...]" (NR)

[...]"Art.17: [...]

[...]

[...]

§4º: Os CEFET poderão usufruir de outras atribuições da autonomia universitária, devidamente definidas no ato de seu credenciamento, nos termos do §2º do art. 54 da Lei nº 9.394, de 1996.

§5º: O A autonomia de que trata o §4º deverá observar os limites definidos no plano de desenvolvimento institucional, aprovado quando do seu credenciamento e recredenciamento." (NR)

Art. 78: Este Decreto entra em vigor na data de sua publicação.

Art. 79: Revogam-se os Decretos nºs 1.845, de 28 de março de 1996, 3.860, de 9 de julho de 2001, 3.864, de 11 de julho de 2001, 3.908, de 4 de setembro de 2001, e 5.225, de 1º de outubro de 2004.

Brasília, 9 de maio de 2006; 185° da Independência e 118° da República.

LUIZ INÁCIO LULA DA SILVA
Fernando Haddad

6.3 Portarias do MEC

6.3.1 Sistema eletrônico e-MEC

Portaria Normativa nº 40, de 12 de dezembro de 2007

Institui o e-MEC, sistema eletrônico de fluxo de trabalho e gerenciamento de informações relativas aos processos de regulação, avaliação e supervisão da educação superior no sistema federal de educação, e o Cadastro e-MEC de Instituições e Cursos Superiores e consolida disposições sobre indicadores de qualidade, banco de avaliadores (Basis) e o Exame Nacional de Desempenho de Estudantes (ENADE) e outras disposições.

O MINISTRO DE ESTADO DA EDUCAÇÃO, no uso de suas atribuições, considerando o Decreto nº 5.773, de 09 de maio de 2006, alterado pelo Decreto nº 5.840, de 13 de julho de 2006, pelo Decreto nº 6.303, de 12 de dezembro de 2007 e pelo Decreto nº6.861, de 27 de maio de 2009, que dispôs sobre o exercício das funções de regulação, supervisão e avaliação de cursos e instituições e cursos superiores; bem como a conveniência de simplificar, racionalizar e abreviar o trâmite dos processos relacionados, utilizando ao máximo as possibilidades oferecidas pela tecnologia da informação; e o disposto nas Leis nº 9.784, de 29 de janeiro de 1999; nº 9.394, de 20 de dezembro de 1996; nº 10.861, de 14 de abril de 2004; e nº 10.870, de 19 de maio de 2004, bem como a Portaria Normativa nº 23, de 1º de dezembro de 2010, resolve determinar a publicação da Portaria Normativa nº 40, de 12 de dezembro de 2007, consolidada, conforme se segue:

CAPÍTULO I
DISPOSIÇÕES GERAIS

Art. 1º: A tramitação dos processos de regulação, avaliação e supervisão de instituições e cursos superiores do sistema federal de educação superior será feita exclusivamente em meio eletrônico, no sistema e-MEC, e observará as disposições específicas desta Portaria e a legislação federal de processo administrativo, em especial os princípios da finalidade, motivação, razoabilidade, moralidade, interesse público, economia e celeridade processual e eficiência, aplicando-se, por analogia, as disposições pertinentes da Lei nº 11.419, de 19 de dezembro de 2006. (NR)

§1º: A comunicação dos atos se fará em meio eletrônico, com observância aos requisitos de autenticidade, integridade, validade jurídica e interoperabilidade da Infra-Estrutura de Chaves Públicas Brasileira - ICP - Brasil.

§2º: As notificações e publicações dos atos de tramitação dos processos pelo e-MEC serão feitas exclusivamente em meio eletrônico.

§3º: A contagem de prazos observará o disposto no art. 66 da Lei nº 9.784, de 1999, em dias corridos, excluído o dia da abertura da vista e incluído o do vencimento, levando em consideração o horário de disponibilidade do sistema, que será devidamente informado aos usuários.

§4º: A indisponibilidade do e-MEC na data de vencimento de qualquer prazo acarretará a prorrogação automática deste para o primeiro dia subseqüente em que haja disponibilidade do sistema.

§5º: A não utilização do prazo pelo interessado desencadeia o restabelecimento do fluxo processual.

§6º: Os processos no e-MEC gerarão registro e correspondente número de transação, mantendo informação de andamento processual própria.

§7º: A tramitação dos processos no e-MEC obedecerá à ordem cronológica de sua apresentação, ressalvada a hipótese de diligência pendente e admitida a apreciação por tipo de ato autorizativo, devidamente justificadas, observadas a impessoalidade e isonomia.

Art. 2º: A movimentação dos processos se fará mediante a utilização de certificados digitais.

§1º: O acesso ao sistema, para inserção de dados pelas instituições, pelo Conselho Nacional de Saúde (CNS) e pelos conselhos nacionais de regulamentação profissional mencionados nos arts. 28, 36 e 37 do Decreto nº 5.773, de 2006, bem como por quaisquer outros agentes habilitados, dar-se-á pela atribuição de chave de identificação e de senha, pessoal e intransferível, mediante a celebração de termo de compromisso.

§2º: O acesso ao sistema, para inserção de dados pelos agentes públicos competentes para atuar nos processos de regulação, avaliação e supervisão também se dará pela atribuição de chave de identificação e senha de acesso, pessoal e intransferível, com a celebração de termo de compromisso.(NR)

§3º: O acesso ao e-MEC deverá ser realizado com certificação digital, padrão ICP Brasil, com o uso de Certificado tipo A3 ou superior, emitido por Autoridade Certificadora credenciada, na forma da legislação específica.

§4º: A assinatura do termo de compromisso com o provedor do sistema implica responsabilidade legal do compromissário e a presunção de sua capacidade técnica para realização das transações no e-MEC.

§5º: O uso da chave de acesso e da senha gera presunção da autenticidade, confiabilidade e segurança dos dados, a cargo do usuário.

§6º: O uso da chave de acesso e da senha é de responsabilidade exclusiva do compromissário, não cabendo ao provedor do sistema responsabilidade por eventuais danos decorrentes de uso indevido da senha, ainda que por terceiros.

§7º: A perda da chave de acesso ou da senha ou a quebra de sigilo deverão ser comunicadas imediatamente ao provedor do sistema e à Autoridade Certificadora, para bloqueio de acesso.

Art. 3º: Os documentos que integram o e-MEC são públicos, ressalvadas informações exclusivamente de interesse privado da instituição, expressamente referidas nesta Portaria.

§1º: Serão de acesso restrito os dados relativos aos itens III, IV e X do art. 16, do Decreto nº 5773, de 2006, que trata do PDI.

§2º: Os arquivos e registros digitais serão válidos para todos os efeitos legais e permanecerão à disposição das auditorias internas e externas do Ministério da Educação (MEC).

Art. 4º: O e-MEC será implantado em ambiente acessível pela internet, de modo a permitir informação ao público sobre o andamento dos processos, bem como a relação de instituições credenciadas e de cursos autorizados e reconhecidos, além dos dados sobre os atos autorizativos e os elementos relevantes da instrução processual.

§1º: O sistema gerará e manterá atualizadas relações de instituições credenciadas e recredenciadas no e-MEC, informando credenciamento específico para educação a distância (EAD), e cursos autorizados, reconhecidos ou com reconhecimento renovado, organizadas no Cadastro e-MEC, nos termos do art. 61-A. (NR)

§2º: O sistema possibilitará a geração de relatórios de gestão, que subsidiarão as atividades decisória e de acompanhamento e supervisão dos órgãos do MEC (MEC).

Art. 5º: Os documentos a serem apresentados pelas instituições poderão, a critério do MEC, ser substituídos por consulta eletrônica aos sistemas eletrônicos oficiais de origem, quando disponíveis.

Art. 6º: Os dados informados e os documentos produzidos eletronicamente, com origem e signatário garantidos por certificação eletrônica, serão considerados válidos e íntegros, para todos os efeitos legais, ressalvada a alegação fundamentada de adulteração, que será processada na forma da legislação aplicável.

CAPÍTULO II
DAS COMPETÊNCIAS SOBRE O E-MEC

Art. 7º: A coordenação do e-MEC caberá a pessoa designada pelo Ministro da Educação, competindo às Diretorias de Tecnologia da Informação do MEC e do Instituto Nacional de Estudos e Pesquisas Educacionais Anísio Teixeira (INEP) sua execução operacional. (NR)

§1º: Após a fase de implantação, o desenvolvimento ulterior do sistema será orientado por Comissão de Acompanhamento, integrada por representantes dos seguintes órgãos:

I: Gabinete do Ministro (GM);

II: Diretoria de Tecnologia da Informação (DTI); (NR)

III: Secretaria de Educação Superior (SESu);

IV: Secretaria de Educação Profissional e Tecnológica (SETEC);

V: Secretaria de Educação a Distância (SEED);

VI: INEP, por suas Diretorias de Avaliação da Educação Superior (DAES) e de Tecnologia e Desenvolvimento de Informação Educacional; (NR)

VII: Conselho Nacional de Educação (CNE);

VIII: Consultoria Jurídica (CONJUR).

§2º: Compete à Comissão apreciar as alterações do sistema necessárias à sua operação eficiente, bem como à sua atualização e aperfeiçoamento.

§3º: Os órgãos referidos nos incisos II, III, e VI do §1º organizarão serviços de apoio ao usuário do e-MEC visando solucionar os problemas que se apresentem à plena operabilidade do sistema.

CAPÍTULO III
DAS DISPOSIÇÕES COMUNS AOS PROCESSOS DE CREDENCIAMENTO DE INSTITUIÇÃO E AUTORIZAÇÃO DE CURSO

Art. 8º: O protocolo do pedido de credenciamento de instituição ou autorização de curso será obtido após o cumprimento dos seguintes requisitos:

I: pagamento da taxa de avaliação, prevista no art. 3º, *caput*, da Lei nº 10.870, de 19 de maio de 2004, exceto para instituições de educação superior públicas, isentas nos termos do art. 3º, §5º, da mesma lei, mediante documento eletrônico, gerado pelo sistema;

II: preenchimento de formulário eletrônico;

III: apresentação dos documentos de instrução referidos no Decreto nº 5.773, de 2006, em meio eletrônico, ou as declarações correspondentes, sob as penas da lei.

§1º: O pedido de credenciamento deve ser acompanhado do pedido de autorização de pelo menos um curso, nos termos do art. 67 do Decreto nº 5.773, de 2006, e de no máximo 5 (cinco) cursos. (NR)

§2º: O sistema não aceitará alteração nos formulários ou no boleto após o protocolo do processo.

§3º: Os pedidos de credenciamento de centro universitário ou universidade deverão ser instruídos com os atos autorizativos em vigor da instituição proponente e com os demais documentos específicos, não se lhes aplicando o disposto no §1º.

§4º: O credenciamento para EAD, nos termos do art. 80 da Lei nº 9.394, de 1996, obedecerá a procedimento específico, observado o Decreto nº 5.622, de 2005, e as disposições desta Portaria Normativa, cabendo à SEED a apreciação dos requisitos próprios para oferta dessa modalidade de educação.

§5º: O protocolo do pedido não se completará até o pagamento da taxa, observado o art. 14-A, podendo o formulário respectivo ficar aberto pelo prazo máximo de 60 dias, após o quê perderá efeito.

Art. 9º: A instituição ou o curso terá uma identificação perante o MEC, que será a mesma nas diversas etapas de sua existência legal e também nos pedidos de aditamento ao ato autorizativo.

§1º: A instituição integrante do sistema federal de educação superior manterá a identificação nos processos de credenciamento para EAD.

§2º: As instituições dos sistemas estaduais que solicitarem credenciamento para EAD terão identificação própria.

§3º: O descredenciamento ou o cancelamento da autorização, resultantes de pedido da instituição ou de decisão definitiva do MEC, resultará na baixa do código de identificação, após a expedição dos diplomas ou documentos de transferência dos últimos alunos, observado o dever de conservação do acervo escolar. (NR)

Seção I
Da análise documental

Art. 10: Após o protocolo, os documentos serão submetidos a análise.

§1º: A análise dos documentos fiscais e das informações sobre o corpo dirigente e o imóvel, bem como do Estatuto ou Regimento, será realizada pela Secretaria competente. (NR)

§2º: Caso os documentos sejam omissos ou insuficientes à apreciação conclusiva, o órgão poderá determinar ao requerente a realização de diligência, a qual se prestará unicamente a esclarecer ou sanar o aspecto apontado.

§3º: A diligência deverá ser atendida no prazo de 30 (trinta) dias, sob pena de arquivamento do processo.

§4º: O atendimento à diligência restabelece imediatamente o fluxo do processo.

§5º: O não atendimento da diligência, no prazo, ocasiona o arquivamento do processo, nos termos do art. 11, §3º.

§6º: As diligências serão concentradas em uma única oportunidade em cada fase do processo, exceto na fase de avaliação, em que não caberá a realização de diligência, a fim de assegurar objetividade e celeridade processual.

Art. 11: Concluída a análise dos documentos, o processo seguirá ao Diretor de Regulação competente, para apreciar a instrução, no seu conjunto, e determinar a correção das irregularidades sanáveis, se couber, ou o arquivamento do processo, quando a insuficiência de elementos de instrução impedir o seu prosseguimento. (NR)

§1º: Não serão aceitas alterações do pedido após o protocolo.

§2º: Em caso de alteração relevante de qualquer dos elementos de instrução do pedido de ato autorizativo, o requerente deverá solicitar seu arquivamento, nos termos do §3º, e protocolar novo pedido, devidamente alterado.

§3º: O arquivamento do processo, nos termos do *caput* ou do §2º não enseja o efeito do art. 68, §1º, do Decreto nº 5.773, de 2006, e gera, em favor da requerente, crédito do valor da taxa de avaliação recolhida correspondente ao pedido arquivado, a ser restituído na forma do art. 14, §3º.

§4º: Caso o arquivamento venha a ocorrer depois de iniciada a fase de avaliação, em virtude de qualquer das alterações referidas no §2º, não haverá restituição do valor da taxa, observado o art. 14-B. (NR)

Art. 11-A: Nos pedidos de autorização de cursos presenciais, a avaliação *in loco* poderá ser dispensada, por decisão do Diretor de Regulação competente, após análise documental, mediante despacho fundamentado, condicionada ao Conceito Institucional (CI) e Índice Geral de Cursos Avaliados da Instituição (IGC) da instituição mais recentes iguais ou superiores a 3 (três), cumulativamente.

§1º: O disposto no *caput* não se aplica aos pedidos de autorização dos cursos referidos no art. 28, §2º, do Decreto nº 5.773, de 9 de maio de 2006.

§2º: Na hipótese de CI ou IGC inferiores a 3 (três), em vista da análise dos elementos de instrução do processo e da situação da instituição, a autorização de cursos poderá ser indeferida, motivadamente, independentemente de visita de avaliação *in loco*.

§3º: A reduzida proporção, correspondente a menos de 50% (cinquenta por cento), de cursos reconhecidos em relação aos cursos autorizados e solicitados é fundamento suficiente para o arquivamento do processo.

§4º: Na ausência de CI, poderá ser considerado apenas o IGC da instituição.

Art. 11-B: Nos pedidos de autorização de cursos em EAD, a aplicação da regra do art. 11-A é condicionada ao CI e IGC da instituição mais recentes iguais ou superiores a 4 (quatro), cumulativamente.

§1º: Nos pedidos de credenciamento de pólos de apoio presencial poderá ser adotada a visita de avaliação *in loco* por amostragem, após análise documental, mediante despacho fundamentado, condicionada aos indicadores referidos no *caput*, observadas as proporções do art. 55, §2º.

§2º: Na hipótese de CI ou IGC inferiores a 3 (três), em vista da análise dos elementos de instrução do processo e da situação da instituição, os pedidos de credenciamento institucional para a modalidade de EAD, credenciamento de novos polos de apoio presencial e de autorização de cursos nessa modalidade poderão ser indeferidos, motivadamente, independentemente de visita de avaliação *in loco*.

Art. 12: Do despacho de arquivamento caberá recurso ao Secretário competente no prazo de dez dias.

Parágrafo único: A decisão do Secretário referida no *caput* é irrecorrível.

Art. 13: Encerrada a fase de instrução documental, com o despacho do Diretor ou do Secretário, conforme o caso, o processo seguirá ao INEP, para realização da avaliação *in loco*.

Parágrafo único: Na hipótese de múltiplos endereços, a avaliação *in loco* poderá ser feita por amostragem, a juízo da Diretoria de Regulação competente, a quem competirá assinalar os locais a serem visitados pelo INEP.

Seção II
Da avaliação pelo INEP

Subseção I
Da tramitação do processo na fase de avaliação

Art. 13-A: A atividade de avaliação, sob responsabilidade do INEP, para fins de instrução dos processos de autorização e reconhecimento de cursos, bem como credenciamento de instituições, e suas respectivas renovações, terá início a partir do despacho saneador satisfatório ou parcialmente satisfatório da Secretaria competente, nos termos do art. 13, e se concluirá com a inserção do relatório de avaliação, após a apreciação pela Comissão Técnica de Acompanhamento da Avaliação (CTAA), nas hipóteses de impugnação.

Parágrafo único: As decisões sobre os procedimentos de avaliação de responsabilidade do INEP cabem à DAES.

Art. 14: A tramitação do processo no INEP se iniciará com a geração de código de avaliação no sistema e-MEC e abertura e formulário eletrônico de avaliação para preenchimento pela instituição.(NR)

§1°: As Comissões de Avaliação *in loco* de instituições serão compostas por três avaliadores e as de curso, por dois avaliadores, sorteados pelo sistema e-MEC dentre os integrantes do Banco de Avaliadores do Sistema Nacional de Avaliação da Educação Superior-SINAES (Basis), observados os arts. 17-A a 17-H. (NR)

§2°: Caso necessário, o requerente efetuará o pagamento do complemento da taxa de avaliação. (NR)

§3°: O não pagamento do complemento da taxa de avaliação após o vencimento do prazo do boleto enseja o arquivamento do processo, nos termos do art. 11. (NR)

§4°: [Revogado]

Art. 14-A: Deverá ser paga uma taxa de avaliação para cada processo aberto no sistema e-MEC, observado o art. 14-B.

§1°: O valor da taxa básica de avaliação *in loco* é de R$ 6.960,00 (seis mil novecentos e sessenta reais), nos processos de autorização e reconhecimento de cursos, e R$ 10.440,00 (dez mil quatrocentos e quarenta reais), nos processos de credenciamento, e nas respectivas renovações.

§2°: O valor da taxa para credenciamento de pólo de apoio presencial de EAD é de R$ 6.960,00 (seis mil novecentos e sessenta reais) por pólo.

§3°: As receitas obtidas com a taxa de avaliação *in loco* serão aplicadas exclusivamente no custeio das despesas com as Comissões de Avaliação.

Art. 14-B: O arquivamento do processo ou dispensa de avaliação *in loco*, nos termos dos arts. 11, 11-A, 11-B, 35 e 35-A desta Portaria Normativa, poderá gerar em favor do requerente crédito do valor da taxa de avaliação correspondente, caso não tenham sido efetuadas despesas de custeio pelo INEP.

§1º: O crédito gerado na forma do *caput*, após o encerramento do processo, poderá ser reaproveitado no sistema e-MEC em outra avaliação da instituição ou de seus cursos.

§2º: O módulo Taxa de Avaliação do sistema e-MEC registrará o histórico de pagamento dos processos e a situação da instituição, indicando quitação ou pendência e saldo eventualmente existente.

§3º: Havendo crédito, o reaproveitamento deverá ser requerido no sistema, com indicação do número do processo cedente e do beneficiário, esse em fase de protocolo.

§4º: Havendo pendência, ficará suspenso o fluxo processual pelo prazo de 30 (trinta) dias, após o quê, não havendo quitação, o processo será arquivado.

§5º: Realizada avaliação *in loco*, não caberá ressarcimento de valores, independentemente do número de avaliadores designados.

§6º: Nas hipóteses de unificação de mantidas ou transferência de mantença, poderão ser reaproveitados os créditos, considerada a nova situação da instituição.

§7º: Quando não houver interesse em reaproveitar crédito eventualmente existente para outras avaliações dentro do sistema, o ressarcimento do valor poderá ser requerido à DAES, por ofício da instituição firmado por seu representante legal.

Art. 14-C: As avaliações *in loco* durarão, em regra, 2 (dois) dias, para subsidiar atos de autorização, reconhecimento de curso e credenciamento de polo de apoio presencial para EAD, e 3 (três) dias, para atos de credenciamento, excluídos os dias de deslocamento, e idêntico prazo nas respectivas renovações, quando for o caso.

Parágrafo único: A avaliação *in loco* deverá ocorrer no endereço constante do processo eletrônico de solicitação do ato autorizativo, observado o parágrafo único do art. 13.

Art. 15: A Comissão de Avaliadores procederá à avaliação *in loco*, utilizando o instrumento de avaliação previsto art. 7°, V, do Decreto n° 5.773, de 2006, e respectivos formulários de avaliação.

§1°: O requerente deverá preencher os formulários eletrônicos de avaliação, disponibilizados no sistema do INEP.

§2°: O não preenchimento do formulário de avaliação de cursos no prazo de 15 (quinze) dias e de instituições, no prazo de 30 (trinta) dias ensejará o arquivamento do processo, nos termos do art. 11, §2°.

§3°: O INEP informará no e-MEC a data designada para a visita.

§4°: O trabalho da Comissão de Avaliação deverá ser pautado pelo registro fiel e circunstanciado das condições concretas de funcionamento da instituição ou curso, incluídas as eventuais deficiências, em relatório que servirá como referencial básico à decisão das Secretarias competentes ou do CNE, conforme o caso.

§5°: A Comissão de Avaliação, na realização da visita *in loco*, aferirá a exatidão dos dados informados pela instituição, com especial atenção ao Plano de Desenvolvimento Institucional (PDI), quando se tratar de avaliação institucional, ou Projeto Pedagógico de Curso (PPC), quando se tratar de avaliação de curso.

§6°: É vedado à Comissão de Avaliação fazer recomendações ou sugestões às instituições avaliadas, ou oferecer qualquer tipo de aconselhamento que influa no resultado da avaliação, sob pena de nulidade do relatório, além de medidas específicas de exclusão dos avaliadores do banco, a juízo do INEP.

§7°: Do arquivamento do processo por não preenchimento do formulário eletrônico caberá recurso à Secretaria competente, no prazo de 10 (dez) dias, a partir da notificação pelo sistema.

§8º: Sendo o recurso provido, o processo receberá novo código de avaliação, na fase correspondente.

Art. 16: Realizada a visita à instituição, a Comissão de Avaliadores elaborará relatório, atribuindo conceito de avaliação. (NR)

§1º: O relatório será produzido pela Comissão no sistema e-MEC e o INEP notificará a instituição e simultaneamente a Secretaria competente. (NR)

§2º: A instituição e as Secretarias terão prazo comum de 60 dias para impugnar o resultado da avaliação.

§3º: Havendo impugnação, será aberto prazo comum de 20 dias para contra-razões das Secretarias ou da instituição, conforme o caso.

§4º: Após o recebimento do relatório, a DAES atestará o trabalho realizado para fins de encaminhamento do pagamento do Auxílio Avaliação Educacional (AAE) a que faz jus o avaliador, nos termos da Lei 11.507, de 20 de julho de 2007.

Art. 17: Havendo impugnação, o processo será submetido à CTAA, instituída nos termos da Portaria nº 1.027, de 15 de maio de 2006, que apreciará conjuntamente as manifestações da instituição e das Secretarias competentes, e decidirá, motivadamente, por uma dentre as seguintes formas:

I: manutenção do parecer da Comissão de Avaliação;

II: reforma do parecer da Comissão de Avaliação, com alteração do conceito, para mais ou para menos, conforme se acolham os argumentos da instituição ou da Secretaria competente; (NR)

III: anulação do relatório e parecer, com base em falhas na avaliação, determinando a realização de nova visita, na forma do art. 15.

§1º: A CTAA não efetuará diligências nem verificação *in loco*, em nenhuma hipótese.

§2º: A decisão da CTAA é irrecorrível, na esfera administrativa, e encerra a fase da avaliação.

§3º: Somente serão apreciadas pela CTAA as manifestações regularmente inseridas no sistema e-MEC.

Subseção II
Dos avaliadores e instrumentos de avaliação

Art. 17-A: O avaliador é um docente da educação superior, membro da comunidade universitária que, em nome de seus pares e por delegação do MEC, afere a qualidade de instituições e cursos da educação superior.

Parágrafo único: As avaliações *in loco* destinam-se a conhecimento e registro das condições concretas em que se desenvolvem as atividades educacionais, não tendo o avaliador delegação do INEP ou de qualquer órgão do MEC para aconselhar ou orientar a instituição em relação à atividade educacional.

Art. 17-B: Os avaliadores integrarão o Banco de Avaliadores do SINAES (Basis), instituído pela Portaria nº 1.027, de 15 de maio de 2006, cadastro nacional, único e público de avaliadores da educação superior, selecionados e capacitados pelo INEP.

Parágrafo único: A administração do Basis caberá à DAES, que procederá às inclusões e exclusões pertinentes, ouvida a CTAA, nos termos desta Portaria Normativa.

Art. 17-C: São requisitos para candidatar-se ao Basis:

I: ser docente inscrito no Cadastro Nacional de Docentes, instituído pela Portaria nº 327, de 1º de fevereiro de 2005, portador de titulação universitária não inferior a mestre;

II: comprovar exercício da docência, em nível superior, de pelo menos 3 (três) anos, em instituição e curso regulares conforme o Cadastro e-MEC;

III: possuir produção científica nos últimos 3 (três) anos, registrada no currículo Lattes;

IV: ter disponibilidade para participar de pelo menos três avaliações anuais; e

V: não ter pendências junto às autoridades tributárias e previdenciárias.

Art. 17-D: A inscrição de docentes para o Basis será voluntária e se fará em módulo próprio do sistema e-MEC.

§1º: O candidato a avaliador indicará a sua formação em nível de graduação e de pós-graduação *stricto sensu*, nos termos das informações contidas no Cadastro Nacional de Docentes, que se considera apto a avaliar, assinalando, quando a formação ou experiência permitirem, a modalidade a distância ou os cursos superiores de tecnologia.

§2º: A DAES selecionará os candidatos inscritos no sistema, de acordo os perfis de avaliadores necessários ao atendimento da demanda de avaliação de instituições e cursos.

§3º: Os candidatos selecionados serão convocados para capacitação presencial inicial pelo INEP.

§4º: A capacitação será voltada à aplicação dos instrumentos de avaliação, devendo ser atualizada na hipótese de modificações substanciais no conteúdo desses.

§5º: Ao final do processo de capacitação, o candidato, se convocado pelo INEP, firmará o Termo de Compromisso previsto na Portaria nº 156, de 14 de janeiro de 2005, devendo observá-lo enquanto perdurar sua participação no Basis.

§6º: Após a assinatura do Termo de Compromisso, o docente será admitido como avaliador e inserido no Basis, por ato da DAES, homologado pela CTAA e devidamente publicado.

Art. 17-E: O avaliador deve observar conduta ética, especialmente em relação aos seguintes deveres:

I: comparecer à instituição na data designada e cumprir rigorosamente os cronogramas de avaliação, apresentando relatórios claros, objetivos e suficientemente densos;

II: manter sob sua responsabilidade as senhas de acesso aos sistemas de informação do MEC, pessoais e intransferíveis;

III: manter sigilo sobre as informações obtidas em função da avaliação *in loco*, disponibilizando-as exclusivamente ao MEC;

IV: reportar ao INEP quaisquer dificuldades ou embaraços encontrados na avaliação *in loco*;

V: participar, sempre que convocado, de atividades de capacitação no âmbito do SINAES, promovidas pelo INEP;

VI: atuar com urbanidade, probidade, idoneidade, comprometimento, seriedade e responsabilidade.

Art. 17-F: São vedadas ao avaliador as seguintes condutas, cuja prática ensejará a exclusão do Basis:

I: receber valores, presentes ou qualquer forma de ajuda de custo ou apoio da instituição avaliada;

II: fazer recomendações ou qualquer forma de aconselhamento à instituição;

III: promover atividades de consultoria e assessoria educacional, eventos, cursos e palestras, bem como produzir materiais de orientação sobre os procedimentos de avaliação do INEP;

IV: realizar avaliações em situação de impedimento, suspeição ou conflito de interesses.

§1º: Caracterizam impedimento e suspeição as hipóteses previstas nos arts. 18 a 21 da Lei nº 9.784, de 1999, e, subsidiariamente nos arts. 134 a 138 do Código de Processo Civil.

§2º: Caracterizam conflito de interesse as situações definidas na Resolução nº 08, de 25 de setembro de 2003, da Comissão de Ética Pública, sem prejuízo de outras que a complementem.

§3º: A participação do avaliador em qualquer atividade remunerada pela instituição ou curso por ele avaliados, desde um ano antes e até um ano depois da realização da avaliação, implica a nulidade do relatório para todos os fins, além de descumprimento dos deveres éticos, com a conseqüência de exclusão do Basis, nos termos desta Portaria Normativa, sem prejuízo de outras medidas penais e civis previstas na legislação própria.

Art. 17-G: O avaliador será excluído do Basis, por decisão da CTAA, nas seguintes hipóteses:

I: voluntariamente, a pedido do avaliador;

II: em casos de inadequação reiterada dos relatórios às diretrizes de avaliação aplicáveis;

III: para conformidade com as exigências pertinentes à atividade de avaliação, observadas as diretrizes desta Portaria Normativa; ou

IV: pelo descumprimento de deveres, ou do Termo de Compromisso, ou inobservância de vedações referidas no art. 17-F desta Portaria Normativa, assegurados defesa e contraditório.

§1°: Caberá à DAES processar as denúncias ou manifestações circunstanciadas que cheguem ao seu conhecimento a respeito dos integrantes do Basis.

§2°: Na hipótese do inciso II, a CTAA poderá optar pela recapacitação do avaliador, uma única vez.

§3°: A exclusão do avaliador com base no inciso IV perdurará pelo prazo mínimo de 3 (três) anos e impedirá sua participação na Comissão Própria de Avaliação (CPA) de instituição pelo mesmo período.

Art. 17-H: A designação de avaliadores para composição da Comissão de Avaliação será feita por sorteio eletrônico e será orientada pela diretriz da avaliação por pares, assegurando:

I: a aplicação dos seguintes parâmetros de mérito:

a) na avaliação de cursos, os avaliadores devem ter formação correspondente ao curso avaliado, com referência nas Diretrizes Curriculares Nacionais e no Catálogo de Cursos Superiores de Tecnologia, além de critérios usualmente adotados pela comunidade acadêmica;

b) na avaliação de cursos e instituições de EAD, os avaliadores devem ter experiência de pelo menos um ano nessa modalidade de educação;

c) na avaliação de cursos superiores de tecnologia, os avaliadores devem ter pelo menos três anos de experiência acadêmica na área específica do curso a ser avaliado;

d) na avaliação institucional, os avaliadores devem ter experiência em gestão acadêmica de, no mínimo, um ano;

e) na avaliação institucional de universidades, a Comissão de Avaliação deverá ser composta por pelo menos um avaliador oriundo de universidade;

II: a aplicação dos seguintes critérios eliminatórios operacionais aos avaliadores:

a) não possuir qualquer vínculo com a IES a ser avaliada;

b) residir em estado distinto do local de oferta a ser avaliado;

c) não ter pendência com a Receita Federal;

d) ter sido capacitado no instrumento a ser utilizado na avaliação;

e) não participar de mais de uma Comissão de Avaliação simultaneamente;

f) não exceder o número máximo de avaliações anuais fixado pelo INEP;

III: a aplicação de critérios classificatórios entre os avaliadores:

a) avaliadores com maior titulação;

b) avaliadores que possuem menor número de avaliações no ano corrente;

c) avaliadores que residem na mesma região da avaliação, mas em estados diferentes.

Parágrafo único: Nas áreas em que haja carência de docentes para capacitação como avaliadores, será admitida a composição da Comissão de Avaliação por professores com formação afim.

Art. 17-I: O avaliador deverá, a cada designação, firmar Termo de Aceitação da Designação, no qual:

I: confirmará sua disponibilidade para participar da visita no dia e hora fixados;

II: atestará a inexistência de impedimento, suspeição ou qualquer razão que caracterize conflito de interesses;

III: declarará estar ciente da proibição de receber, a qualquer título, benefícios adicionais, pecuniários ou não, providos pelas instituições ou cursos em processo de avaliação.

IV: declarará estar ciente dos deveres éticos e das vedações relacionadas no art. 17-F desta Portaria Normativa.

§1º: Caso não seja firmado o Termo de Aceitação da Designação no prazo de 48h (quarenta e oito horas) da designação, será realizado novo sorteio.

§2º: Caso a avaliação *in loco* venha a ser cancelada após a assinatura do Termo de Aceitação, os motivos deverão ser formalizados, para registro e processamento das medidas operacionais devidas.

Art. 17-J: A atividade da Comissão de Avaliação será orientada pelos indicadores de avaliação referidos no art. 33-B, quando disponíveis, e por instrumentos de avaliação elaborados segundo diretrizes da CONAES.

§1º: Os formulários de avaliação extraídos dos instrumentos conterão espaço para o processamento de dados quantitativos e outro, para a apreciação qualitativa dos avaliadores.

§2º: Os dados quantitativos precisamente exigíveis sempre que possível serão processados eletronicamente pelo sistema, com base nas informações apresentadas pelas instituições.

§3º: As demais informações serão inseridas nos formulários de avaliação pela instituição e verificadas pela Comissão de Avaliação.

§4º: A avaliação qualitativa será elaborada pela Comissão de Avaliação, com base na apreciação dos dados colhidos na avaliação *in loco*.

Art. 17-K: Deverão estar disponíveis para análise pela Comissão de Avaliação previamente à realização da visita, além do formulário eletrônico de avaliação, outros documentos, que permitam considerar a instituição ou curso no conjunto, tais como:

I: relatórios parciais e finais do processo de auto-avaliação da instituição;

II: relatórios de avaliação dos cursos da instituição disponíveis;

III: informações sobre protocolos de compromisso e termos de saneamento de deficiências e seus relatórios de acompanhamento, bem como sobre os planos de melhorias referidos no art. 35-C, I, quando for o caso;

IV: dados de avaliação dos programas de pós-graduação da instituição pela Coordenação de Aperfeiçoamento de Pessoal de Nível Superior (CAPES), quando houver;

V: informações sobre o credenciamento e o último recredenciamento da instituição, considerando especialmente o seu PDI;

VI: indicadores de qualidade da instituição de seus cursos e do desempenho de seus estudantes no ENADE;

VII: os dados do questionário socioeconômico preenchido pelos estudantes, disponíveis no momento da avaliação;

VIII: os dados atualizados do Censo da Educação Superior e do Cadastro e-MEC; e

IX: outros considerados pertinentes pela CONAES.

Parágrafo único: Ao final da avaliação, será facultado à instituição informar sobre a atuação da Comissão de Avaliação, em campo próprio do sistema.

Seção III
Da análise de mérito e decisão

Art. 18. O processo seguirá à apreciação da Secretaria competente, que analisará os elementos da instrução documental, a avaliação do INEP e o mérito do pedido e preparará o parecer do Secretário, pelo deferimento ou indeferimento do pedido, bem como a minuta do ato autorizativo, se for o caso. (NR)

§1º: Caso a Diretoria de Regulação competente considere necessária a complementação de informação ou esclarecimento e ponto específico, poderá baixar o processo em diligência, observado o art. 10, §§2º a 6º, vedada a reabertura da fase de avaliação. (NR)

§2º: Exarado o parecer do Secretário, o processo seguirá ao CNE, na hipótese de pedido de credenciamento, acompanhados dos pedidos de autorização que o instruem, na forma do art. 8°, §1°, devidamente apreciados pelas Secretarias competentes. (NR)

§3º: No caso de pedido de autorização, formalizada a decisão pelo Secretário competente, o ato autorizativo será encaminhado à publicação no Diário Oficial.

§4º: No caso de pedido de autorização relacionado a pedido de credenciamento, após a homologação, pelo Ministro, do parecer favorável ao credenciamento, expedido o ato respectivo, a Secretaria competente encaminhará à publicação a portaria de autorização do curso.

§5º: Indeferido o pedido de credenciamento, o pedido de autorização relacionado será arquivado.

Art. 19: Após a expedição do ato autorizativo a instituição deverá manter, no mínimo, as condições informadas ao MEC e verificadas por ocasião da avaliação *in loco.*

§1º: Qualquer alteração relevante nos pressupostos de expedição do ato autorizativo deve ser processada na forma de pedido de aditamento, observando-se os arts. 55 e seguintes.

§2º: A inobservância do disposto neste artigo caracteriza irregularidade, nos termos do art. 11 do Decreto nº 5.773, de 2006.

Seção IV
Do processo no CNE

Art. 20: Na hipótese de recurso, o processo seguirá seu fluxo, no CNE, com o sorteio eletrônico de Conselheiro relator, necessariamente integrante da Câmara de Educação Superior (CES/CNE), observada a equanimidade de distribuição entre os Conselheiros, no que diz respeito aos processos que tramitam pelo e-MEC, nos termos do Regimento Interno do CNE. (NR)

Art. 21: O relator poderá manifestar-se pelo impedimento ou suspeição, nos termos dos arts. 18 a 21 da Lei nº 9.784, de 1999, ou, subsidiariamente dos arts. 134 a 138 do Código de Processo Civil, ou ainda pela modificação da competência, também por aplicação analógica do Código de Processo Civil, arts. 103 a 106.

§1º: Outras hipóteses de modificação de competência serão decididas pela CES/CNE.

§2º: O impedimento ou a suspeição de qualquer Conselheiro não altera o quorum, para fins do sistema e-MEC.

Art. 22: O relator inserirá minuta de parecer no sistema, com acesso restrito aos membros da Câmara e pessoas autorizadas, podendo solicitar revisão técnica, e submeterá o processo à apreciação da CES/CNE.

Parágrafo único: O sistema informará a data de apreciação do processo pela CES/CNE, conforme calendário das sessões e inclusão em pauta pelo Presidente da Câmara.

Art. 23: A CES/CNE apreciará o parecer do Conselheiro relator e proferirá sua decisão, nos termos do Regimento Interno.

§1º: O processo poderá ser baixado em diligência, para a apresentação de esclarecimentos ou informações relevantes, observado o art. 10, §§4º a 6º, nos termos do Regimento Interno.

§2º: O prazo para atendimento da diligência será de 30 dias.

§3º: Não caberá a realização de diligência para revisão da avaliação.

§4º: Os integrantes da CES/CNE poderão pedir vista do processo, pelo prazo regimental.

Art. 24: Da deliberação caberá recurso ao Conselho Pleno (CP/CNE), nos termos do Regimento Interno do CNE.

§1º: Havendo recurso, o processo será distribuído a novo relator, observado o art. 20, para apreciação quanto à admissibilidade e, se for o caso, quanto ao mérito, submetendo a matéria ao CP/CNE.

§2º: O recurso das decisões denegatórias de autorização, reconhecimento e renovação de reconhecimento de curso será julgado em instância única, pela CES/CNE e sua decisão será irrecorrível, na esfera administrativa.

Art. 25: A deliberação da CES/CNE ou do CP/CNE será encaminhada ao Gabinete do Ministro, para homologação.

§1º: O Gabinete do Ministro poderá solicitar nota técnica à Secretaria competente e parecer jurídico à Consultoria Jurídica, a fim de instruir a homologação.

§2º: O Ministro poderá devolver o processo ao CNE para reexame, motivadamente.

§3º: No caso do parágrafo 2º, a CES/CNE ou o CP/CNE reexaminará a matéria.

§4º: O processo retornará ao Gabinete, a fim de que o Ministro homologue o parecer e, se for o caso, expeça o ato autorizativo, que será encaminhado ao Diário Oficial da União, para publicação.

§5º: Expedido o ato autorizativo ou denegado, motivadamente e de forma definitiva, o pedido, e informada no sistema a data de publicação no DOU, encerra-se o processo na esfera administrativa.

CAPÍTULO IV
DAS DISPOSIÇÕES PECULIARES AOS PROCESSOS DE AUTORIZAÇÃO OU RECONHECIMENTO DE CURSO

Art. 26: Para a solicitação de autorização ou reconhecimento, é indispensável que o curso conste de PDI já submetido à apreciação dos órgãos competentes do MEC, por ocasião do credenciamento ou recredenciamento da instituição, ou por aditamento, nos termos do art. 57,V. (NR)

§1º: [Revogado]

§2º: [Revogado]

Art. 27. O pedido de autorização deverá ser instruído com a relação de docentes comprometidos com a instituição para a oferta de curso, no Cadastro Nacional de Docentes. (NR)

Parágrafo único: O pedido de reconhecimento deverá ser instruído com a relação de docentes efetivamente contratados para oferta do curso, devidamente cadastrados no Cadastro Nacional de Docentes. (NR)

Art. 28: Nos processos de autorização ou reconhecimento de cursos superiores de tecnologia o requerente informará se o pedido tem por base o catálogo instituído pela Portaria nº 10, de 28 de julho de 2006, com base no art. 42 do Decreto nº 5.773, de 2006, ou tem caráter experimental, nos termos do art. 81 da Lei nº 9.394, de 1996.

Parágrafo único: Os cursos experimentais sujeitam-se a consulta prévia à SETEC, que, ao deferir a tramitação do pedido com esse caráter, indicará a área do curso, para efeito de definição do perfil da Comissão de Avaliação pelo INEP. (NR)

Art. 29: Os pedidos de autorização de cursos de Direito, Medicina, Odontologia e os demais referidos no art. 28, §2º do Decreto nº 5.773, de 2006, sujeitam-se a tramitação própria, nos termos desta Portaria Normativa. (NR)

§1º: Nos pedidos de autorização e reconhecimento de curso de graduação em Direito, será aberta vista para manifestação do Conselho Federal da Ordem dos Advogados do Brasil (OAB), pelo prazo de 60 dias, prorrogável por igual período, a requerimento da OAB.

§2º: Nos pedidos de autorização de cursos de graduação em Medicina, Odontologia e os demais referidos no art. 28, §2º do Decreto nº 5.773, de 2006, será aberta vista para manifestação do Conselho Nacional de Saúde (CNS), pelo prazo de 60 dias, prorrogável por igual período, a requerimento do CNS. (NR)

§3º: Nos pedidos de autorização e reconhecimento de curso correspondente a profissão regulamentada, será aberta vista para que o respectivo órgão de regulamentação profissional, de âmbito nacional, querendo, ofereça subsídios à decisão da Secretaria competente, no prazo de 60 dias, nos termos do art. 37 do Decreto nº 5.773, de 2006. (NR)

§4º: Nos pedidos de reconhecimento dos cursos de licenciatura, o Conselho Técnico Científico da Educação Básica, da CAPES, poderá se manifestar, aplicando-se, no que couber, as disposições procedimentais que regem a manifestação dos conselhos de regulamentação profissional.

§5º: O processo no MEC tramitará de forma independente e simultânea à análise pelos entes referidos nos §§1º a 4º, conforme o caso, cuja manifestação subsidiará a apreciação de mérito da Secretaria competente, por ocasião da impugnação ao parecer da Comissão de Avaliação do INEP. (NR)

§6º: Caso a manifestação da OAB ou CNS, referida nos §§1º ou 2º, observado o limite fixado no Decreto nº 5.773, de 2006, extrapole o prazo de impugnação da Secretaria, este último ficará sobrestado até o fim do prazo dos órgãos referidos e por mais dez dias, a fim de que a Secretaria competente possa considerar as informações e elementos por eles referidos.

§7º: Nos pedidos de autorização de curso de Direito sem parecer favorável da OAB ou de Medicina, Odontologia e os demais referidos no art. 28, §2º do Decreto nº 5.773, de 2006, sem parecer favorável do CNS, quando o conceito da avaliação do INEP for satisfatório, a SESu impugnará, de ofício, à CTAA. (NR)

§8º: Os pedidos de autorização de cursos de Medicina deverão ser instruídos com elementos específicos de avaliação, que possam subsidiar a decisão administrativa em relação aos seguintes aspectos:

I: demonstração da relevância social, com base na demanda social e sua relação com a ampliação do acesso à educação superior, observados parâmetros de qualidade;

II: demonstração da integração do curso com a gestão local e regional do Sistema Único de Saúde - SUS;

III: comprovação da disponibilidade de hospital de ensino, próprio ou conveniado por período mínimo de dez anos, com maioria de atendimentos pelo SUS;

IV: indicação da existência de um núcleo docente estruturante, responsável pela formulação do projeto pedagógico do curso, sua implementação e desenvolvimento, composto por professores:

a) com titulação em nível de pós-graduação *stricto sensu*;

b) contratados em regime de trabalho que assegure preferencialmente dedicação plena ao curso; e

c) com experiência docente.

§9º: Os pedidos de autorização de cursos de Direito deverão ser instruídos com elementos específicos de avaliação, que possam subsidiar a decisão administrativa em relação aos seguintes aspectos:

I: a demonstração da relevância social, com base na demanda social e sua relação com a ampliação do acesso à educação superior, observados parâmetros de qualidade;

II: indicação da existência de um núcleo docente estruturante, responsável pela formulação do projeto pedagógico do curso, sua implementação e desenvolvimento, composto por professores:

a) com titulação em nível de pós-graduação *stricto sensu*;

b) contratados em regime de trabalho que assegure preferencialmente dedicação plena ao curso; e

c) com experiência docente na instituição e em outras instituições.

Art. 30: A instituição informará a época estimada para reconhecimento do curso, aplicando a regra do art. 35, *caput*, do

Decreto nº 5.773, de 2006, ao tempo fixado de conclusão do curso.

§1º: A portaria de autorização indicará o prazo máximo para pedido de reconhecimento.

§2º: Até 30 dias após o início do curso, a instituição informará a data da oferta efetiva.

Art. 31: Aplicam-se ao processo de reconhecimento, no que couber, as disposições pertinentes ao processo de autorização de curso, observadas as disposições deste artigo.

§1º: Os cursos oferecidos por instituições autônomas, não sujeitos a autorização, serão informados no Cadastro e-MEC, no prazo de até 30 (trinta) dias da aprovação pelo Conselho Superior competente da instituição, acompanhados do respectivo PPC, na forma do art. 61-C, e receberão código de identificação, que será utilizado no reconhecimento e nas demais funcionalidades do cadastro. (NR)

§2º: Na hipótese de insuficiência de documentos, na fase de instrução documental, a decisão de arquivamento do processo, exaurido o recurso, implicará o reconhecimento do curso apenas para fim de expedição e registro de diploma, vedado o ingresso de novos alunos, ou o indeferimento do pedido de reconhecimento, com a determinação da transferência de alunos.

§3º: A avaliação realizada por ocasião do reconhecimento do curso aferirá a permanência das condições informadas por ocasião da autorização, bem como o atendimento satisfatório aos requisitos de qualidade definidos no instrumento de avaliação apropriado.

§4º: Na hipótese de avaliação insatisfatória, observar-se-á o disposto no §2º deste artigo. (NR)

§5º: À decisão desfavorável do Secretário competente ao pedido de autorização ou reconhecimento se seguirá a abertura do prazo de 30 dias para recurso ao CNE.

§6º: O recurso das decisões denegatórias de autorização ou reconhecimento de curso será julgado, em instância única, pela Câmara de Educação Superior do CNE e sua decisão será irrecorrível, na esfera administrativa, sendo submetida à homologação do Ministro, na forma do art. 25.

§7º: Mantido o entendimento desfavorável pela CES/CNE, com a homologação ministerial, a decisão importará indeferimento do pedido de autorização ou reconhecimento e, neste caso, de transferência dos alunos ou deferimento para efeito de expedição de diplomas, vedado, em qualquer caso, o ingresso de novos alunos.

§8º: Aplicam-se à renovação de reconhecimento, no que couber, as disposições relativas ao reconhecimento.

Art. 32: Após a autorização do curso, a instituição compromete-se a observar, no mínimo, o padrão de qualidade e as condições em que se deu a autorização, as quais serão verificadas por ocasião do reconhecimento e das renovações de reconhecimento.

§1º: A instituição deverá afixar em local visível junto à Secretaria de alunos, as condições de oferta do curso, informando especificamente o seguinte:

I: ato autorizativo expedido pelo MEC, com a data de publicação no Diário Oficial da União;

II: dirigentes da instituição e coordenador de curso efetivamente em exercício;

III: relação dos professores que integram o corpo docente do curso, com a respectiva formação, titulação e regime de trabalho;

IV: matriz curricular do curso;

V: resultados obtidos nas últimas avaliações realizadas pelo MEC, quando houver;

VI: valor corrente dos encargos financeiros a serem assumidos pelos alunos, incluindo mensalidades, taxas de matrícula e respectivos reajustes e todos os ônus incidentes sobre a atividade educacional.

§2º: A instituição manterá em página eletrônica própria, e também na biblioteca, para consulta dos alunos ou interessados, registro oficial devidamente atualizado das informações referidas no §1º, além dos seguintes elementos:

I: projeto pedagógico do curso e componentes curriculares, sua duração, requisitos e critérios de avaliação;

II: conjunto de normas que regem a vida acadêmica, incluídos o Estatuto ou Regimento que instruíram os pedidos de ato autorizativo junto ao MEC;

III: descrição da biblioteca quanto ao seu acervo de livros e periódicos, relacionada à área do curso, política de atualização e informatização, área física disponível e formas de acesso e utilização;

IV: descrição da infra-estrutura física destinada ao curso, incluindo laboratórios, equipamentos instalados, infra-estrutura de informática e redes de informação.

§3º: O edital de abertura do vestibular ou processo seletivo do curso, a ser publicado no mínimo 15 (quinze) dias antes da realização da seleção, deverá conter pelo menos as seguintes informações:

I: denominação de cada curso abrangido pelo processo seletivo; (NR)

II: ato autorizativo de cada curso, informando a data de publicação no Diário Oficial da União, observado o regime da autonomia, quando for o caso;

III: número de vagas autorizadas, por turno de funcionamento, de cada curso, observado o regime da autonomia, quando for o caso; (NR)

IV: número de alunos por turma;

V: local de funcionamento de cada curso;

VI: normas de acesso;

VII: prazo de validade do processo seletivo.

§4º: A expedição do diploma e histórico escolar final considera-se incluída nos serviços educacionais prestados pela instituição, não ensejando a cobrança de qualquer valor, ressalvada a hipótese de apresentação decorativa, com a utilização de papel ou tratamento gráfico especiais, por opção do aluno.

CAPÍTULO V
DO CICLO AVALIATIVO E DAS DISPOSIÇÕES PECULIARES AOS PROCESSOS DE RECREDENCIAMENTO DE INSTITUIÇÕES E RENOVAÇÃO DE RECONHECIMENTO DE CURSOS

Seção I
Da periodicidade do ciclo, dos indicadores de qualidade e conceitos de avaliação

Art. 33: O ciclo avaliativo compreende a realização periódica de avaliação de instituições e cursos superiores, com referência nas avaliações trienais de desempenho de estudantes, as quais subsidiam, respectivamente, os atos de recredenciamento e de renovação de reconhecimento.(NR)

§1°: Os atos de credenciamento de instituições, autorização e reconhecimento de cursos superiores são considerados atos de entrada no sistema e sujeitam-se a avaliação específica, não condicionada pelas normas que regem o ciclo avaliativo, salvo disposição expressa nesse sentido. (NR)

§2°: O retardamento do pedido de recredenciamento ou renovação de reconhecimento caracteriza irregularidade administrativa, nos termos do art. 11 do Decreto n° 5.773, de 2006, sendo vedada a admissão de novos estudantes até o saneamento da irregularidade. (NR)

§3°: As hipóteses de dispensa de avaliação *in loco* referidas nesta Portaria Normativa não excluem a visita para fins de supervisão, quando pertinente. (NR)

Art. 33-A: As avaliações do ciclo avaliativo serão orientadas por indicadores de qualidade e gerarão conceitos de avaliação de instituições e cursos superiores, expedidos periodicamente pelo INEP, em cumprimento à Lei n° 10.861, de 2004, na forma desta Portaria Normativa.

§1°: Os conceitos de avaliação serão expressos numa escala de cinco níveis, em que os níveis iguais ou superiores a 3 (três) indicam qualidade satisfatória.

§2°: Os indicadores de qualidade serão expressos numa escala de cinco níveis, em que os níveis iguais ou superiores a 3 (três) indicam qualidade satisfatória e, no caso de instituições também serão apresentados em escala contínua.

Art. 33-B: São indicadores de qualidade, calculados pelo INEP, com base nos resultados do ENADE e demais insumos constantes das bases de dados do MEC, segundo metodologia própria, aprovada pela CONAES, atendidos os parâmetros da Lei n° 10.861, de 2004:

I: de cursos superiores: o Conceito Preliminar de Curso (CPC), instituído pela Portaria Normativa n° 4, de 05 de agosto de 2008;

II: de instituições de educação superior: o Índice Geral de Cursos Avaliados da Instituição (IGC), instituído pela Portaria Normativa n° 12, de 05 de setembro de 2008;

III: de desempenho de estudantes: o conceito obtido a partir dos resultados do ENADE;

§1°: O CPC será calculado no ano seguinte ao da realização do ENADE de cada área, observado o art. 33-E, com base na avaliação de desempenho de estudantes, corpo docente, infra-estrutura, recursos didático-pedagógicos e demais insumos, conforme orientação técnica aprovada pela CONAES.

§2°: O IGC será calculado anualmente, considerando:

I: a média dos últimos CPCs disponíveis dos cursos avaliados da instituição no ano do cálculo e nos dois anteriores, ponderada pelo número de matrículas em cada um dos cursos computados;

II: a média dos conceitos de avaliação dos programas de pós-graduação *stricto sensu* atribuídos pela CAPES na última avaliação trienal disponível, convertida para escala compatível e ponderada pelo número de matrículas em cada um dos programas de pós-graduação correspondentes;

III: a distribuição dos estudantes entre os diferentes níveis de ensino, graduação ou pós-graduação *stricto sensu*, excluindo as informações do inciso II para as instituições que não oferecerem pós-graduação *stricto sensu*.

§3º: O ENADE será realizado todos os anos, aplicando-se aos estudantes de cada área por triênios, conforme descrito no art. 33-E.

§4º: Nos anos em que o IGC da instituição não incorporar CPC de cursos novos, será informada a referência do último IGC atualizado.

§5º: O IGC será calculado e divulgado na forma desta Portaria Normativa, independentemente do número de cursos avaliados.

§6º: O CPC dos cursos com oferta nas modalidades presencial e a distância será divulgado de maneira unificada, considerando a soma dos estudantes das duas modalidades e seus respectivos resultados.

§7º: Nas hipóteses de unificação de mantidas, transferência de mantença ou outras ocorrências que possam interferir no cálculo do IGC, serão considerados, para efeito de cálculo, os cursos que integrem a instituição até a data de referência, considerada essa como o prazo final de inscrição de alunos no ENADE.

Art. 33-C: São conceitos de avaliação, os resultados após avaliação *in loco* realizada por Comissão de Avaliação do INEP:

I: de curso: o Conceito de Curso (CC), consideradas, em especial, as condições relativas ao perfil do corpo docente, à organização didático-pedagógica e às instalações físicas;

II: de instituição, o Conceito de Instituição (CI), consideradas as dimensões analisadas na avaliação institucional externa.

Parágrafo único: As Comissões de Avaliação utilizarão o CPC e o IGC como referenciais orientadores das avaliações *in loco* de cursos e instituições, juntamente com os instrumentos referidos no art. 17-J e demais elementos do processo.

Seção II
Do ENADE

Art. 33-D: O ENADE aferirá o desempenho dos estudantes em relação aos conteúdos programáticos previstos nas diretrizes curriculares do respectivo curso de graduação, e as habilidades e competências adquiridas em sua formação.

§1º: O ENADE será realizado pelo INEP, sob a orientação da CONAES, e contará com o apoio técnico de Comissões Assessoras de Área.

§2º: O INEP constituirá um banco de itens, elaborados por um corpo de especialistas, conforme orientação das Comissões Assessoras de Área, para composição das provas do ENADE.

Art. 33-E: O ENADE será realizado todos os anos, aplicando-se trienalmente a cada curso, de modo a abranger, com a maior amplitude possível, as formações objeto das Diretrizes Curriculares Nacionais, da legislação de regulamentação do exercício profissional e do Catálogo de Cursos Superiores de Tecnologia.

§1º: O calendário para as áreas observará as seguintes referências:

a) Ano I: saúde, ciências agrárias e áreas afins;

b) Ano II: ciências exatas, licenciaturas e áreas afins;

c) Ano III: ciências sociais aplicadas, ciências humanas e áreas afins.

§2º: O calendário para os eixos tecnológicos observará as seguintes referências:

a) Ano I: Ambiente e Saúde, Produção Alimentícia, Recursos Naturais, Militar e Segurança;

b) Ano II: Controle e Processos Industriais, Informação e Comunicação, Infra-estrutura, Produção Industrial;

c) Ano III: Gestão e Negócios, Apoio Escolar, Hospitalidade e Lazer, Produção Cultural e Design.

§3°: A relação de cursos que compõem o calendário anual de provas do ENADE, com base nas áreas constantes do §1° poderá ser complementada ou alterada, nos termos do art. 6°, V, da Lei n° 10.861, de 2004, por decisão da CONAES, ouvido o INEP, mediante ato homologado pelo Ministro da Educação, considerando como critérios, entre outros, a abrangência da oferta e a quantidade de alunos matriculados.

Art. 33-F: O ENADE será aplicado aos estudantes ingressantes e concluintes de cada curso a ser avaliado, conforme lançados no Cadastro e-MEC, observados os respectivos códigos e os locais de oferta informados.

§1°: O ENADE será composto de uma prova geral de conhecimentos e uma prova específica de cada área, voltada a aferir as competências, habilidades e conteúdos agregados durante a formação.

§2°: Os alunos ingressantes participarão apenas da prova geral, que será elaborada com base na matriz de referência do Exame Nacional do Ensino Médio (ENEM).

§3°: Os alunos ingressantes que tiverem realizado o ENEM, aplicado com metodologia que permita comparação de resultados entre edições do exame, poderão ser dispensados de realizar a prova geral do ENADE, mediante apresentação do resultado válido.

§4°: Os alunos concluintes realizarão a prova geral de conhecimentos e a prova específica da área.

Art. 33-G: O ENADE é componente curricular obrigatório dos cursos superiores, devendo constar do histórico escolar de todo estudante a participação ou dispensa da prova, nos termos desta Portaria Normativa.

§1°: O estudante que tenha participado do ENADE terá registrada no histórico escolar a data de realização da prova.

§2º: O estudante cujo ingresso ou conclusão no curso não coincidir com os anos de aplicação do ENADE respectivo, observado o calendário referido no art. 33-E terá no histórico escolar a menção, "estudante dispensado de realização do ENADE, em razão do calendário trienal".

§3º: O estudante cujo curso não participe do ENADE, em virtude da ausência de Diretrizes Curriculares Nacionais ou motivo análogo, terá no histórico escolar a menção "estudante dispensado de realização do ENADE, em razão da natureza do curso".

§4º: O estudante que não tenha participado do ENADE por motivos de saúde, mobilidade acadêmica ou outros impedimentos relevantes de caráter pessoal, devida e formalmente justificados perante a instituição, terá no histórico escolar a menção "estudante dispensado de realização do ENADE, por razão de ordem pessoal".

§5º: O estudante que não tiver sido inscrito no ENADE por ato de responsabilidade da instituição terá inscrito no histórico escolar a menção "estudante não participante do ENADE, por ato da instituição de ensino."

§6º: A situação do estudante em relação ao ENADE constará do histórico escolar ou atestado específico, a ser fornecido pela instituição na oportunidade da conclusão do curso, de transferência ou quando solicitado.

§7º: A ausência de informação sobre o ENADE no histórico escolar ou a indicação incorreta de dispensa caracteriza irregularidade da instituição, passível de supervisão, observado o disposto no art. 33-H.

§8º: A soma dos estudantes concluintes dispensados de realização do ENADE nas situações referidas nos §§4º e 5º deverá ser informada anualmente ao INEP e caso ultrapasse a proporção de 2% (dois por cento) dos concluintes habilitados por curso, ou o número de 10 (dez) alunos, caracterizará irregularidade, de responsabilidade da instituição.

Art. 33-H: A inscrição dos estudantes habilitados a participar do ENADE é responsabilidade do dirigente da instituição de educação superior.

§1º: Devem ser inscritos na condição de ingressantes todos os estudantes que tenham iniciado o curso com matrícula no ano de realização do ENADE.

§2º: Devem ser inscritos na condição de concluintes todos os estudantes que tenham expectativa de conclusão do curso no ano de realização do ENADE, além daqueles que tenham completado mais de 80% (oitenta por cento) da carga horária do curso.

Art. 33-I: A instituição deverá divulgar amplamente junto ao corpo discente de cada curso a realização do ENADE respectivo, a fim de que o processo de inscrição abranja todos os estudantes habilitados.

§1º: A instituição efetuará as inscrições de seus alunos em sistema eletrônico próprio do INEP, disponível por 10 (dez) dias após o encerramento do período regular de inscrições, para consulta dos estudantes.

§2º: No período previsto no §1º, o estudante que não identificar seu nome na lista de inscritos sem estar incluído nas situações de dispensa referidas no art. 33-G, poderá solicitar à instituição que envie pedido de inscrição ao INEP.

§3º: Após período para verificação e retificação de dados, compreendendo as inclusões referidas no §2º, o INEP divulgará a relação definitiva de inscrições e os locais de prova.

§4º: O sistema eletrônico de inscrição no ENADE será orientado pela interoperabilidade com as bases de dados do Censo da Educação Superior e do ENEM, visando a simplificação do processo de inscrição pelas instituições.

Art. 33-J: O INEP disponibilizará, em meio eletrônico, questionários destinados a conhecimento do perfil dos estudantes inscritos, como subsídio para melhor compreensão dos resultados, conforme diretrizes definidas pela CONAES.

§1º: O preenchimento dos questionários pelos estudantes é obrigatório e deve ser realizado no prazo de 30 (trinta) dias que antecedem a realização do ENADE.

§2º: Os coordenadores de cursos informados no Cadastro e-MEC preencherão questionários próprios, destinados às informações gerais sobre o curso, no prazo de até 15 dias após a realização da prova.

§3º: Os coordenadores de curso poderão consultar relatório gerencial no sistema, acompanhando o número de questionários de estudantes em aberto ou já finalizados para envio ao INEP.

Art. 33-K: O estudante fará o ENADE no município de funcionamento do curso, conforme constar do Cadastro e-MEC.

§1º: O estudante de curso na modalidade de EAD realizará o exame no município do pólo de apoio presencial ao qual esteja vinculado.

§2º: A indicação do município para realização do exame, na hipótese do §1º, é de responsabilidade da instituição.

Art. 33-L: Os resultados do ENADE serão expressos numa escala de cinco níveis e divulgados na forma do art. 34, passando a integrar o conjunto das dimensões avaliadas quando da avaliação dos cursos de graduação e dos processos de auto-avaliação.

Parágrafo único: A informação dos resultados individuais aos estudantes será feita em boletim de acesso reservado, nos termos do §9º do art. 6º da Lei nº 10.861, de 2004.

Art. 33-M: Os estudantes habilitados que não tenham sido inscritos ou não tenham realizado o ENADE fora das hipóteses de dispensa referidas nesta Portaria Normativa estarão em situação irregular, não podendo receber o histórico escolar final.

§1º: Após a realização do ENADE, o estudante inscrito que não tenha participado do ENADE pelos motivos previstos no art. 33-G, §4º, terá 10 (dez) dias para apresentar no sistema a justificativa de ausência.

§2º: O INEP analisará a justificativa e comunicará à instituição o deferimento ou indeferimento da dispensa, para os efeitos do art. 33-G, §4º.

§3º: O estudante que permanecer em situação irregular deverá ser inscritos no ENADE no ano seguinte, nesta condição.

§4º: Quando a responsabilidade pela não inscrição for da instituição, extrapolado o limite previsto no art. 33-G, §8º, a instituição estará sujeita à suspensão do processo seletivo, com fundamento no art. 10, §2º da Lei nº 10.861, de 2004, nos termos do art. 5º, §7º da mesma lei.

§5º: No caso das instituições públicas, os responsáveis pela não inscrição sujeitam-se a processo administrativo disciplinar, nos termos do art. 10, §2º, III, da Lei nº 10.861, de 2004.

§6º: Quando a responsabilidade pela não realização do exame for do estudante, esse deve requerer a regularização de sua situação, mediante a realização da prova geral de conhecimentos no ano seguinte.

§7º: Os estudantes em situação irregular não serão considerados para o cálculo do indicador baseado no ENADE.

Seção III
Da divulgação dos indicadores e conceitos

Art. 34: O procedimento de divulgação dos indicadores de qualidade e conceitos de avaliação às instituições e ao público observará o disposto neste artigo. (NR)

§1º: O CPC e o IGC serão calculados por sistema informatizado do INEP, considerando os insumos coletados nas bases de dados oficiais do INEP e do MEC, associados aos respectivos códigos de cursos e instituições, bem como locais de oferta, quando pertinente, e informados às instituições por meio do sistema eletrônico.

§2º: Na hipótese de questionamento sobre a exatidão dos indicadores, poderá ser requerida a sua retificação, em campo próprio do sistema e-MEC, no prazo de até 10 (dez) dias da ciência.

§3º: Inexistindo pedido de retificação, o INEP publicará os indicadores no Cadastro e-MEC e no Diário Oficial da União.

§4º: Quando houver pedido de retificação, o INEP fará a análise devida, publicando, se for o caso, o indicador retificado, que passará a ser exibido em lugar do original.

§5º: Após a etapa de avaliação *in loco*, o relatório de avaliação bem como os conceitos CC e CI serão disponibilizados para a exibição no Cadastro e-MEC.

§6º: Ocorrendo revisão do conceito, por decisão da CTAA, o CC ou CI revisto deverá ser lançado pela DAES no Cadastro e-MEC, passando a ser exibido.

§7º: Nas hipóteses de dispensa da avaliação *in loco* previstas nesta Portaria Normativa, com base em CPC ou IGC satisfatórios, o Cadastro e-MEC exibirá a menção "dispensado" nos campos correspondentes ao CC ou CI, respectivamente.

Seção IV
Da avaliação de cursos e instituições no ciclo avaliativo como referencial para os processos de renovação de reconhecimento e recredenciamento

Art. 35: [Revogado]

Art. 35: A Em cada ciclo avaliativo, por deliberação da CONAES, homologada pelo Ministro da Educação, poderá ser prorrogada a validade dos atos de recredenciamento de instituição, reconhecimento ou renovação de reconhecimento de curso em vigor, desde que observados os seguintes requisitos, cumulativamente:

I: indicador satisfatório; no caso de cursos, o CPC, e de instituição, os IGCs dos três anos que integram o ciclo;

II: ato autorizativo válido;

III: inexistência de medida de supervisão em vigor.

§1°: A CONAES poderá, ouvido o INEP, definir critérios de seleção de grupos de cursos ou instituições para submeterem-se a renovação do ato autorizativo naquele ciclo, que se acrescerão às hipóteses de renovação obrigatória referidas nos arts. 35-B e 35-C.

§2°: Na hipótese de IGC insatisfatório em qualquer ano do ciclo, fica sem efeito a prorrogação referida no *caput*, devendo ser protocolado pedido de recredenciamento, na forma do art. 35-C.

Art. 35-B: Os cursos sem CPC deverão requerer renovação de reconhecimento, no prazo de até 30 (trinta) dias da publicação dos indicadores das grandes áreas correlatas do ENADE, conforme art. 33-E.

§1°: Os cursos com CPC igual a 3 (três) ou 4 (quatro) poderão requerer avaliação *in loco*, protocolando pedido de renovação de reconhecimento no prazo do *caput*, acompanhado da taxa respectiva, de que resultará atribuição de CC, maior ou menor que o CPC, cabendo impugnação à CTAA, na forma do art. 17.

§2°: Os cursos referidos no §1o que venham a obter CC insatisfatório submetem-se ao disposto nos arts. 36 e 37.

Art. 35-C: Os cursos com CPC insatisfatório e as instituições com IGC insatisfatório em qualquer dos anos do ciclo deverão requerer renovação de reconhecimento ou recredenciamento, respectivamente, no prazo de até 30 (trinta) dias da publicação do indicador, na forma do art. 34, instruído com os seguintes documentos:

I: plano de melhorias acadêmicas, contendo justificativa sobre eventuais deficiências que tenham dado causa ao indicador insatisfatório, bem como medidas capazes de produzir melhora efetiva do curso ou instituição, em prazo não superior a um ano, aprovado pela Comissão Própria de Avaliação (CPA) da instituição, prevista no art. 11 da Lei n° 10.861, de 14 de abril de 2004;

II: comprovante de recolhimento da taxa de avaliação *in loco*, ressalvadas as hipóteses legais de isenção.

§1º: Não recolhida a taxa de avaliação *in loco* ou não preenchido o formulário eletrônico de avaliação no prazo regulamentar, o CC ou CI reproduzirá o valor do CPC ou IGC insatisfatório, respectivamente, adotando-se o procedimento descrito no art. 34, §9º.

§2º: Realizada avaliação *in loco*, será expedido o CC ou CI, informado à instituição por meio do sistema eletrônico, com a possibilidade de impugnação, na forma do art. 16.

Art. 36: Na hipótese de CC ou CI insatisfatório, exaurido o recurso cabível, em até 30 (trinta) dias da notificação deverá ser apresentado à Secretaria competente protocolo de compromisso, aprovado pela CPA da instituição, cuja execução deverá ter início imediatamente.(NR)

§1º:A Secretaria competente poderá se manifestar sobre o protocolo de compromisso e validar seu prazo e condições ou determinar alterações, considerando o relatório da Comissão de Avaliação ou outros elementos de instrução relevantes. (NR)

§2º: Não havendo manifestação da Secretaria, presumem-se aceitas as condições fixadas no protocolo de compromisso, cujo resultado será verificado na reavaliação *in loco* prevista no art. 37. (NR)

§3º:A celebração do protocolo de compromisso suspende o processo de recredenciamento ou de renovação de reconhecimento em tramitação. (NR)

§4º: Na vigência de protocolo de compromisso poderá ser suspensa, cautelarmente, a admissão de novos alunos, dependendo da gravidade das deficiências, nos termos do no art. 61, §2º, do Decreto nº 5.773, de 2006, a fim de evitar prejuízo aos alunos.

§5º: [Revogado]

§6º: Na hipótese da medida cautelar, caberá recurso, sem efeito suspensivo, à CES/CNE, em instância única e irrecorrível, no prazo de 30 dias.

§7º: O recurso será recebido pela Secretaria competente, que, em vista das razões apresentadas, poderá reconsiderar a decisão, no todo ou em parte.

Art. 37: Ao final do prazo do protocolo de compromisso, deverá ser requerida reavaliação, acompanhada de relatório de cumprimento do protocolo de compromisso até o momento, ainda que parcial, aprovado pela CPA da instituição e do recolhimento da taxa respectiva. (NR)

§1º: A reavaliação adotará o mesmo instrumento aplicável às avaliações do curso ou instituição e atribuirá CC ou CI reavaliados, destacando os pontos constantes no protocolo de compromisso e na avaliação precedente, sem se limitar a eles, considerando a atividade educacional globalmente.

§2º: Não requerida reavaliação, ao final do prazo do protocolo de compromisso, considerar-se-á mantido o conceito insatisfatório, retomando-se o andamento do processo, na forma do art. 38. (NR)

Art. 38: A manutenção do conceito insatisfatório, exaurido o recurso cabível, enseja a instauração de processo administrativo para aplicação das penalidades previstas no art. 10, §2º, da Lei nº 10.861, de 2004.

Art. 39: A instituição será notificada da instauração do processo e terá prazo de 10 dias para apresentação da defesa.

Art. 40: Recebida a defesa, a Secretaria competente apreciará os elementos do processo e elaborará parecer, encaminhando o processo à Câmara de Educação Superior do CNE, nos termos do art. 10, §3º da Lei nº 10.861, de 2004, com a recomendação de aplicação de penalidade, ou de arquivamento do processo administrativo, se considerada satisfatória a defesa.

§1º: No caso de recredenciamento, diante de conceito insatisfatório ou deficiências que persistam, a Secretaria competente emitirá parecer pelo descredenciamento da instituição, encaminhando o processo à decisão da CES/CNE.

§2º: Em se tratando de limitações de menor gravidade, no caso de centro universitário, a Secretaria poderá opinar pelo credenciamento como faculdade, e no caso de universidade, como centro universitário ou faculdade.

§3º: A CES/CNE decidirá sobre o processo de recredenciamento, não cabendo a concessão de novo prazo, assinatura de novo protocolo de compromisso ou termo de saneamento de deficiências.

Art. 41: Recebido o processo na CES/CNE, será sorteado relator dentre os membros da CES/CNE e observado o rito dos arts. 20 e seguintes.

Parágrafo único: Não caberá a realização de diligência para revisão da avaliação.

Art. 42: A decisão de aplicação de penalidade ensejará a expedição de Portaria específica pelo Ministro.

Art. 43: A obtenção de conceito satisfatório, após a reavaliação *in loco*, provocará o restabelecimento do fluxo processual sobrestado, na forma do art. 36.

CAPÍTULO VI
DAS DISPOSIÇÕES PECULIARES AOS PROCESSOS DE CREDENCIAMENTO, AUTORIZAÇÃO E RECONHECIMENTO PARA OFERTA DE EDUCAÇÃO A DISTÂNCIA

Seção I
Disposições gerais

Art. 44: O credenciamento de instituições para oferta de educação na modalidade a distância deverá ser requerido por instituições de educação superior já credenciadas no sistema federal ou nos sistemas estaduais e do Distrito Federal, conforme art. 80 da Lei nº 9.394 de 20 de dezembro de 1996 e art. 9º do Decreto nº 5.622, de 19 de dezembro de 2005.

§1º: O pedido de credenciamento para EAD observará, no que couber, as disposições processuais que regem o pedido de credenciamento.

§2º: O pedido de credenciamento para EAD tramitará em conjunto com o pedido de autorização de pelo menos um curso superior na modalidade a distância, nos termos do art. 67 do Decreto nº 5.773, de 2006.

§3º: O recredenciamento para EAD tramitará em conjunto com o pedido de recredenciamento de instituições de educação superior.

§4º: O credenciamento de instituições para oferta de cursos e programas de mestrado e doutorado na modalidade a distância sujeita-se à competência normativa da CAPES e à expedição de ato autorizativo específico.

Art. 45: O ato de credenciamento para EAD considerará como abrangência geográfica para atuação da instituição de ensino superior na modalidade de educação a distância, para fim de realização das atividades presenciais obrigatórias, a sede da instituição acrescida dos pólos de apoio presencial.

§1º: Pólo de apoio presencial é a unidade operacional para o desenvolvimento descentralizado de atividades pedagógicas e administrativas relativas aos cursos e programas ofertados a distância, conforme dispõe o art. 12, X, c, do Decreto nº 5.622, de 2005.

§2º: As atividades presenciais obrigatórias, compreendendo avaliação, estágios, defesa de trabalhos ou prática em laboratório, conforme o art. 1º, §1º, do Decreto nº 5.622, de 2005, serão realizados na sede da instituição ou nos pólos de apoio presencial credenciados.

§3º: Caso a sede da instituição venha a ser utilizada para a realização da parte presencial dos cursos a distância, deverá submeter-se a avaliação *in loco*, observados os referenciais de qualidade exigíveis dos pólos.

§4º: As atividades presenciais obrigatórias dos cursos de pós-graduação *lato sensu* a distância poderão ser realizadas em locais distintos da sede ou dos pólos credenciados.

Seção II
Do processo de credenciamento para educação a distância

Art. 46: O pedido de credenciamento para EAD será instruído de forma a comprovar a existência de estrutura física e tecnológica e recursos humanos adequados e suficientes à oferta da educação superior a distância, conforme os requisitos fixados pelo Decreto nº 5.622, de 2005 e os referenciais de qualidade próprios, com os seguintes documentos:

I: ato autorizativo de credenciamento para educação superior presencial;

II: comprovante eletrônico de pagamento da taxa de avaliação, gerado pelo sistema, considerando a sede e os pólos de apoio presencial, exceto para instituições de educação superior públicas;

III: formulário eletrônico de PDI, no qual deverão ser informados os pólos de apoio presencial, acompanhados dos elementos necessários à comprovação da existência de estrutura física, tecnológica e de recursos humanos adequados e suficientes à oferta de cursos na modalidade a distância, conforme os requisitos fixados pelo Decreto nº 5.622, de 2005, e os referenciais de qualidade próprios.

§1º: As instituições integrantes do sistema federal de educação já credenciadas ou recredenciadas no e-MEC poderão ser dispensadas de apresentação do documento referido no inciso I.

§2º: O pedido de credenciamento para EAD deve ser acompanhado do pedido de autorização de pelo menos um curso superior na modalidade.

§3º: O cálculo da taxa de avaliação deverá considerar as comissões necessárias para a verificação *in loco* de cada pólo presencial requerido.

Seção III
Do credenciamento especial para oferta de pós-graduação *lato sensu* a distância

Art. 47: As instituições de pesquisa científica e tecnológica credenciadas para a oferta de cursos de pós-graduação *lato sensu* poderão requerer credenciamento específico para EAD, observadas as disposições desta Portaria, além das normas que regem os cursos de especialização.

Art. 48: O credenciamento para EAD que tenha por base curso de pós-graduação *lato sensu* ficará limitado a esse nível.

Parágrafo único: A ampliação da abrangência acadêmica do ato autorizativo referido no *caput*, para atuação da instituição na modalidade EAD em nível de graduação, dependerá de pedido de aditamento, instruído com pedido de autorização de pelo menos um curso de graduação na modalidade a distância.

Seção IV
Do credenciamento de instituições de educação superior integrantes dos sistemas estaduais para oferta de educação a distância

Art. 49: Os pedidos de credenciamento para EAD de instituições que integram os sistemas estaduais e do Distrito Federal de educação superior serão instruídos com a comprovação do ato de credenciamento pelo sistema competente, além dos documentos e informações previstos no art. 46. (NR)

Art. 50: A oferta de curso na modalidade a distância por instituições integrantes dos sistemas estaduais e do Distrito Federal sujeita-se a credenciamento prévio da instituição pelo MEC, que se processará na forma desta Portaria, acompanhado do pedido de autorização de pelo menos um curso perante o sistema federal, cujos elementos subsidiarão a decisão do MEC sobre o pedido de credenciamento.(NR)

§1º: O curso de instituição integrante do sistema estadual que acompanhar o pedido de credenciamento em EAD receberá parecer opinativo do MEC sobre autorização, o qual poderá subsidiar a decisão das instâncias competentes do sistema estadual. (NR)

§2º: A supervisão da instituição credenciada na forma do *caput* caberá à autoridade competente do sistema federal.

Art. 51: Os pedidos de autorização, reconhecimento e renovação de reconhecimento de cursos superiores na modalidade a distância de instituições integrantes dos sistemas estaduais e do Distrito Federal, nos termos do art. 17, I e II, da Lei nº 9.394, de 1996, devem tramitar perante os órgãos estaduais e do Distrito Federal competentes, aos quais caberá a respectiva supervisão. (NR)

Parágrafo único: Os cursos referidos no *caput* cuja parte presencial for executada fora da sede, em pólos de apoio presencial, devem requerer o credenciamento prévio do pólo, com a demonstração de suficiência da estrutura física e tecnológica e de recursos humanos para a oferta do curso, pelo sistema federal.

Art. 52: Os cursos das instituições integrantes dos sistemas estaduais e do Distrito Federal cujas atividades presenciais obrigatórias forem realizadas em pólos localizados fora da unidade da federação sujeitam-se a autorização, reconhecimento e renovação de reconhecimento e supervisão pelas autoridades do sistema federal, sem prejuízo dos atos autorizativos de competência das autoridades do sistema estadual. (NR)

Seção V
Da autorização e reconhecimento de cursos de educação a distância

Art. 53: A oferta de cursos superiores na modalidade a distância, por instituições devidamente credenciadas para a modalidade, sujeita-se a pedido de autorização, reconhecimento e renovação de reconhecimento, dispensada a autorização para instituições que gozem de autonomia, exceto para os cursos referidos no art. 28, §2º, do Decreto nº 5.773, de 2006, na forma da legislação. (NR)

§1º: Os pedidos de autorização, reconhecimento e renovação de reconhecimento de cursos superiores na modalidade a distância de instituições integrantes do sistema federal devem tramitar perante os órgãos próprios do MEC.

§2º: A existência de cursos superiores reconhecidos na modalidade presencial, ainda que análogos aos cursos superiores a distância ofertados pela IES, não exclui a necessidade de processos distintos de reconhecimento de cada um desses cursos pelos sistemas de ensino competentes.

§3º: Os cursos na modalidade a distância devem ser considerados de maneira independente dos cursos presenciais para fins dos processos de regulação, avaliação e supervisão.

§4º: Os cursos na modalidade a distância ofertados pelas instituições dos sistemas federal e estaduais devem estar previstos no Plano de Desenvolvimento Institucional apresentado pela instituição por ocasião do credenciamento.

Art. 54: O pedido de autorização de curso na modalidade a distância deverá cumprir os requisitos pertinentes aos demais cursos superiores, informando projeto pedagógico, professores comprometidos, tutores de EAD e outros dados relevantes para o ato autorizativo, em formulário eletrônico do sistema e-MEC.

Parágrafo único: No processo de reconhecimento de cursos na modalidade a distância realizados em diversos pólos de apoio presencial, as avaliações *in loco* poderão ocorrer por amostragem, observado o procedimento do art. 55, §2º.

Seção VI
Da oferta de cursos na modalidade a distância em regime de parceria

Art. 55: A oferta de curso na modalidade a distância em regime de parceria, utilizando pólo de apoio presencial credenciado de outra instituição é facultada, respeitado o limite da capacidade de atendimento de estudantes no pólo.

§1º Os pedidos de autorização, reconhecimento e renovação de reconhecimento de cursos na modalidade a distância em regime de parceria deverão informar essa condição, acompanhada dos documentos comprobatórios das condições respectivas e demais dados relevantes.

§2º Deverá ser realizada avaliação *in loco* aos pólos da instituição ofertante e da instituição parceira, por amostragem, da seguinte forma:

I: até 5 (cinco) pólos, a avaliação *in loco* será realizada em 1 (um) pólo, à escolha da SEED;

II: de 5 (cinco) a 20 (vinte) pólos, a avaliação *in loco* será realizada em 2 (dois) pólos, um deles à escolha da SEED e o segundo, definido por sorteio;

III: mais de 20 (vinte) pólos, a avaliação *in loco* será realizada em 10% (dez por cento) dos pólos, um deles à escolha da SEED e os demais, definidos por sorteio.

§3º: A sede de qualquer das instituições deverá ser computada, caso venha a ser utilizada como pólo de apoio presencial, observado o art. 45, §3º.

CAPÍTULO VII
DOS PEDIDOS DE ADITAMENTO AO ATO AUTORIZATIVO

Seção I

Disposições gerais

Art. 56: O aditamento se processará como incidente dentro de uma etapa da existência legal da instituição ou curso.

§1°: Qualquer ampliação da abrangência original do ato autorizativo, resguardada a autonomia universitária, condiciona-se à comprovação da qualidade da prestação educacional oferecida pela instituição em relação às atividades já autorizadas.

§2°: As alterações relevantes dos pressupostos que serviram de base à expedição do ato autorizativo, aptas a produzir impactos significativos sobre os estudantes e a comunidade acadêmica, dependerão de aditamento, na forma dos arts. 57 e 61.

§3°: As alterações de menor relevância dispensam pedido de aditamento, devendo ser informadas imediatamente ao público, de modo a preservar os interesses dos estudantes e da comunidade universitária, e apresentadas ao MEC, na forma de atualização, posteriormente integrando o conjunto de informações da instituição ou curso a serem apresentadas por ocasião da renovação do ato autorizativo em vigor. (NR)

§4°: Os pedidos voluntários de descredenciamento de instituição ou desativação do curso se processarão como aditamentos e resultarão na baixa do código da instituição ou curso. (NR)

§5°: O pedido de aditamento será decidido pela autoridade que tiver expedido o ato cujo aditamento se requer, observados os procedimentos pertinentes ao processo originário, com as alterações deste Capítulo.

§6º: Após análise documental, realização de diligências e avaliação *in loco*, quando couber, será reexpedida a Portaria de ato autorizativo com a alteração dos dados objeto do aditamento.

§7º: [Revogado]

Seção II
Das atualizações

Art. 56-A: As alterações de menor relevância deverão ser processadas mediante simples atualização, a qualquer tempo, dispensando pedido de aditamento, e serão apreciadas com o conjunto das informações pertinentes ao curso ou instituição, por ocasião da renovação do ato autorizativo em vigor.

§1º: Poderão ser processadas como atualizações, entre outras, as seguintes situações:

I: remanejamento de vagas já autorizadas entre turnos de um mesmo curso presencial ou a criação de turno, nas mesmas condições;

II: aumento de vagas em cursos oferecidos por instituições com autonomia, com IGC e CI satisfatórios, comprovando-se aprovação pelo órgão competente da instituição em campo próprio do sistema;

III: alteração da situação do curso de "em funcionamento" para "em extinção" ou "extinto";

IV: inserção de novos endereços de instituições com autonomia dentro do mesmo município, com exceção da criação de novos pólos de apoio presencial, sujeita a credenciamento, nos termos do art. 57, III.

§2º: A alteração da situação do curso de "em extinção" para "extinto" só poderá ocorrer no caso de cursos reconhecidos.

Seção III
Dos aditamentos ao ato de credenciamento

Art. 57: Devem tramitar como aditamento ao ato de credenciamento ou recredenciamento os seguintes pedidos:

I: transferência de mantença;

II: criação de campus fora de sede;

III: alteração da abrangência geográfica, com credenciamento ou descredenciamento voluntário de pólo de EAD;

IV: unificação de mantidas ou alteração de denominação de mantida;

V: alteração relevante de PDI;

VI: alteração relevante de Estatuto ou Regimento;

VII: descredenciamento voluntário de instituição, acompanhado da extinção de todos os seus cursos; (NR)

VIII: alteração de categoria administrativa.

§1º: As hipóteses dos incisos I, IV, V, VI, VII e VIII serão processadas mediante análise documental, ressalvada a necessidade de avaliação *in loco* apontada pela Secretaria competente após a apreciação dos documentos. (NR)

§2º: As hipóteses dos incisos II e III dependem de avaliação *in loco* e pagamento da taxa respectiva.

§3º: O aditamento ao ato de credenciamento para credenciamento de pólo de EAD observará as disposições gerais que regem a oferta de educação a distância.

§4º: O pedido de aditamento, após análise documental, realização das diligências pertinentes e avaliação *in loco*, quando couber, será apreciado pela Secretaria competente, que elaborará parecer e minuta da Portaria de ato autorizativo com a alteração dos dados objeto do aditamento, encaminhando o processo ao CNE, para deliberação.

§5º: A alteração do PDI para inclusão de cursos bem como as hipóteses arroladas nos incisos do *caput* são sempre relevantes. A relevância das demais alterações no PDI, Estatuto ou Regimento ficará a critério da instituição, que optará, com base nesse entendimento, por submeter a alteração ao MEC na forma de aditamento ou no momento da renovação do ato autorizativo em vigor.

§6º: O descredenciamento voluntário de instituição somente poderá ocorrer após a emissão de todos os diplomas e certificados, bem como da organização do acervo acadêmico.

Art. 58: O pedido de transferência de mantença será instruído com os elementos referidos no art. 15, I, do Decreto nº 5.773, de 2006, do adquirente da mantença, acrescido do instrumento de aquisição, transferência de quotas, alteração do controle societário ou do negócio jurídico que altera o poder decisório sobre a mantenedora.

§1º: No curso da análise documental, a SESu ou SETEC poderá baixar o processo em diligência, solicitando documentos complementares que se façam necessários para comprovar a condição de continuidade da prestação do serviço educacional pelo adquirente. (NR)

§2º: As alterações do controle societário da mantenedora serão processadas na forma deste artigo, aplicando-se, no que couber, as suas disposições.

Art. 59: O pedido de credenciamento de campus fora de sede será instruído com os seguintes documentos:

I: alteração do PDI, relativa à ampliação da área de abrangência, com indicação dos cursos previstos para o novo campus;

II: pedido de autorização de pelo menos um curso no novo campus;

III: comprovante de recolhimento da taxa de avaliação, na forma do art. 8º, I.

§1º: A oferta de curso fora de sede em unidade credenciada sem regime de autonomia depende de autorização específica.

§2º: O reconhecimento de curso não autorizado oferecido em campus fora de sede condiciona-se à demonstração da regularidade do regime de autonomia, nos termos do art. 72 do Decreto nº 5.773, de 2006.

§3º: O curso oferecido por centro universitário em unidade fora de sede credenciada ou autorizada antes da edição do Decreto nº 3.860, de 2001, depende de autorização específica, em cada caso.

Art. 60: A instituição poderá requerer a ampliação da abrangência de atuação, por meio do aumento do número de pólos de apoio presencial, na forma de aditamento ao ato de credenciamento para EAD.

§1º: O pedido de aditamento será instruído com documentos que comprovem a existência de estrutura física e recursos humanos necessários e adequados ao funcionamento dos pólos, observados os referenciais de qualidade, além do comprovante de recolhimento da taxa de avaliação *in loco*.

§2º: No caso do pedido de aditamento ao ato de credenciamento para EAD visando o funcionamento de pólo de apoio presencial no exterior, o recolhimento da taxa será complementado pela instituição com a diferença do custo de viagem e diárias dos avaliadores no exterior, conforme cálculo do INEP.

§3º O pedido de ampliação da abrangência de atuação, nos termos deste artigo, somente poderá ser efetuado após o reconhecimento do primeiro curso a distância da instituição.

§4º: A disposição do parágrafo 3º não se aplica às instituições vinculadas à Universidade Aberta do Brasil, nos termos do Decreto nº 5.800, de 08 de junho de 2006.

Seção IV
Dos aditamentos ao ato de autorização, reconhecimento ou renovação de reconhecimento

Art. 61. Devem tramitar como aditamento ao ato de autorização, reconhecimento ou renovação de reconhecimento os seguintes pedidos:

I: aumento de vagas ou criação de turno, observados os §§3º e 4º;

II: alteração da denominação de curso;

III: mudança do local de oferta do curso;

IV: [revogado];

V: ampliação da oferta de cursos a distância, em pólos credenciados;

VI: desativação voluntária do curso.

§1º: As hipóteses dos incisos I, II, IV, V e VI serão processadas mediante análise documental, ressalvada a necessidade de avaliação *in loco* apontada pela Secretaria competente após a apreciação dos documentos.

§2º: A hipótese do inciso III depende de avaliação *in loco* pelo INEP, na forma desta Portaria, e pagamento da taxa respectiva,

ressalvada a alteração para endereço que já possua ato autorizativo expedido, constante do Cadastro e-MEC, a ser verificada em análise documental. (NR)

§3º: O aumento de vagas em cursos oferecidos por instituições autônomas, devidamente aprovado pelo órgão competente da instituição, compatível com a capacidade institucional e as exigências do meio, nos termos do art. 53, IV, da Lei nº 9.394, de 1996, não depende de aditamento, devendo ser informado como atualização, na forma do art. 56-A. (NR)

§4º: O remanejamento de vagas já autorizadas entre turnos de um mesmo curso presencial ou a criação de turno, nas mesmas condições, dispensa aditamento do ato autorizativo, devendo ser processado na forma do art. 56, §3º.

§5º: O aditamento para mudança de endereço de oferta de curso poderá ser deferido mediante análise documental, independentemente de avaliação *in loco*, conforme §2º, a juízo da Secretaria competente, na hipótese de endereços associados ao mesmo agrupador, entendido como endereço principal de um campus ou unidade educacional, registrado no Cadastro e-MEC.

CAPÍTULO VIII
DO CADASTRO E-MEC

Seção I
Do cadastro e-MEC de instituições e cursos de educação superior

Art. 61-A: Fica instituído o Cadastro e-MEC, cadastro eletrônico de consulta pública pela internet, base de dados oficial e única de informações relativas às instituições e cursos de educação superior, mantido pelo MEC.

§1°: Os dados que integram o Cadastro e-MEC são públicos, com as ressalvas previstas na legislação.

§2°: O Cadastro e-MEC atribuirá para cada instituição, curso e local de oferta de educação superior código próprio, a ser utilizado nos demais sistemas eletrônicos do MEC.

§3°: Em relação aos cursos, deverá ser feito um registro correspondente a cada projeto pedagógico que conduza a diploma a ser expedido pela instituição, independentemente do compartilhamento de disciplinas, percursos formativos ou formas de acesso entre eles.

§4°: O Cadastro e-MEC deve ser estruturado para garantir a interoperabilidade com os demais sistemas do MEC, em especial os seguintes programas e sistemas: PROUNI, FIES, SISU, ENADE, Censo da Educação Superior e PingIfes, UAB, SisCEBAS, além do sistema e-MEC, de tramitação de processos de regulação, avaliação e supervisão.

§5°: As informações do Cadastro e-MEC constituirão a base de dados de referência a ser utilizada pelos órgãos do MEC e autarquias vinculadas sobre instituições e cursos de educação superior, com precedência sobre quaisquer outras bases, evitando-se duplicação de coleta quando não expressamente justificada.

§6°: A inserção de informações pelas instituições e pelos órgãos e instâncias do MEC deverá considerar as referências conceituais contidas no Manual de Conceitos de Referência para as Bases de Dados sobre Educação Superior que integra esta Portaria Normativa como Anexo I.

§7°: Os arquivos e registros digitais do Cadastro e-MEC serão válidos para todos os efeitos legais e permanecerão à disposição das auditorias internas e externas do MEC, em que se manterá histórico de atualizações e alterações.

Art. 61-B: Os dados do Cadastro e-MEC devem guardar conformidade com os atos autorizativos das instituições e cursos de educação superior, editados com base nos processos regulatórios competentes.

§1°: A alteração dos dados constantes do Cadastro e-MEC depende de aditamento ou atualização, na forma das normas que regem o processo regulatório.

§2°: O Cadastro e-MEC poderá agregar outras informações de interesse público sobre as instituições e cursos de educação superior, tais como as relativas à avaliação, a juízo dos órgãos responsáveis.

Art. 61-C: Será mantido no cadastro e-MEC, junto ao registro da instituição ou curso, campo para inserção de versão atualizada do PDI ou PPC, para simples informação, sem vínculo com processo regulatório.

Art. 61-D: Será mantido no cadastro e-MEC, junto ao registro da instituição, campo para inserção de relatório de autoavaliação, validado pela CPA, a ser apresentado até o final de março de cada ano, em versão parcial ou integral, conforme se trate de ano intermediário ou final do ciclo avaliativo.

Art. 61-E: A instituição deverá indicar um Procurador Educacional Institucional (PI), que será o responsável pelas respectivas informações no Cadastro e-MEC e nos processos regulatórios correspondentes, bem como pelos elementos de avaliação, incluídas as informações necessárias à realização do ENADE.

§1º: O PI deverá, preferencialmente, estar ligado à Reitoria ou à Pró-Reitoria de Graduação da instituição ou órgãos equivalentes, a fim de que a comunicação com os órgãos do MEC considere as políticas, procedimentos e dados da instituição no seu conjunto.

§2º: O PI deverá ser investido de poderes para prestar informações em nome da instituição, por ato de seu representante legal ao identificá-lo no sistema e-MEC, articulando-se, na instituição, com os responsáveis pelos demais sistemas de informações do MEC.

§3º: O PI poderá indicar Auxiliares Institucionais (AIs) para compartilhar tarefas de inserção de dados, sob responsabilidade do PI.

§4º: As informações prestadas pelo PI e pelos AIs presumem-se válidas, para todos os efeitos legais.

Art. 61-F: No âmbito do MEC, a responsabilidade pela orientação e gestão do Cadastro e-MEC caberá à SESu, por sua Diretoria de Regulação, que procederá a inserção de informações das instituições e cursos de educação superior.

§1º: As informações relativas às instituições credenciadas para oferta de educação superior tecnológica e aos cursos superiores

de tecnologia serão inseridas pela Diretoria de Regulação da SETEC.

§2º: As informações relativas às instituições credenciadas para oferta de educação superior a distância e cursos superiores nessa modalidade serão inseridas pela Diretoria de Regulação da SEED.

§3º: As informações relativas aos processos de avaliação e seus resultados caberá a DAES do INEP.

Seção II
Das bases de dados sobre estudantes e docentes da educação superior

Art. 61-G: O Cadastro Nacional de Docentes, base de dados oficial sobre os docentes vinculados a instituição de ensino superior regular, terá precedência sobre outros repositórios de informações sobre professores da educação superior no âmbito do MEC e autarquias vinculadas.

§1º: As instituições serão responsáveis pela atualização periódica e validação dos dados, quando solicitadas pelos órgãos do MEC ou autarquias vinculadas.

§2º: Poderão ser inseridos no Cadastro Nacional de Docentes os professores vinculados a programas de pós-graduação *stricto sensu* recomendados pela CAPES, para fins de inscrição no Basis.

Art. 61-H: As informações coletadas pelo Censo da Educação Superior, a cargo do Instituto Nacional de Estudos e Pesquisas Educacionais Anísio Teixeira (INEP) constituirão a base de dados de referência a ser utilizada pelos órgãos do MEC e autarquias vinculadas sobre estudantes da educação superior, com precedência sobre quaisquer outras, evitando-se duplicação de coleta quando não expressamente justificada.

Parágrafo único: A coleta de dados relativos a docentes e estudantes da educação superior no período de referência será feita por indivíduo, identificado pelo número de registro no Cadastro de Pessoas Físicas (CPF), a fim de evitar duplicidades.

CAPÍTULO IX
DO REGIME DE COOPERAÇÃO DOS SISTEMAS ESTADUAIS COM O SISTEMA NACIONAL DE AVALIAÇÃO DA EDUCAÇÃO SUPERIOR

Art. 61-I: A cooperação com os sistemas de ensino superior dos Estados e do Distrito Federal, para os processos de avaliação de instituições e cursos, no âmbito do Sistema Nacional de Avaliação da Educação Superior (SINAES), com base no art. 1°, §2° da Lei n° 10.861, de 2004, será realizada nos termos desta Portaria Normativa.

Art. 61-J: A cooperação será formalizada mediante acordo firmado entre o Conselho Estadual de Educação (CEEs) ou instância correspondente do sistema estadual ou do Distrito Federal e o Instituto Nacional de Estudos e Pesquisas Educacionais Anísio Teixeira (INEP), com a interveniência da Comissão Nacional de Avaliação da Educação Superior (CONAES).

Parágrafo único: Firmado o acordo de cooperação, o órgão estadual ou do Distrito Federal responsável informará a relação de instituições e cursos a serem avaliados.

Art. 61-K: O cadastro de instituições e cursos superiores dos sistemas estaduais e do Distrito Federal observará as disposições pertinentes desta Portaria Normativa, sendo facultado aos CEEs ou autoridades regulatórias competentes validar os dados respectivos.

Parágrafo único: As informações lançadas pelas instituições dos sistemas estaduais ou do Distrito Federal presumem-se válidas até a confirmação referida no *caput*.

Art. 61-L: A realização de avaliações no sistema nacional não elide as atribuições de regulação e supervisão das instituições e cursos superiores, que permanecerão no âmbito das autoridades do sistema estadual ou do Distrito Federal, observados os limites de sua competência territorial.

§1º: Na hipótese de atividades que transcendam os limites do Estado ou do Distrito Federal, as competências de regulação e supervisão pertencem às autoridades do sistema federal.

§2º: A fiscalização do cumprimento de prazos para requerimento de avaliação institucional ou de curso no sistema eletrônico do MEC insere-se nas atribuições de supervisão da autoridade estadual ou do Distrito Federal.

Art. 61-M: Na ausência do acordo de cooperação referido no art. 61-G, as instituições integrantes dos sistemas estaduais e do Distrito Federal poderão submeter-se a avaliação no sistema nacional voluntariamente, por adesão.

§1º: A adesão da instituição do sistema estadual ou do Distrito Federal ao SINAES implica a avaliação institucional e avaliação de todos os cursos da instituição segundo as regras e procedimentos do SINAES.

§2º: É vedada a exclusão de cursos ou modalidades do processo de avaliação.

§3º: Na hipótese de denúncia do acordo de cooperação, as instituições do sistema estadual ou do Distrito Federal que o desejarem poderão permanecer submetidas às avaliações do SINAES, na forma do *caput*.

Art. 61-N: A cooperação com os sistemas estaduais e do Distrito Federal abrange os procedimentos relativos ao ciclo avaliativo, conforme arts. 33 a 43.

§1º: A tramitação dos processos observará, no que couber, as regras e rotinas do sistema nacional aplicáveis à fase de avaliação dos processos de recredenciamento, no caso de instituições, e renovação de reconhecimento, no caso de cursos.

§2º: Os resultados da avaliação ficarão disponíveis ao sistema estadual e do Distrito Federal, a quem incumbirão as análises documental e de mérito, como fundamento para as decisões de cunho regulatório.

§3º: A aprovação e acompanhamento do protocolo de compromisso, quando for o caso, cabe à autoridade regulatória estadual ou do Distrito Federal.

§4º: Os processos de que trata este artigo são isentos de taxa de avaliação, nos termos da Lei nº 10.870, de 2004.

CAPÍTULO X
DISPOSIÇÕES FINAIS E TRANSITÓRIAS

Art. 62: O ingresso de processos regulatórios no sistema observará calendário previamente definido em Portaria do Ministro da Educação.

Art. 63: Os cursos cujos pedidos de reconhecimento tenham sido protocolados dentro do prazo e não tenham sido decididos até a data de conclusão da primeira turma consideram-se reconhecidos, exclusivamente para fins de expedição e registro de diplomas.

§1º: A instituição poderá se utilizar da prerrogativa prevista no *caput* enquanto não for proferida a decisão definitiva no processo de reconhecimento, tendo como referencial a avaliação. (NR)

§2º: As instituições que foram credenciadas experimentalmente, nos termos do art. 80 da Lei nº 9.394, de 1996, na modalidade de EAD, para atuação no âmbito do Sistema Universidade Aberta do Brasil, constantes dos anexos das Portarias nºs 858, de 04 de setembro de 2009, e 1.050, de 22 de agosto de 2008, poderão se utilizar da prerrogativa prevista no *caput*, para os processos de reconhecimento dos respectivos cursos a distância, protocolados até o dia 31 de janeiro de 2011.

Art. 64: O sistema Sapiens será progressivamente desativado, à medida que suas funcionalidades forem absorvidas pelo sistema e-MEC.

§1º: Os processos iniciados no Sapiens, incluindo-se os respectivos aditamentos, seguirão tramitando naquele sistema até a expiração do ato autorizativo em vigor.

§2º: Os pedidos de atos autorizativos novos ou em renovação, bem como os aditamentos dos atos autorizativos expedidos no e-MEC deverão ser protocolados nesse sistema.

§3º: Por ocasião do protocolo de pedido de ato autorizativo de instituição ou curso cujos dados não integrem o e-MEC, deverão ser preenchidos os formulários respectivos.

§4º: Por ocasião do protocolo, no sistema e-MEC, quando disponível, de pedido de aditamento de ato autorizativo gerado no Sapiens, deverão ser preenchidos os formulários completos, para fins de atualização do banco de dados.

§5º: Os formulários constantes de sistemas próprios do MEC ou do INEP relacionados às funções objeto do sistema e-MEC deverão progressivamente ser reorientados no sentido da plena interoperabilidade, visando eliminar a duplicidade de alimentação de dados por parte dos usuários.

Art. 65: Para fins do sistema estabelecido nesta Portaria, os pedidos de avaliação relacionados à renovação dos atos autorizativos de instituições reconhecidas segundo a legislação anterior à edição da Lei nº 9.394, de 1996, serão equiparados aos pedidos de recredenciamento e tramitarão na forma desses.

Art. 66: Na hipótese de reestruturação de órgãos do MEC que não afete substancialmente o fluxo de processos disciplinados nesta Portaria, as menções a Secretarias e suas Diretorias deverão ser aplicadas em relação a órgãos equivalentes que vierem a desempenhar as suas funções.

Art. 67: Quando possível e conveniente, visando minimizar o desconforto dos usuários, evitar duplicidade de lançamento de informações e obter os melhores resultados da interoperabilidade dos sistemas de acompanhamento da educação superior, serão aproveitados os números de registros e informações lançados em outros sistemas do MEC e seus órgãos vinculados.

Art. 68: O sistema será implantado à medida da conclusão e comprovação da segurança de cada um de seus módulos, com base em critérios técnicos próprios da tecnologia da informação.

§1º: O aditamento do ato de credenciamento, para inclusão de novos cursos no PDI não será exigido nas avaliações realizados no ciclo avaliativo 2007/2009 e atos autorizativos correspondentes.

§2º: A certificação digital não será exigida até o ano de 2010, inclusive. (NR)

§3º: Os módulos não disponíveis de imediato no sistema e-MEC, tais como credenciamento especial de instituições para oferta de cursos de pós-graduação *lato sensu* e pedidos de aditamento, poderão ser transitoriamente supridos pelas funcionalidades correspondentes no sistema Sapiens, até a sua completa desativação.

Art. 69: O funcionamento de pólo não constante do Cadastro e-MEC caracteriza irregularidade, nos termos do art. 11 do Decreto nº 5.773 de 2006. (NR)

§1º: [Revogado]

§2º: [Revogado]

§3º: [Revogado]

Art. 69-A: O ano I do primeiro ciclo avaliativo após a vigência desta Portaria Normativa, conforme art. 33-E, §1º, será o de 2010.

Art. 69-B: No ciclo avaliativo 2010-2012, será considerada prorrogada a validade do ato de reconhecimento ou renovação de reconhecimento de cursos em vigor, dispensada qualquer formalidade, desde que o curso preencha os seguintes requisitos, cumulativamente:

I: CPC satisfatório;

II: ato de reconhecimento ou renovação de reconhecimento expedido a partir de 2009, inclusive;

III: não estar submetido às hipóteses de apresentação obrigatória de novo PPC ou documentos relevantes, em virtude de desmembramento ocorrido no recadastramento, conforme o art. 69-D.

Art. 69-C: No ciclo avaliativo 2010-2012, será considerada prorrogada a validade de ato de recredenciamento em vigor, dispensada qualquer formalidade, desde que a instituição preencha os seguintes requisitos, cumulativamente:

I: IGC satisfatório nos três anos do ciclo;

II: ato de recredenciamento expedido a partir de 2009, inclusive.

§1º: Na hipótese de IGC insatisfatório em qualquer ano do ciclo, ficam sem efeito a prorrogação de validade e dispensa de requerimento referidas no *caput*.

§2º: A prorrogação de validade e dispensa de requerimento referidas no *caput* também não se aplicam às instituições que tenham campus ou unidade fora de sede não avaliados no ciclo avaliativo 2007-2009, as quais deverão protocolar pedido de recredenciamento no prazo de 02 de outubro a 15 de dezembro de 2012.

Art. 69-D: Nos processos anteriores à publicação desta Portaria Normativa, na hipótese de alteração do local de oferta do curso ou instituição após o protocolo do pedido, quando a decisão do processo não depender da análise documental relativa ao imóvel, a avaliação *in loco* poderá ocorrer no endereço constante do Cadastro e-MEC, condicionada à informação no formulário eletrônico de avaliação, antes de sua realização.

§1º: Quando houver decorrido prazo superior a 12 meses entre o protocolo do pedido e a abertura do formulário eletrônico de avaliação respectivo, será admitida a atualização do PPC ou PDI respectivos, em formulário associado ao Cadastro e-MEC, nos termos do art. 61-C.

§2º: A excepcionalidade do *caput* não se aplica aos pedidos de credenciamento e autorizações associadas, os quais deverão ser arquivados na hipótese de alteração do endereço antes de finalizado o processo respectivo.

Art. 70: Revogam-se as seguintes normas, ressalvados os efeitos jurídicos já produzidos: (NR)

I: Portarias nº 1.885, de 27 de junho de 2002, nº 1.037, de 07 de julho de 1999 e nº 18, de 23 de março de 2000, mantendo-se para histórico e consulta os dados lançados no Cadastro de Instituições de Educação Superior (SiedSup);

II: Portarias nº 2.051, de 9 de julho de 2004; e nº 1.027, de 15 de maio de 2006, consolidando-se suas disposições nesta Portaria Normativa;

III: Portarias Normativas nº 4, de 5 de agosto de 2008; nº 12, de 5 de setembro de 2008; e nº 10 de 2 de julho de 2009, consolidando-se suas disposições nesta Portaria Normativa;

IV: Portaria nº 514, de 27 de agosto de 1974;

V: Portaria nº 726, de 21 de outubro de 1977;

VI: Portaria nº 95, de 5 de fevereiro de 1986;

VII: Portaria nº 375, de 4 de março e 2.141, de 14 de novembro de 1991;

VIII: Portarias do ano de 1993: 1.583, de 9 de novembro; 1.405, de 27 de setembro; e 1.790, de 22 de dezembro;

IX: Portarias do ano de 1994: 1.792, 1.793 e 1.794, de 27 de dezembro;

X: Portaria nº 75, de 3 de fevereiro de 1995;

XI: Portaria nº 247, de 18 de março de 1996;

XII: Portaria nº 469, de 25 de março de 1997;

XIII: Portaria nº 524, de 12 de junho de 1998;

XIV: Portarias de 1999: 322, de 26 de fevereiro; 653, de 15 de abril;

XV: Portarias de 2000: 1.843, de 31 de dezembro; e 2.004 a 2.006, de 19 de dezembro;

XVI: Portarias de 2001: 1 a 21, de 4 de janeiro; 1.222, de 20 de junho; 1.466, de 12 de julho; 2.026, de 12 de setembro; 3.017 a 3.021, de 21 de dezembro;

XVII: Portarias de 2002: 335, de 6 de fevereiro; 1.037, de 9 de abril; 2.578, de 13 de setembro; 2.805, de 3 de outubro; 2.905, de 17 de outubro; 3.478, de 12 de dezembro, 3.647 a 3.651, de 19 de dezembro; 3.776, de 20 de dezembro; e 3.802 a 3.819, de 24 de dezembro;

XVIII: Portarias de 2003: 1.756, de 08 de julho; e 3.111, de 31 de outubro;

XIX: Portarias de 2004: 411, de 12 de fevereiro; 695, de 18 de março; 7, de 19 de março; 983, de 13 de abril; 1.753, de 17 de junho; 3.672, de 12 de novembro; 3.799, de 17 de novembro; 3.850, de 23 de novembro; 4.327, de 22 de dezembro; e 4.361, de 29 de dezembro;

XX: Portarias de 2005: 327, de 1º de fevereiro; 328, de 1º de fevereiro; 1.779, de 25 de maio; 1.874, de 2 de junho; 2.413, de 07 de julho de 2005; 3.160, de 13 de setembro; e 4.271, de 12 de dezembro;

XXI: Portarias de 2006: 240, de 25 de janeiro; 1.026, de 12 de maio; e 1.309, de 14 de julho;

XXII: Portarias de 2007: 147, de 02 de fevereiro; 546, de 31 de maio;

XXIII: Portaria de 2009: 821, de 24 de agosto.

Art. 71: Revogam-se as Portarias relacionadas abaixo, ressalvados os efeitos jurídicos já produzidos:

1.670-A, de 30 de novembro de 1994;

1.120, de 16 de julho de 1999;

3.486, de 12 de dezembro de 2002;

2.477, de 18 de agosto de 2004;

4.359, de 29 de dezembro de 2004;

398, de 03 de fevereiro de 2005;

1.850, de 31 de maio de 2005;

2.201, de 22 de junho de 2005;

2.864, de 24 de agosto de 2005;

3.161, de 13 de setembro de 2005;

3.722, de 21 de outubro de 2005,

Portaria Normativa nº 2, de 10 de janeiro de 2007, e Portaria SESu nº 408, de 15 de maio de 2007.

Art. 72: Esta Portaria entra em vigor na data de sua publicação.

FERNANDO HADDAD

Este texto não substitui o publicado no D.O.U. de 29.12.2010.

6.3.2 Estrutura educacional brasileira – definições

Quadro de conceitos de referência para as bases de dados do Ministério da Educação sobre educação superior

(Anexo da Portaria Normativa nº 40 de 12/12/2007, consolidado pela Portaria nº 23 de 1º/12/2010)

1 Mantença da instituição

1.1. Mantenedora: pessoa jurídica que provê os recursos necessários ao funcionamento da instituição de ensino e a representa legalmente.

1.2. Mantida: instituição de ensino superior que realiza a oferta da educação superior.

2 Categoria administrativa da instituição

2.1: Pública

2.1.1: Federal: instituição mantida pelo Poder Público Federal, com gratuidade de matrículas e mensalidades;

2.1.2: Estadual: instituição mantida pelo Poder Público Estadual, com gratuidade de matrículas e mensalidades;

2.1.3: Municipal: instituição mantida pelo Poder Público Municipal, com gratuidade de matrículas e mensalidades;

2.2: Privada

2.2.1: com fins lucrativos: instituição mantida por ente privado, com fins lucrativos;

2.2.2: sem fins lucrativos não beneficente: instituição mantida por ente privado, sem fins lucrativos; pode ser confessional ou comunitária, conforme o art. 20 da LDB;

2.2.3: beneficente: instituição mantida por ente privado, sem fins lucrativos, detentora de Certificado de Assistência Social, nos termos da legislação própria. Pode ser confessional ou comunitária.

2.3: Especial (art. 242 da Constituição Federal): instituição educacional oficial criada por lei estadual ou municipal e existente na data da promulgação da Constituição Federal, que não seja total ou preponderantemente mantida com recursos públicos, portanto não gratuita.

3 Organização acadêmica da instituição

3.1: Faculdade: categoria que inclui institutos e organizações equiparadas, nos termos do Decreto n° 5.773, de 2006;
3.2: Centro universitário: dotado de autonomia para a criação de cursos e vagas na sede, está obrigado a manter um terço de mestres ou doutores e um quinto do corpo docente em tempo integral;
3.3: Universidade: dotada de autonomia na sede, pode criar campus fora de sede no âmbito do Estado e está obrigada a manter um terço de mestres ou doutores e um terço do corpo docente em tempo integral;
3.4: Instituto Federal de Educação Ciência e Tecnologia: para efeitos regulatórios, equipara-se a universidade tecnológica;
3.5: Centro Federal de Educação Tecnológica: para efeitos regulatórios, equipara-se a centro universitário.

4 Tipos de cursos e graus

4.1: Graduação: cursos superiores que conferem diplomas, abertos a candidatos que tenham concluído o ensino médio ou equivalente e tenham sido classificados em processo seletivo, conferindo os graus de Bacharelado, Licenciatura ou Tecnologia.
4.1.1: Bacharelado: curso superior generalista, de formação científica ou humanística, que confere ao diplomado competências em determinado campo do saber para o exercício de atividade profissional, acadêmica ou cultural, com o grau de bacharel.
4.1.2: Licenciatura: curso superior que confere ao diplomado competências para atuar como professor na educação básica, com o grau de licenciado.
4.1.3: Tecnologia: cursos superiores de formação especializada em áreas científicas e tecnológicas, que conferem ao diplomado

competências para atuar em áreas profissionais específicas, caracterizadas por eixos tecnológicos, com o grau de tecnólogo.

4.2: Pós-graduação *stricto sensu*: cursos de educação superior compreendendo os programas de mestrado e doutorado acadêmico ou profissional, que conferem diploma aos concluintes.

4.3: Especialização ou pós-graduação *lato sensu*: programas abertos a candidatos diplomados em cursos de graduação e que atendam às exigências das instituições de ensino, observada a carga horária mínima e requisitos fixados nas normas próprias, e conferem certificados aos concluintes.

4.3.1: Residência médica: programa de pós-graduação *lato sensu*, especialização na área médica, caracterizado como treinamento em serviço.

4.3.2: Residência multiprofissional em saúde: programa de pós-graduação *lato sensu*, especialização nas áreas de saúde distintas da medicina, caracterizados como treinamento em serviço.

4.4: Extensão: programa de formação da educação superior, voltado a estreitar a relação entre universidade e sociedade, aberto a candidatos que atendam aos requisitos estabelecidos pelas instituições de ensino, que confere certificado aos estudantes concluintes. Compreende programas, projetos e cursos voltados a disseminar ao público externo o conhecimento desenvolvido e sistematizado nos âmbitos do ensino e da pesquisa e, reciprocamente, compreender as demandas da comunidade relacionadas às competências acadêmicas da instituição de educação superior.

5 Turnos de oferta dos cursos

5.1: Matutino: curso em que a maior parte da carga horária é oferecida até às 12h todos os dias da semana;

5.2: Vespertino: curso em que a maior parte da carga horária é oferecida entre 12h e 18h todos os dias da semana;

5.3: Noturno: curso em que a maior parte da carga horária é oferecida após as 18h todos os dias da semana;

5.4: Integral: curso ofertado inteira ou parcialmente em mais de um turno (manhã e tarde, manhã e noite, ou tarde e noite) exigindo a disponibilidade do estudante por mais de 6 horas diárias durante a maior parte da semana.

6 Temporalidade dos cursos

6.1: Periodicidade: intervalo de tempo em que se organizam as atividades de ensino perfazendo a carga horária determinada pelo projeto pedagógico do curso para um conjunto de componentes curriculares. Usualmente semestral ou anual; em casos específicos, justificados pelas características do projeto pedagógico, pode ter outro regime, como trimestral ou quadrimestral.
6.2: Integralização: duração do curso, prazo previsto para que o estudante receba a formação pretendida; o tempo total deve ser descrito em anos ou fração.

7 Modalidade dos cursos

7.1: Presencial: modalidade de oferta que pressupõe presença física do estudante às atividades didáticas e avaliações;
7.2: A distância: modalidade educacional na qual a mediação nos processos de ensino e aprendizagem ocorre com a utilização de meios e tecnologias de informação e comunicação, com estudantes e professores desenvolvendo atividades educativas em lugares ou tempos diversos.

8 Locais de oferta

8.1: Campus: local onde se oferece uma gama ampla de atividades administrativas e educacionais da instituição, incluindo espaços para oferta de cursos, bibliotecas, laboratórios e áreas de prática para estudantes e professores, e também reitorias, pró-reitorias, coordenação de cursos, secretaria, funcionamento de colegiados acadêmicos e apoio administrativo.
8.2: Unidade: local secundário da instituição, onde se exercem apenas atividades educacionais ou administrativas.
8.3: Campus sede: local principal de funcionamento da instituição, incluindo os órgãos administrativos e acadêmicos centrais,

a oferta dos cursos e as demais atividades educacionais. Para fins regulatórios, o Município em que se situa a sede da instituição delimita o exercício de prerrogativas de autonomia, no caso de universidades e centros universitários.

8.4: Campus fora de sede: local secundário de funcionamento da instituição, fora do Município onde se localiza a sede da instituição e se oferecem cursos e realizam atividades administrativas. É restrito às universidades e depende de credenciamento específico, em regra não gozando de prerrogativas de autonomia.

8.5: Unidade educacional na sede: local secundário de oferta de cursos e atividades educacionais no Município em que funciona a sede da instituição;

8.6: Unidade educacional fora de sede: local secundário de oferta de cursos e atividades educacionais em Município distinto daquele em que funciona a sede da instituição, incluindo fazendas, hospitais e qualquer outro espaço em que se realizem atividades acadêmicas, conforme previsão no ato de credenciamento do campus fora de sede.

8.7: Unidade administrativa: local secundário de realização de atividades exclusivamente administrativas.

8.8: Núcleo de educação a distância (EAD): unidade responsável pela estruturação da oferta de EAD na instituição, compreendendo as atividades educacionais e administrativas, incluídas a criação, gestão e oferta de cursos com suporte tecnológico, bem como a administração, produção de materiais didáticos e recursos próprios da EAD. Aplica-se, ao Núcleo de EAD, para fins regulatórios, no que couber, a disciplina correspondente ao campus sede.

8.9: Polo de apoio presencial de EAD: unidade operacional para o desenvolvimento descentralizado de atividades pedagógicas e administrativas relativas aos cursos e programas ofertados a na modalidade de educação a distância.

8.10: Agrupador: endereço principal de um campus ou unidade educacional, que agrega endereços vizinhos ou muito próximos, no mesmo município, no qual as atividades acadêmicas ou administrativas se dão com algum nível de integração.

9 Docentes

9.1: Tempo integral: docente contratado com 40 horas semanais de trabalho na mesma instituição, reservado o tempo de pelo menos 20 horas semanais a estudos, pesquisa, trabalhos de extensão, gestão, planejamento, avaliação e orientação de estudantes.
9.2: Tempo parcial: docente contratado atuando com 12 ou mais horas semanais de trabalho na mesma instituição, reservado pelo menos 25% do tempo para estudos, planejamento, avaliação e orientação de estudantes.
9.3: Horista: docente contratado pela instituição exclusivamente para ministrar aulas, independentemente da carga horária contratada, ou que não se enquadrem nos outros regimes de trabalho acima definidos.
9.4: Núcleo docente estruturante: conjunto de professores da instituição responsável pela formulação do projeto pedagógico do curso, sua implementação e desenvolvimento, composto por professores com titulação em nível de pós-graduação *stricto sensu*, contratados em regime de trabalho que assegure preferencialmente dedicação plena ao curso, e com experiência docente.

10 Estudantes

10.1: Matrícula: vínculo de estudante a curso superior.
10.1.1: Matrícula ativa: vínculo de estudantes a curso superior, que corresponde à realização de disciplinas ou atividades previstas no projeto pedagógico ou ainda à conclusão do curso no ano de referência.
10.1.2: Matrícula não ativa: vínculo formal de estudante a curso superior, sem correspondência com atividades acadêmicas.
10.2: Matriculado: estudante vinculado formalmente a curso superior. Atributo referido ao estudante, diferentemente do conceito de matrícula, atributo referido ao curso.

10.3: Ingressante: estudante que efetiva a matrícula inicial no curso.
10.3.1: por processo seletivo: estudante que efetiva a primeira matrícula no curso, após aprovação em processo seletivo;
10.3.2. por outras formas de ingresso que dispensam processo seletivo: estudante que efetiva a matrícula no curso na condição de portador de diploma de curso superior ou em virtude de mudança de curso dentro da mesma instituição, transferência de outra instituição, ou acordo internacional, como PEC-G.
10.4: Concluinte: estudante que tenha expectativa de concluir o curso no ano de referência, considerando o cumprimento de todos os requisitos para a integralização do curso em todos os componentes curriculares.
10.5: Inscrito: estudante que se inscreve para participar de processo seletivo de ingresso em curso superior.
10.6: Desistente: estudante que interrompe o vínculo formal com o curso em que estava matriculado.

11 Vagas

11.1:Vagas autorizadas: número de lugares destinados ao ingresso de estudantes em curso superior, expressas em ato autorizativo, correspondente ao total anual, que a instituição pode distribuir em mais de um processo seletivo. No caso das instituições autônomas, consideram-se autorizadas as vagas aprovadas pelos colegiados acadêmicos competentes e regularmente informadas ao Ministério da Educação, na forma do art. 28 do Decreto 5.773, de 2006;
11.2: Vagas oferecidas: número total de vagas disponibilizadas nos processos seletivos constantes dos editais expedidos pela instituição.

6.3.3 Sobre adesão das IES ao ProUni e ao Fies

Portaria Normativa nº 2, 1º de fevereiro de 2012

Dispõe sobre a cobrança pelas instituições de ensino superior dos valores de encargos educacionais no âmbito do Programa Universidade para Todos: ProUni e do Fundo de Financiamento Estudantil – Fies e dá outras providências.

O MINISTRO DE ESTADO DA EDUCAÇÃO, no uso de suas atribuições e considerando o disposto na Lei nº 11.096, de 13 de janeiro de 2005, nº Decreto nº 5.493, de 18 de julho de 2005, na Lei nº 10.260, de 12 de julho de 2001 e na Portaria nº 1, de 22 de janeiro de 2010, resolve:

Art. 1º: A instituição de ensino superior (IES) cuja mantenedora tenha efetuado adesão ao ProUni, nos termos da Lei nº 11.096/2005 e do Decreto nº 5.493/2005, ou ao Fies, nos termos da Lei nº 10.260/2001 e da Portaria Normativa MEC nº 1, de 22 de janeiro de 2010, deverá dar publicidade a todo o seu corpo discente, mediante afixação em locais de grande circulação de estudantes e em seus sítios na internet:

I: do valor dos encargos educacionais mensais para cada curso e turno, fixados com base na Lei nº 9.870, de 23 de novembro de 1999;

II: de todos os descontos regulares e de caráter coletivo oferecidos pela IES, inclusive aqueles concedidos a título de pontualidade ou antecipação do pagamento das mensalidades;

III: do inteiro teor desta Portaria, da Lei nº 11.096/2005, do Decreto nº 5.493/2005, Lei nº 10.260/2001, da Portaria Normativa MEC nº 1/2010, da Portaria Normativa MEC nº 10/2010;

IV: da Central de Atendimento do Ministério da Educação, pelo telefone 0800 616161 ou por meio de formulário eletrônico ao ProUni, disponível no Portal do Ministério da Educação (www.mec.gov.br) e ao Fies, disponível no Portal do

Fundo Nacional de Desenvolvimento da Educação (www.fnde.gov.br).

Parágrafo único. Considera-se pagamento pontual aquele realizado pelo estudante até o último dia do mês fixado pela IES, inclusive para pagamento com descontos regulares e de caráter coletivo.

Art. 2º: Todos os alunos estarão igualmente regidos pelas mesmas normas e regulamentos internos da IES, vedado o tratamento discriminatório entre alunos pagantes e beneficiários do ProUni ou do Fies, inclusive quanto à concessão de bolsas de mérito acadêmico, estágios e desconto pontualidade.

Art. 3º: A IES que não cumprir o disposto nos arts. 1º e 2º desta Portaria estará sujeita a instauração de processo administrativo para aplicação, se for o caso, das seguintes penalidades, sem prejuízo de outras sanções, nos termos na legislação vigente:

I: desvinculação do ProUni, consoante o disposto no art. 9º da Lei nº 11.096/2005 e no art. 12 do Decreto nº 5.493/2005;

II: impossibilidade de adesão ao Fies por até 3 (três) processos seletivos consecutivos, consoante o disposto no §5º do art. 4º da Lei nº 10.260/2001 e §3º do art. 30 da Portaria Normativa MEC nº 1/2010.

Art. 4º: O Secretário da Secretaria de Educação Superior editará ato para execução do disposto nesta Portaria.

Art. 5º Esta Portaria entra em vigor em 1º de março de 2012.

ALOIZIO MERCADANTE OLIVA

6.3.4 Regulamentação de benefícios aos alunos nas IES que aderiram ao ProUni e ao Fies

Portaria nº 87, de 3 de abril de 2012

Regulamenta a Portaria Normativa nº 2, de 1º de fevereiro de 2012 no âmbito do Programa Universidade para

Todos – ProUni e do Fundo de Financiamento Estudantil – Fies e dá outras providências.

O SECRETÁRIO DE EDUCAÇÃO SUPERIOR DO MINISTÉRIO DA EDUCAÇÃO, no uso das competências que lhe foram atribuídas pelo art. 4º da Portaria Normativa nº 1, de 22 de janeiro de 2010, e tendo em vista o disposto na Lei nº. 9.870, de 23 de novembro de 1999; na Lei nº 10.260, de 12 de julho de 2001; na Lei nº 11.096, de 13 de janeiro de 2005; no Decreto nº 5.493, de 18 de julho de 2005; na Portaria Normativa nº 1, de 22 de janeiro de 2010; e na Portaria Normativa nº 2, de 1º de fevereiro de 2012, resolve:

Art. 1º: Os descontos regulares e de caráter coletivo bem como as modalidades de bolsa com características de desconto, concedidos pela instituição de ensino superior - IES devem incidir sobre a totalidade dos encargos educacionais referentes à bolsa parcial do ProUni e ao financiamento estudantil contratado por meio do Fies, sendo vedada qualquer forma de discriminação, mesmo que por meio de cláusulas nos contratos de prestação de serviços educacionais, entre estudantes beneficiários do ProUni ou do Fies e os demais estudantes da instituição.

Art. 2º: Para os efeitos da Portaria Normativa nº 2, de 2012, são considerados:

I: descontos regulares e de caráter coletivo: os valores deduzidos dos encargos educacionais normalmente praticados pela instituição de ensino superior para a totalidade dos estudantes, bem como para determinados grupos de estudantes que atendam a circunstâncias específicas para a sua concessão, segundo as regras internas da IES;

II: modalidades de bolsa com características de desconto: aquelas instituídas por liberalidade da IES com incidência sobre os encargos educacionais, especialmente aquelas conferidas ao estudante:

a) por mérito acadêmico ou destaque em atividades da instituição, inclusive esportivas;

b) com o objetivo de incentivar a participação em projetos de iniciação científica ou extensão;

c) com o objetivo de propiciar a complementação do ensino e aprendizado de competências próprias na linha de formação curricular, realizado no âmbito da instituição de ensino ou de empresas conveniadas à instituição, segundo os critérios definidos pelo regimento interno da IES e consoante as regras instituídas pela Lei nº 11.788, de 25 de setembro de 2008;

d) em razão de vínculo familiar com outros estudantes da IES, de acordo com os critérios definidos pelo regimento interno da instituição.

Art. 3º: Para os efeitos da Portaria Normativa nº 2, de 2012, considera-se desconto de pontualidade:

I: ordinário: aquele concedido a estudante até o último dia do mês fixado pela IES para pagamento regular dos encargos educacionais;

II: gradual: aquele concedido a estudante consoante o pagamento regular dos encargos educacionais em datas pré-determinadas pela IES; e

III: de antecipação: aquele concedido a estudante por liberalidade da IES para liquidação antecipada de valores dos encargos educacionais.

Art. 4º: Os descontos disciplinados pela Portaria Normativa MEC nº 2, de 2012, e por esta Portaria, incidirão sobre a parcela dos encargos educacionais financiados pelo Fies, bem como sobre eventual parcela paga à IES pelo estudante beneficiário do Fies ou com bolsa parcial do ProUni.

Art. 5º: A IES cuja mantenedora tenha efetuado adesão ao ProUni ou ao Fies deverá, no prazo de 30 dias, a contar da data de publicação desta Portaria, editar ato específico prevendo todos os tipos de descontos e bolsas passíveis de concessão aos seus alunos, bem como os requisitos e procedimentos necessário para sua solicitação.

§1º: O ato a que se refere o *caput* deste artigo deverá ser divulgado em seu inteiro teor a todo o corpo discente da IES, sendo afixado em locais de atendimento e de grande circulação de estudantes e, ainda, disponibilizado no sítio eletrônico da IES na internet.

§2º: Em caso de alterações posteriores do ato normativo, a IES deverá divulgar imediatamente sua versão atualizada e consolidada pelos mesmos meios previstos no §1º.

Art. 6º: A IES cuja mantenedora tenha efetuado adesão ao ProUni ou ao Fies deverá dar publicidade a todo o seu corpo discente do inteiro teor desta Portaria, mediante sua afixação em locais de atendimento e de grande circulação de estudantes, bem como sua disponibilização no sítio eletrônico da IES na internet.

Art. 7º: O descumprimento do disposto nesta Portaria ensejará a adoção das medidas previstas no art. 3º da Portaria Normativa nº 2, de 2012.

Art. 8º Esta Portaria entra em vigor na data de sua publicação.

AMARO HENRIQUE PESSOA LINS

6.4 Pareceres

Após a transcrição de um parecer exarado no âmbito do Estado de São Paulo, são transcritos aqui pareceres do Conselho Federal de Educação que definem bem as questões em torno de matrícula e vínculo acadêmico.

Importante que o advogado da Entidade Mantenedora domine bem o tema, considerando que o aluno não matriculado perde o vínculo com a instituição educacional, não havendo possibilidade de transferi-lo para outra instituição.

6.4.1 Parecer do MP-SP: devolução de valor de matrícula

MINISTÉRIO PÚBLICO DO ESTADO DE SÃO PAULO, SP

Consulta sobre devolução de valores pagos, a título de matrícula, em caso de desistência do estudante.
CLT – Par. 377/94, aprovado em 2/5/94
(Proc. 23001.000158/93-39)

I: Relatório

A douta Procuradoria Geral de Justiça do Estado de São Paulo indaga qual a orientação deste Conselho acerca de eventual devolução de valores pagos pelo estudante, a título de matrícula em mais de um estabelecimento privado de ensino superior. Esclarece que tal indagação decorre do fato de que, divulgando algumas faculdades seus resultados de vestibular antes que outras, e sendo exíguo o prazo dado aos aprovados para matrícula, os candidatos aprovados acabam por Ter que optar por uma delas, mas já tendo garantido vagas em outros estabelecimentos.

Parecer

Este Conselho, apreciando a questão, teve ocasião de aprovar, por unanimidade, minudente e preciso pronunciamento da douta ex-Conselheira Maria Antonia Amazonas Mac-Dowell (Parecer 163/81, publicado na Documenta 243, pp. 99/103). Nessa manifestação ficou dito, com inteira propriedade:

> "Sem dúvida, a lei faculta a inscrição múltipla (desde que não a proíbe); e nesse sentido pode-se ter que é direito do estudante dela valer-se para aumentar suas oportunidades de acesso a uma vaga. Entretanto, é ine-

gável que o efetivo exercício desse direito está desigualmente condicionado pela situação econômica do candidato, que lhe permita, ou não, o desembolso das taxas de inscrição em vários vestibulares. Tem-se assim que a inscrição múltipla é mais uma acrescida fonte de desigualdade de oportunidades, entre os economicamente favorecidos e os que não o são (esta foi, historicamente, uma das considerações, e socialmente, a de maior peso, em favor dos vestibulares unificados). Em consequência, ainda quando não se cogite de propor que tal direito seja coibido, já é menos cogente o ânimo que nos mova, ou comova, no sentido de por ele particularmente zelar."

Efetivamente, essa inscrição em várias Escolas resulta do compreensível objetivo do estudante de garantir uma vaga, preventivamente, após vários vestibulares a que se submeteu. Como é obvio, em seguida à divulgação dos resultados pelas Escolas, o estudante, ponderados diversos fatores, optará pela Faculdade que lhe será mais conveniente. Não há óbice legal a que assim o faça.

Essa atitude do estudante – admissível, como vimos – não deve todavia acarretar prejuízo a terceiros, nem à instituição de ensino nem a outros vestibulandos que se classificaram subsequentemente na lista final.

Assim sendo, o referido Parecer 163/81 concluiu, reportando-se à antiga decisão do CFE (Parecer 7.210/78, *in* Documenta (216):458), que, verificada a desistência, deve o estabelecimento devolver ao aluno 80% da quantia paga, sendo-lhe facultado reter 20% para ressarcir-se do prejuízo causado, de vez que o processamento da matrícula foi serviço efetivamente prestado, envolvendo despesas de ordem administrativa, representadas, no mínimo, pela análise da documentação do candidato e ainda pelo cadastramento, expedição de formulários (fichas, diários de classe), pagamento do ISS e outros.

Todavia, a desistência do aluno deve ocorrer antes do início do período letivo regular, a fim de que a Escola não fique desfalcada de suas receitas, caso não preenchida a vaga. Indica o Parecer que tal desistência deve ocorrer até na véspera do primeiro dia de aula. (P.102 da Documenta citada).

> *Posteriormente a esse Parecer, este Conselho baixou a Resolução 11, de 17 de dezembro de 1981, disciplinando a questão para o ano letivo de 1982 (Documenta (254):148).*

Entendemos que os critérios contidos no supramencionado Parecer 163/81 continuam válidos, pela lógica e inteira propriedade dos argumentos que lhe serviram de embasamento.

Será defeso à Escola pretender se apoiar na autonomia financeira que lhe é assegurada pelo artigo 207 da Constituição para se recusar a devolver parcela da quantia paga, eis que a mesma Constituição assegura a defesa do consumidor (artigo 170, inciso V) e atribui ao Estado a função de agente normativo e regulador da atividade econômica, e ainda o exercício de funções de fiscalização (artigo174).

Os lineamentos da autonomia atribuída pelo artigo 207 encontram contornos em outros dispositivos também da Lei Maior, dispositivos que possuem a mesma força coercitiva.

II: Voto do Relator

A orientação que acima expusemos constitui nossa opinião estritamente pessoal acerca da matéria em foco.

Em que pesem essas ponderações, entendemos – e esse é o voto que sugerimos seja objeto de Deliberação da Câmara e do Plenário – ter a legislação mais recente retirado deste Conselho a competência para decidir a respeito. A Lei 8.170, de 17 de janeiro de 1991 determina que os encargos educacionais devem ser objeto de negociação entre os estabelecimentos de ensino e os alunos. A expressão *encargos educacionais* pode ser entendida de forma ampla, na sua interpretação teleológica, abrangendo, portanto, as taxas de matrícula. Destarte, os comentários acima expostos, como já dissemos, representam tão-somente nossa opinião pessoal com referência ao problema, não tendo o condão de imprimir obrigatoriedade no comportamento da instituição de ensino em relação ao assunto.

III: Conclusão da Câmara

A Câmara de Legislação e Normas acompanha o voto do Relator.

Sala das Sessões, em 4 de abril de 1994.

(aa) Genaro de Oliveira – Presidente / Fábio Prado – Relator / Silvino Lopes Neto

Pedido de Vista do Cons. Yugo Okida

O Parecer do nobre Conselheiro Fábio Prado, a meu ver, merece apenas dois reparos, quais sejam:

1) Às folhas 3, no 3º parágrafo, faz referência à Resolução CFE 11/81 que disciplina a questão para o ano letivo de 1982 (Documenta (254):148).

No entanto, toda sua argumentação baseia-se no Parecer 163/81, anterior à Resolução 11/81.

Por entender de uma resolução Ter mais força que simples Parecer, gostaria de ponderar que o argumento usado às folhas 2, último parágrafo, deve ser corrigido pelo argumento exposto no Parágrafo único da Resolução 11, qual seja:

> "Parágrafo único: Em caso de desistência da matrícula, antes do início do ano letivo, far-se-á a devolução da parcela da anuidade já cobrada, podendo o estabele-

cimento dela reter importância não superior a 4% do valor da semestralidade."

Em face deste texto legal, o valor máximo que se pode reter é:

$$4\%\ S = S.\ 4/100 = 6M.4/100 = M.24/100 = 24\%$$

S = valor da semestralidade
M = valor da mensalidade

Portanto, o valor máximo que se pode reter é de 4% (quatro por cento) da semestralidade, que é equivalente a 24% da mensalidade.

2) Quanto ao voto exarado pelo nobre Conselheiro Fábio Prado, o único reparo que a meu ver deve ser incluído, de forma enfática, e não como opinião pessoal do Relator, é que, após a entrada em vigor da Lei 8.170, de 17 de janeiro de 1991, os Conselhos de Educação não devem mais opinar sobre quaisquer assuntos referentes a encargos educacionais, por não serem mais da competência daqueles órgãos as questões de natureza econômico-financeira entre mantenedores, pais e/ou alunos.

(a) Yugo Okida / Dalva Assumpção Soutto Mayor

IV: Decisão do Plenário

O Plenário do Conselho Federal de Educação aprovou a Conclusão da Câmara, com declaração de voto do Conselheiro Yugo Okida, subscrita pela Conselheira Dalva Assumpção Soutto Mayor

Sala Barreto Filho, em 2 de maio de 1994.

(aa) Manoel Gonçalves Ferreira Filho	Pe. Laércio Dias de Moura
Cícero Adolpho da Silva	Lauro Franco Leitão
Dalva Assumpção Soutto Mayor	Lêda Maria Chaves Napoleão do Rego
Edson Machado de Sousa	Margarida Maria do Rêgo Barros Pires Leal
Fábio Prado	Raulino Tramontin
Genaro de Oliveira	Silvino Lopes Neto
Ib Gatto Falcão	Sydnei Lima Santos
Jorge Nagle	Yugo Okida
José Francisco Sanchotene	José Luitgard Moura de Figueiredo

6.4.2 Parecer do CNE: convalidação de estudos

Interessado/Mantenedora: Conselho Nacional de Educação/ Câmara de Educação Superior
UF: DF
Assunto: Propõe critérios para Convalidação de Estudos.
Relator Conselheiro: Arnaldo Niskier
Processo nº: 23001.000127/96-58
Parecer nº: 23/1996
Câmara ou Comissão: CES
Aprovado em: 10/7/1996

I: Histórico

É antiga a preocupação dos órgãos normativos do MEC a respeito de Convalidação de Estudos. O que basicamente caracteriza a necessidade da Convalidação de Estudos é a existência de atos escolares irregulares, de instituições de ensino ou de alunos, caracterizando a condenável política do *fato consumado*.

A legislação e a jurisprudência sobre o assunto são vastas (Resoluções nºs 9/78 e 5/80, que fixaram normas para matrícula em cursos de graduação e Pareceres nºs 518/86, 179/93, 304/93 e 663/93, dentre outros, que analisaram casos concretos de pedidos de convalidação), o que não tem impedido a existência de irregularidades como: curso superior realizado em diferentes instituições, sem guia de transferência; curso superior realizado sem cumprimento do currículo mínimo; estudos realizados antes da autorização do curso; estudos realizados em cursos livres, posteriormente transformados em cursos regulares; matrícula com curso de 2º grau incompleto; matrícula com diploma estrangeiro não revalidado; matrícula com diploma falso de 2º grau; matrícula com dispensa de vestibular; matrícula de alunos provenientes de Seminários Maiores ou instituições congêneres; matrícula em curso de graduação com guia de transferência falsa etc.

Ao apreciar processos dessa natureza, o Conselho Federal de Educação manifestava-se favoravelmente aos pedidos, desde que ficasse constatado que não houve má-fé por parte do aluno ou da Instituição. Em algumas situações, exigia-se que o aluno se submetesse a novo Vestibular. Posteriormente, a referida exigência foi dispensada por inútil, tendo em vista que tal procedimento não passaria de mera formalidade, pois, como *óbvio, o interessado não iria ocupar a vaga* (Parecer nº 518/86).

Pronunciamentos posteriores do então CFE orientaram que, uma vez constatada irregularidade no ingresso do aluno no ensino superior, deveria a IES ser advertida e o aluno, submetido a novo Concurso Vestibular. Logrando aprovação, deveria se matricular na primeira série do curso universitário e requerer o aproveitamento dos créditos obtidos (Pareceres nºs 179/93, 304/93, 663/93 e outros).

Mais recentemente, o CFE manifestou-se no sentido de que a questão direcionada para a alegada boa-fé ou má-fé da IES ou do aluno está superada. Dentre os vários pareceres sobre a matéria, cita-se o de nº 38/94, do qual se transcreve o seguinte:

Está superada a jurisprudência do CFE, fundada na boa-fé ou má-fé de quem quer que seja. Em julgamentos de espécie, reúnam-se, considerem-se fatos, não subjetivismos bondosos.

II: Parecer e voto do Relator

O que deve ser examinado em cada processo é se foram ou não respeitadas as normas vigentes, para que se possa convalidar os estudos realizados. Não há como fazer justiça utilizando o sentimento (e não a lei), pois isso estimula a fraude, cada vez mais frequente no ensino superior brasileiro.

Assim sendo, somos de parecer que cada processo deve ser examinado *in casu*, com extremo rigor, punindo-se as instituições que sistematicamente transgridam as posturas vigentes, primeiro com a pena escrita de advertência. Na reincidência, se for o caso, poderá ela até ter suspenso o seu Vestibular. Quanto aos alunos, dependerão do julgamento do Conselho Nacional de Educação, em cada caso, ou por delegação de competência à SESu/MEC, a quem incumbe a instrução dos processos de convalidação de estudos.

Brasília-DF, em 9 de julho de 1996.
Arnaldo Niskier – Relator

III: Decisão da Câmara

A Câmara de Educação Superior deliberou delegar à SESu/MEC a aprovação ou não dos pedidos de Convalidação de Estudos. Da decisão da SESu/MEC, caberá ao interessado recurso à Câmara de Educação Superior do Conselho Nacional de Educação.

Sala das Sessões, em 10 de julho de 1996.
(aa) Éfrem de Aguiar Maranhão – Presidente
Jacques Velloso – Vice-Presidente

Carlos Alberto Serpa de Oliveira	Hésio de Albuquerque Cordeiro
José Arthur Giannotti	José Carlos Almeida da Silva
Myriam Krasilchik	Silke Weber
Vanessa Guimarães Pinto	Yugo Okida

6.4.3 Parecer do CFE: transferência de aluno

Interessado: Sociedade Baiana de Educação Empresarial Ltda.
UF: BA
Assunto: Consulta sobre a legalidade de transferência de aluno de um estabelecimento de ensino para outro, durante o 1° semestre do curso, e em vagas iniciais remanescentes dos classificados em processo seletivo.
Relatores: Petronilha Beatriz Gonçalves e Silva, Marília Ancona-Lopez e José Carlos Almeida da Silva
Processo n°: 23001.000112/2003-15
Parecer n°:CNE/CES 365/2003
Colegiado: CES
Aprovado em: 17/12/2003

I: Relatório

Trata-se do Processo 23001.000112/2003-15, instaurado através do Ofício FTE/DIR-27/03, de 16/6/03, encaminhado ao Conselho Nacional de Educação pela Senhora Diretora-Geral da Faculdade de Tecnologia Empresarial, contendo a seguinte exposição e consequente consulta:

> *"Senhor Presidente,*
> *Dirijo-me a este Egrégio Conselho Nacional de Educação para consultar sobre a seguinte situação:*
> *Um estudante prestou Processo Seletivo para uma Instituição de Ensino Superior em 2003; convocado, efetivou matrícula e iniciou o curso no dia 10 de fevereiro.*

Um mês depois, a Instituição recebeu uma Declaração de Existência de Vaga de um outro estabelecimento da mesma cidade para que fosse expedida Guia de Transferência para matrícula, ainda no 1º semestre de 2003.

Diante do exposto, pergunto:

1: É legal a transferência pleiteada?

2: De acordo com determinado no artigo 49 da Lei de Diretrizes e Bases da Educação Nacional, Lei 9.394/96, só é possível transferência de aluno regular. O que se entende por aluno regular?

3: Existe amparo legal para a mera transferência de Processo Seletivo, uma vez que a referida seleção é específica para cada Instituição?

4:Tem amparo legal o preenchimento das vagas iniciais oferecidas por um curso por transferência?

Na expectativa do atendimento ao nosso pleito,

Atenciosamente,

Nadja Maria Valverde Viana
Diretora-Geral"

Em primeiro lugar, é preciso que se assentem dois pilares fundamentais, de base constitucional: (1) a todo e qualquer cidadão é assegurado o direito inalienável de ir e vir, a qualquer tempo, no gozo pleno de sua liberdade, de tal forma que o art. 5º, *caput*, e incisos II e XV, da Constituição Federal, consagraram, respectivamente, o princípio da igualdade "de todos perante a lei, sem distinção de qualquer natureza" (*caput*), o princípio da legalidade segundo o qual "ninguém será obrigado a fazer ou deixar de fazer alguma coisa senão em virtude de lei" (inc. II), e (2) o princípio de "livre locomoção em todo o território nacional em tempo de paz, podendo qualquer pessoa, nos termos da lei, nele entrar, permanecer ou dele sair com seus bens" (inc. XV), acrescentando-se ainda, no caso específico do Direito Educacional Brasileiro, de particular interesse para as consultas formuladas, o disposto no art. 206, inciso I, da Constituição Federal, "*litteris*":

> "Art. 206: O ensino será ministrado com base nos seguintes princípios:
> "I- igualdade de condições para acesso e permanência na escola;".

Como se pode observar, todo e qualquer cidadão estará sob o incondicional amparo, em primeiro lugar, dos princípios constitucionais remetidos e, tratando-se de cidadão-aluno, este, além de amparar-se nos princípios precedentes, também se abriga nos seguintes princípios próprios do Direito Educacional, oriundos da Constituição e corolários do princípio da legalidade:

- o primeiro princípio: da igualdade de condições para o acesso à escola,
- o segundo princípio: da igualdade de condições para a permanência na escola, e
- o terceiro princípio: garantia do acesso aos níveis graduais e mais elevados do ensino, segundo a capacidade de cada um, observado o direito de movimentação.

Esses princípios encarnam, para o cidadão brasileiro, a garantia do tratamento isonômico e de que nenhum direito se subtrairá de alguém se não houver prévia restrição legal, devidamente comprovada, sob pena de lesão a direito ou ameaça de lesão, nos termos do art. 5°, inciso XXXV, da Constituição Federal:

> "A lei não excluirá da apreciação do Poder Judiciário lesão ou ameaça de direito"

O sagrado direito de livre locomoção, de livre movimentação em todo o território nacional, o direito de ir e vir para onde e quando lhe aprouver, precede à própria condição de aluno, mas, mesmo em se tratando do "aluno", este somente alcança esse *status* se atendidas as condições igualitárias de acesso, de todos exigidas, nos termos da lei.

Consequentemente, em razão do princípio da movimentação (livre locomoção) e, em particular, da legalidade, no sentido de que não se pode fazer ou deixar de fazer alguma coisa senão em virtude de lei, diz-se, de logo, que não se pode negar transferência se lei alguma assim não autoriza. Com efeito, enquanto o cidadão não obtiver, por igualdade de condições de acesso, o *status* de "aluno", não faz jus a transferir-se. Aliás, uma coisa é o "candidato" a uma vaga de uma determinada instituição para ingresso em determinado curso, devidamente classificado em processo seletivo, pois disto não resulta automática condição de aluno, até porque pode vir a desistir da vaga antes mesmo de provê-la, em benefício do classificado subsequente; outra coisa é o *status* de "aluno" de uma determinada instituição **decorrente do vínculo** que com ela foi celebrado através do ato da "matrícula".

A matrícula é um ato complexo (que somente se aperfeiçoa com a manifestação de duas ou mais vontades), segundo o qual o candidato regularmente classificado em um processo seletivo se vincula a uma instituição de ensino, provendo uma vaga em determinado curso, conquistada mediante concurso público de ingresso na instituição, de tal forma que o vínculo não resulta apenas da manifestação da vontade do aluno de desejar pertencer à instituição, mas também da instituição que cumpre, de sua parte, as normas editalícias, do seu estatuto e do seu regimento, impessoais para todos, resultando, assim, o encontro das vontades a partir das quais a matrícula se consuma e o vínculo institucional se estabelece.

Do vínculo resulta, como se vê, o *status* de aluno de curso superior, graduação, quando se trata da hipótese prevista no art. 44, inciso II, da Lei 9.394/96. Esse *status* se desfaz (a) quando desiste do curso, (b) quando cancela definitivamente a sua matrícula, (c) quando se transfere da instituição e (d) quando o aluno abandona o curso resultando na ruptura do seu vínculo institucional. Em todas essas situações, ocorre o seu desligamento do quadro discente, após o vínculo institucional.

Desta forma, para as consultas formuladas, três fundamentais conceitos se estabelecem, a saber:

> 1) **Matrícula:** ato complexo pelo qual candidato e instituição celebram um vínculo do qual resulta a condição de integrante do quadro discente, na condição de aluno regular, provendo vaga;
> 2) **Aluno:** aquele que, em decorrência do ato da matrícula inicial, de ingresso na instituição, ocupa uma vaga em determinado curso;
> 3) **Transferência:** ato pelo qual o aluno desligando-se do estabelecimento de origem, se desloca para outra instituição sem perder a sua condição ou *status* de "aluno" adquirido quando da matrícula.

Como se pode observar, "aluno regular" é aquele que mantém o seu vínculo formalizado com determinada instituição. De modo inverso, "irregular" seria a condição do interessado que não estivesse devidamente vinculado, matriculado na instituição, de acordo com as normas editalícias, do estatuto e do regimento. Assim, "aluno irregular" é aquele que não pode ostentar o *status* de aluno em face do não atendimento às condições indispensáveis ao vínculo institucional.

Não se diga que "aluno regular" é aquele que está "regularmente estudando", "regularmente frequentando as aulas". Com efeito, o aluno é regular porque está com o seu vínculo incólume com a instituição, embora, se vier a renunciar ao seu direito às aulas, às atividades acadêmicas, enfim, aos serviços educacionais contratados e postos à sua disposição, não venha frequentando regularmente as aulas, e se deixe reprovar por faltas. Isto não é abandono de curso, do qual resulta a ruptura do vínculo com a instituição, mas "aluno regular" que não se habilitou à promoção para um outro ciclo de estudos, porque, não tendo frequentado o precedente, está reprovado por falta e, por isso, não se matricula no subsequente, mas no mesmo ciclo em repetência.

De igual modo, é também "aluno regular" aquele que mantém o seu vínculo com a instituição (matrícula) e com o curso (ocupando a vaga conquistada no processo seletivo), mas interrompe temporariamente os estudos através do instituto jurídico denominado "trancamento", termo este que significa não dar continuidade aos estudos, temporariamente, sem a perda do vínculo (matrícula) e do direito à vaga, durante determinado período postulado pelo aluno, se assim e na forma como for deferido pela instituição, porque se trata de simples possibilidade jurídica e não de um direito adquirido.

Convém atentar, também, para as figuras jurídicas do "abandono de curso" e do "trancamento": o primeiro implica desfazimento do vínculo na instituição em que se encontrava matriculado, inibindo tal situação a emissão de guia de transferência; no trancamento, porém, mantêm-se incólume o vínculo, que assim pode ser transferido, porque não houve perda da condição de "aluno regular".

Pelo abandono, o interessado, perdendo a condição de "aluno regular", rompe o vínculo com a instituição pelo não comparecimento para renovação da matrícula (matrícula continuada, com nova e sucessiva inscrição em créditos-disciplinas). Não é mais aluno, pois não mantém mais o vínculo com a instituição e, consequentemente, não se pode transferir o que não existe mais. Pelo trancamento, durante o tempo determinado na decisão administrativa, o vínculo permanece e, portanto, pode ser transferido.

Desta maneira, para que alguém se transfira para outro estabelecimento, deslocando-se de um espaço institucional para outro, até na mesma cidade, é indispensável que o vínculo exista, ainda que sem estudos prévios. Transmuda-se o vínculo de ingresso em uma instituição para outra instituição destinatária ou recipiendária emitindo-se "Guia de Transferência" acompanhado do histórico escolar em que se apõe, no espaço referente àquele determinado período a expressão "em curso", feitos os registros da situação de frequência até aquela data, do número de dias letivos naquele período e das notas parciais se já houver, além dos elementos relacionados com a sua classificação no processo seletivo de ingresso no curso de graduação.

Ademais, de acordo, com o ordenamento jurídico vigente, por observância à hierarquia da norma, não podem normas adjetivas e regulamentares, dentre elas resoluções, portarias, estatutos, normas regimentais, normas editalícias e outras procedimentais restringir, modificar, criar ou subtrair direitos, bem como criar deveres e obrigações, sem que tudo isto esteja contemplado em lei. Por isto não se pode invocar a norma interna de um estabelecimento para negar o desligamento do aluno, por ele próprio postulado, abdicando ele mesmo da vaga e do vínculo, ao tempo em que postula transferir-se para outra instituição.

Por outro lado, não se pode cogitar de "estabelecimento reconhecido", ou ainda de "curso reconhecido", para efeito de transferência. Há muito, exige-se esteja o curso autorizado (existência e funcionamento legais) e o estabelecimento esteja credenciado, o que ocorre sempre com autorização de funcionamento de seu primeiro curso, salvo descredenciamento ulterior. Com efeito, autorização de curso e credenciamento de estabelecimento são matérias de responsabilidade do poder público, como o é a garantia do padrão de qualidade, através de atos de controle do Estado.

Retome-se que a simples classificação em um processo seletivo vestibular, isto é, para ingresso em determinado curso de graduação de uma instituição, não enseja, por si só, condição de aluno. Por isto, não há transferência para outra instituição de candidato apenas classificado em determinado processo seletivo para ingresso no curso. Com efeito, a classificação em processo seletivo é uma das duas condições legais, obrigatórias, para o referido ingresso, isto é, para que se matricule naquela instituição de cujo processo seletivo participou. Mas, sem o ingresso, sem a matrícula, vínculo nenhum detém, e, se não detém vínculo, nada tem a transferir, por se tratar de mero candidato classificado em um processo seletivo daquela instituição específica. Classificação não se transfere. A classificação é apenas informada na Guia de Transferência a que faz jus o aluno regular que a requerer a qualquer tempo.

Ademais, há muito já não é lícito reter alunos no primeiro período letivo ou no último período. Já no Parecer CFE nº 679 aprovado em 4/09/69, assim estabeleceu aquele Conselho, anteriormente, como agora, o CNE:

> "Transferência é a passagem do aluno de um estabelecimento de ensino no qual está regularmente matriculado para outro estabelecimento de ensino, no qual pretende matricular-se.
> [...]
> Não cabe fixação de época para transferência, pois o aluno poderá afastar-se em qualquer oportunidade, dependente de sua conveniência e das circunstâncias, e não é lícito ao estabelecimento retê-lo sob qualquer pretexto. Já nem sequer sub-existem as antigas restrições legais à transferência na primeira e última série dos cursos."

Outro não é, aliás, o entendimento constante do Parecer nº 224, de 10/04/84, onde se lê:

> "MATRÍCULA E TRANSFERÊNCIA
> Trata-se de dois eventos acadêmicos.
> A matrícula pode ser entendida como a vinculação de aluno a estabelecimento de ensino.
> [...]
> O direito à vinculação, isto é, o direito à matrícula, decorre quase sempre, embora não exclusivamente, de classificação em concurso vestibular no limite de vagas fixado, cabendo ao interessado exercê-lo nos prazos e formas estabelecidos em lei, no regimento e em normas específicas.
> Matrícula é, pois, inicialmente e sobretudo, uma vinculação a estabelecimento de ensino.
> [...]
> Na transferência, o que se transfere é exatamente esse vínculo multifacetado existente no estabelecimento de origem."

O mesmo entendimento consta do Parecer nº 769/69, do então CFE:

> "Transferência é a passagem (deslocamento, mudança) de um aluno de um para outro estabelecimento de ensino, o que equivale dizer, a transferência é a passagem do vínculo que o aluno tem com o estabelecimento de origem para outro estabelecimento, o de destino."

A Câmara de Ensino Superior do CFE, no Parecer nº 224/84 supracitado, identificou, na espécie, dentre outras ali consideradas de per si, quatro situações que merecem ser aqui destacadas:

> "I: O direito a matrícula inicial decorre, nos casos normais de classificação em concurso vestibular, cabendo

ao candidato ("aluno") exercer esse direito pela efetivação da matrícula de conformidade com as normas, no mesmo estabelecimento em que obteve classificação. Ao candidato("aluno") que não efetivar a matrícula, em nada aproveitará a classificação em concurso vestibular.

II: A matrícula é, inicialmente, uma vinculação ao estabelecimento. Como o vestibular é realizado no estabelecimento, os cursos afins ou até para área do conhecimento, o ato de matrícula envolve ao mesmo tempo o estabelecimento e o curso. É, ainda, por razões práticas, que são concomitantes a matrícula (vínculo institucional) e a inscrição em disciplinas, embora, como ensina o próprio CFE, sejam coisas distintas e a segunda uma decorrência da primeira (Parecer nº 331/71). Segue-se, daí, que uma vez realizada a matrícula, pode o aluno cancelá-la, trancá-la ou transferi-la de imediato, sem que tenha chegado a cursar qualquer disciplina.

Essa colocação, quanto à transferência, não contraria os fundamentos dos Pareceres nº 1.215/77 e nº 800/79. O que os documentos invocados impedem é o aproveitamento de concurso vestibular para estabelecimento para o qual não foi realizado (sem ter havido matrícula, portanto, no estabelecimento de origem – acrescente-se).

III: A transferência escolar pressupõe vigorante e perfeito o vínculo decorrente da matrícula. Se, por qualquer razão, o vínculo da matrícula for interrompido ou deixar de existir, 'o estabelecimento não poderá fornecer guia de transferência a aluno que não mais figura nos seus quadros discentes (Parecer nº 692/69).

[...]

Se o vínculo não mais existe, não há o que transferir. Para que o aluno possa prosseguir os estudos caso o

> vínculo esteja interrompida, 'a escola não poderá negar certidão do currículo escolar do aluno desligado, onde constará a sua vida universitária, inclusive o desligamento, com os dispositivos legais que o autorizaram (Pareceres nº 692/69 e nº 953/65).
> IV: Outra é a situação do aluno que trancou a matricula. No trancamento o vínculo da matrícula permanece ileso, dando-se, apenas, a suspensão temporária das atividades acadêmicas. Se o vínculo da matrícula existe, a guia de transferência pode ser expedida, não sendo necessária que o aluno faça matrícula."

Do quanto transcrito, verifica-se que, de regra, a transferência se opera transmudando-se o vínculo de um para outro estabelecimento de ensino superior, no caso, mas não necessária e exclusivamente para o mesmo curso, em razão da diversificação apontada no processo seletivo.

Neste sentido, o art. 100 da Lei 4.024, de 20/12/61, *caput*, inclusive com a redação dada pela Lei 7.037, de 5/10/82, que assim vigorou até 20/12/96, dispunha que a transferência de alunos se operava "de uma para outra instituição", observados os critérios estabelecidos pelos conselhos de educação dos respectivos sistemas de ensino, respeitadas as peculiaridades das matrículas compulsórias, decorrentes de transferências *ex officio*, da força maior, da proteção especial do Estado etc.

Não se inibia, portanto, já à época precedente à Lei 9.394/96, a aceitação de transferências para o mesmo curso em instituições diferentes, ou mesmo para "cursos afins", se, na mesma localidade ou em localidade mais próxima, de exequível frequência do aluno, não houvesse a oferta do mesmo curso, razão pela qual dois são os tratamentos básicos contidos na Resolução nº 12/84:

1) a dispensa de cursar matérias ou disciplinas já estudadas, apenas em estabelecimento diferente, valendo-se do reconhecimento automático, na instituição de ensino superior para a qual o aluno transferiu o seu vínculo, de todas as matérias componentes do currículo mínimo de qualquer curso superior estudadas com aproveitamento em instituição de origem, autorizada, atribuindo-se-lhe créditos, notas, conceito e carga horária obtidos no estabelecimento de procedência, sabendo-se que tal reconhecimento implica a dispensa de qualquer adaptação e de suplementação de carga horária;

2) aproveitamento de estudos, através do cotejo entre estudos realizados em disciplinas ou matérias não integrantes do currículo, tratando-se do mesmo curso, ou, quaisquer que fossem, tratando-se de cursos diferentes, afins, para que se procedesse à adaptação de um para outro currículo, em face dos respectivos perfis do formando, hipótese em que o transferido poderia ser dispensado de cursar disciplinas entre as quais, no conjunto, ou isoladamente, apresentassem identidade ou equivalência de valor formativo, ou houvesse apenas aproveitamento parcial desses estudos, disto resultando planos especiais de adaptação com complementação de estudos, ou mesmo a impossibilidade de aproveitá-los, em respeito ao novo perfil do formando e ao princípio da qualidade, situação essa que obriga o aluno transferido a cursar integralmente disciplinas do currículo do estabelecimento de destino.

Desta maneira, hoje, como no passado, são resolvidos os problemas de transferência para o mesmo curso ou para cursos afins, acolhida esta última pela mansa jurisprudência dos Tribunais Pátrios, pois não estava expressamente contemplada na lei de regência.

Atualmente, o disciplinamento legal é exatamente inverso: enquanto a lei anterior tratava de transferência entre estabelecimento de ensino, em tese, para o mesmo curso, a atual Lei 9.394/96, em seu Art. 49, *caput*, se refere objetivamente à aceitação de transferências "**para cursos afins**", desde que haja vaga e para estas haja processo seletivo. Não versou, portanto, de transferência de vínculo **para o mesmo curso**, situação visivelmente diversa, em relação ao ordenamento jurídico anterior, resultando indiscutível competência discricionária das instituições.

Situação nova é, pois, a que se verifica na Lei nº 9.394/96, inversamente ao que ocorria no ordenamento anterior. É que o art. 49, *caput*, não se refere a transferência para outro estabelecimento no mesmo curso, mas unicamente para "**cursos afins**", sob duas condições: (a) existência de vagas nesses "cursos afins" e (b) processo seletivo, onde se assegure tratamento igualitário entre concorrentes diferentes, em categorias e cursos, desde que afins aos pretendidos, de tal forma que o edital do processo seletivo assegure essa "igualdade de condições de acesso à escola" de que trata o art. 206 da Constituição, a partir de regulamentação específica editada pelos conselhos superiores acadêmicos de cada instituição.

Infere-se, pois, que a igualdade de acesso ou de ingresso em curso de graduação está preconizada no art. 44, inciso II, da Lei nº 9.394/96, em razão dos arts. 5º e 37, *caput*, da Constituição da República, já existindo normas gerais do Conselho Nacional de Educação sobre esse processo seletivo, enquanto que o disciplinamento do processo seletivo previsto no art. 49, para "cursos afins", nas transferências entre instituições, é de competência da instituição de ensino, na forma estatutária e regimental, por seus colegiados superiores acadêmicos.

É indiscutível a obrigatoriedade do processo seletivo (classificatório e sob critérios avaliativos) nas transferências entre estabelecimentos para **"cursos afins"**, cujo número de vagas deve estar fixado no edital. No entanto, o Parecer CNE/

CES nº 434/97, logo após tratar de transferência para "cursos afins", assim se posicionou, referindo-se, indistintamente, a "transferência":

> "Depreende-se também da lei que é obrigatória a aplicação de processo seletivo, quer para candidatos ao ingresso inicial em curso de graduação, quer para efeito de transferência, mesmo havendo vagas disponíveis, cujos critérios, no entanto, ficarão à cargo da instituição, desde que aprovados pelo seu órgão colegiado e constante do regimento geral, observando-se o mesmo critério seletivo a ser exigido para todos os candidatos".

Neste caso, embora a LDB se tenha referido a transferências para cursos afins entre instituições diferentes, com as duas exigências obrigatórias constantes do art. 49, é também recomendável que transferências de vínculo entre instituições, para o mesmo curso, sejam feitas também através de processo seletivo, apenas classificatório, porque se trata do mesmo curso, para cujo ingresso já foram os candidatos avaliados em época própria, sem que tal exigência implique em restrição ao poder discricionário da instituição.

Em se tratando de transferências facultativas, em contraposição às compulsórias, em particular as *ex officio* (parágrafo único do art. 49 da nº Lei 9.394/96), remanesce aos dirigentes das instituições de ensino superior a competência discricionária para "aceitação" ou não de transferências facultativas para o mesmo curso, desde que haja vaga residual, sendo que, para "cursos afins", é indispensável a comprovada existência de vagas constantes de edital e o disciplinamento da igualdade de condições de acesso à escola, através de critérios classificatórios fixados pelo conselho superior acadêmico de cada instituição, na forma estatutária ou regimental.

Em se tratando de pleito para o mesmo curso, os candidatos, como se disse, já se submeteram às duas exigências legais de ingresso ao curso de graduação, nos termos do art. 44, inciso II, isto é, comprovadas (a) a conclusão do ensino médio ou equivalente, na data da matrícula, do vínculo, e (b) a classificação em processo seletivo avaliativo de ingresso para o mesmo curso no estabelecimento de origem.

Por esta razão, e inexistindo expressa exigência legal sob o modo específico do procedimento administrativo, considerando o atendimento ao direito subjetivo e ao interesse social contido nas transferências, a administração da instituição recipiendária exercitará sua competência discricionária para aceitá-la ou não, mediante processo seletivo, com a expressa indicação do número de vagas em edital.

Consequentemente, enquanto para "cursos afins" haverá sempre processo seletivo, classificatório, de acordo com o número de vagas, por curso, fixadas no respectivo edital, tendo o referido processo disciplinamento próprio através do conselho máximo acadêmico da instituição, outro é o tratamento nas transferências de vínculo para o mesmo curso, considerando que, nestes casos, já houve processo seletivo igualitário, de ingresso, exigido pelo art. 44, inciso II. Portanto, nesta segunda situação, as administrações dispõem do poder discricionário para decidir sobre tais transferências, notadamente se o número de vagas não é significativo para se exigir processo classificatório, ou se, havendo processo classificatório para o número de vagas constante de edital, outras surjam, no mesmo curso (não curso afim), que podem ser providas discricionariamente, desde que observada a condição de "aluno regular" (existência de vínculo – matrícula inicial) na instituição de origem.

Convém aduzir que, com o advento da nova Lei 9.394/96, a Câmara de Educação Superior já editou diversos Pareceres sobre a transferência facultativa de um estabelecimento para outro, para "cursos afins", e sobre matrículas compulsórias por transferência *ex officio* do servidor público, como é o caso, respectivamente, dos Pareceres CNE/CES nº 434, de 08/07/97, e CNE/CP nº 11, de 7/10/97.

O Parecer CNE/CES nº 434/97, de transferências facultativas para "cursos afins", situados no âmbito de cada uma das grandes áreas de conhecimento, atualmente classificadas em cinco grandes áreas além das licenciaturas, coerente com a jurisprudência pacificada no Parecer CFE nº 224/84, reiterando outros, segundo os quais não se pode negar a transferência àquele "aluno regular", isto é, devidamente matriculado logo após a classificação no processo seletivo de ingresso em curso de graduação, no prazo fixado pelo estabelecimento, sem haver ainda cursado disciplina alguma.

Para maior entendimento sobre o tópico precedente, dir-se-á que o art. 49 se refere textualmente à transferência para "cursos afins", como já se preceituara em 1969, importa invocar o disciplinamento constante do Parecer nº 434/97, aprovado por esta Câmara em 8/7/97, publicado na documenta nº 430, de julho de 1997, à pág. 264, atentando-se para a mudança posterior quanto às grandes áreas do conhecimento em que se agrupam os denominados "cursos afins". Com efeito, de acordo com as Diretrizes Curriculares Nacionais para os Cursos de Graduação, que enfeixam os blocos de carreiras profissionais sugeridos pela CAPES, eles se agrupam em cinco grandes áreas, além das licenciaturas: Ciências Biológicas e da Saúde, Ciências Exatas e da Terra, Ciências Humanas e Sociais, Ciências Sociais Aplicadas e Engenharias e Tecnologias. A partir dessas cinco grandes áreas se identificam os cursos de graduação afins, porque organizados no âmbito de cada uma delas.

Quanto ao Parecer CNE/CP nº 11/97, o Conselho Nacional de Educação trata mais especificamente de matrícula compulsória, independente de vaga, por transferência *ex officio* de servidor público, cuja Lei Regulamentar 9.536, de 11/12/97, se constitui norma geral nacional, oriunda dos arts. 22, inciso

XXIV, e 24, §1º, da Constituição da República, não se aplicando aos servidores providos em cargos temporários de confiança ou por esta cometidos (escolhidos pelo administrador e demissíveis *ad nutum*), bem assim aos que venham a fazer concurso público após a constituição do seu *status* de "aluno regular" em determinado estabelecimento de outra localidade diversa daquela onde têm domicílio.

Mérito

Diante de tudo quanto exposto, poder-se-á responder a cada consulta de per si, como resultante do próprio disciplinamento geral da matéria:

> **1ª Questão:** *É legal que um aluno, após prestar processo seletivo e efetivar sua matrícula, pleiteie transferência um mês depois, à vista de uma declaração de existência de vaga de outro estabelecimento da mesma cidade, para matrícula ainda no primeiro semestre de estudos?*

Resposta: O art. 49, *caput,* e o art. 47 §3º, da Lei 9.394/96, estabelecem o seguinte:

> "Art. 49: As instituições de Educação Superior **aceitarão a transferência de alunos regulares para cursos afins, na hipótese de existência de vagas e mediante processo seletivo**".
>
> "Art.47: [...]
> [...]
> [...]
> "§3º: É obrigatória a frequência de alunos e professores, salvo nos programas de educação a distância".

Pelos dispositivos transcritos, observam-se as seguintes peculiaridades:

1) Nas transferências facultativas, o verbo "aceitarão" põe em relevo os estabelecimentos de destino e não os de origem, por razões óbvias: (a) somente os primeiros poderão conferir ingresso naquela instituição, em "cursos afins", se houver vaga e mediante processo seletivo, desde que respeitado o disposto no Art. 47, §3°, da Lei n° 9.394/96, isto é, cumprimento dos cem dias letivos semestrais ou dos duzentos dias letivos anuais, com frequência integral às atividades consideradas como "trabalho acadêmico efetivo, excluído o tempo reservado aos exames finais, quando houver".
Igual procedimento poderá ser adotado para vagas do mesmo curso entre estabelecimentos diferentes, se fixadas em edital de processo classificatório publicado no estabelecimento de destino.

2) Com relação aos estabelecimentos de origem, obrigam-se estes a emitir a guia de transferência desde que se trate de "alunos regulares" (sic) e que a tenham requerido formalmente, em procedimento administrativo próprio, mesmo que sem "declaração de vaga" no estabelecimento destinatário, assunto de única e exclusiva responsabilidade legal deste e do aluno, que decide, *sponte propria*, manter ou não seu vínculo institucional de origem.

É verdade que o art. 6°, §1°, da vigente Resolução n° 12/84, oriunda do Parecer CFE n° 224/84, prevê como condição para transferência facultativa a apresentação de "declaração de vaga emitida pelo estabelecimento de destino". No entanto, o próprio Parecer n° 224/84 considera que essa exigência é feita meramente por zelo e proteção à continuidade de estudos do aluno naquele período letivo, para que não remanesçam como "alunos órfãos", como foram nominados naquele Parecer.

Isto, porém, não é motivo suficiente para se reter a guia de transferência do aluno, pois a declaração de existência de vaga não assegura que ele ingresse necessariamente em determinada instituição, embora o simples fornecimento da guia de transferência sem a menção do estabelecimento destinatário possa dar margem a uso indevido da guia de transferência, que a escola de origem não pode evitar.

Nessa linha de entendimento, o mesmo Parecer nº 224/84 adverte para o seguinte, dentre outras ponderações:

> "Arguindo direito indiscutível à transferência, o aluno exige do estabelecimento que lhe forneça a guia correspondente. Não sabe, ainda, onde prosseguirá os estudos, pelo menos não indica o estabelecimento de destino. Às vezes não pretende mudar de localidade, em outras, não tenciona nem mesmo transferir-se. A transferência é pretexto para conseguir o desligamento da escola, que se pretende seja temporário, objetivando ou interromper a obrigatoriedade do pagamento das mensalidades restantes do semestre ou livrar-se de uma reprovação.
>
> Esse procedimento ocorre quando encerrado o prazo de trancamento de matrícula ou quando este não é previsto no regimento da escola".

3) Para o estabelecimento de origem, o importante é a comprovação de que se trata de "aluno regular", isto é, se existe vínculo efetivo com aquela instituição, decorrente de qualquer das formas legais de ingresso, em especial o previsto no art. 44, inciso II, da LDB citada, irrelevante se é logo após a matrícula inicial, quando ocorre o vínculo institucional, ou se após alguns dias de aula, meses, semestres ou períodos letivos. Tal circunstância não é de sua responsabilidade, nem, muito menos, pode negar ao cidadão o direito de ir e vir, ou de se deslocar para qualquer lugar, para outra instituição na mesma cidade, no mesmo estado, no mesmo país, ou para outros países. Estando devidamente matriculado, reveste-se da condição de "aluno regular" com direito à transferência.

4) O estabelecimento destinatário, matriculando um aluno transferido no início de um período letivo, por exemplo, março ou agosto, iniciadas ou não as aulas naquele período verificará se, computando-se o tempo cursado na instituição de origem com o remanescente ou até iniciante tempo letivo no estabelecimento de destino, estará respeitado o tempo letivo mínimo de cem ou duzentos dias letivos, conforme o caso, com frequência obrigatória integral do aluno transferido.

5) A conclusão que se extrai da lei é clara: incumbe ao estabelecimento recipiendário, havendo vaga e feito o processo seletivo, matricular o aluno transferido, adotando o vínculo do estabelecimento de origem, de tal forma que o tempo letivo seja respeitado. Em contrapartida, incumbe ao estabelecimento de origem emitir a Guia de Transferência, tendo em anexo o histórico escolar, onde constem, dentre outros elementos já mencionados neste Parecer, os resultados alcançados pelo aluno no processo seletivo de ingresso no curso de graduação, com a classificação obtida em relação aos demais concorrentes, **sobretudo agora, quando o referido ingresso pode resultar do sistema classificatório do ENEM**, de acordo com os editais do processo seletivo baixados pelas instituições de ensino superior.

No mesmo expediente, informará que se trata de aluno regular, porque se encontra devidamente vinculado à instituição, isto é, matrícula inicial incólume, e cujas aulas das disciplinas ali relacionadas, com as respectivas cargas horárias semanais, tiveram inicio, no exemplo da consulta, em 10/02/2003, feito o regular lançamento da frequência no período letivo até a data da transferência, com a observação "em curso", mencionando-se notas ou resultados alcançados em processos avaliativos de conteúdos curriculares de que tenha participado, pois isto interessa à instituição destinatária.

2ª Questão: *O que se entende por aluno regular?*

Resposta: Os comentários precedentes já responderam a esta questão: aluno regular é aquele que mantém incólume, sem desfazimento ou desligamento, o vínculo decorrente da matrícula. Com o ato da matrícula se estabelece o vínculo entre a instituição de ensino e o candidato classificado, que, neste caso, passa a denominar-se "aluno regular", com direito, portanto, de requerer a transferência de seu vínculo daquele para outro estabelecimento, com amparo inclusive constitucional, em qualquer tempo.

Aliás, nos comentários já se disse que não se pode, pela via regulamentar, inibir, restringir, modificar ou criar direitos, estabelecer obrigações, posto que tudo isto somente incumbe à lei, que o regulamento e norma disciplinadora, procedimental, não podem modificar.

Isto já se afirmou, claramente, em pareceres anteriores, que datam de 1965, em particular os de 1969. Com maior razão ainda, a partir da Constituição Cidadã de 1988, segundo a qual "ninguém está obrigado a fazer ou deixar de fazer alguma coisa senão em virtude de lei". Por esta razão, não resistiu às decisões dos Tribunais o art. 2º da Portaria Ministerial nº 642, de 9/7/90, publicada no D.O.U. de 11/7/90, seção I, pág. 13.367, e na Documenta nº 356, pág. 198, de agosto de 1990, **que tinha o seguinte teor**:

> "Art. 2º. Não serão permitidas as transferências no primeiro e no último período dos cursos, exceto nos casos previstos em lei."

Ora, inexistindo lei que impeça ao cidadão exercitar o seu livre direito de deslocar-se e de movimentar-se, até por mobilidade como um fato social, natural, para onde quer que seja e quando lhe aprouver, na mesma cidade, no mesmo estado, no mesmo país ou para outros países, como preceituam também os arts. 4º e 5º, *caput*, da Constituição Federal, o dispositivo não poderia mesmo ter subsistido ou mantido eficaz, como não foi, de tal forma que, logo em 25/6/92, o Ministro da Educação editou a Portaria nº 975, **revogando expressamente a de nº 642/90, supracitada, corrigindo-se a visível ilegalidade constante do transcrito art. 2º, totalmente supresso!**

A leitura da Portaria nº 975, de 25/6/92, indica o respeito à liberdade de transferência de matrícula de alunos entre instituições de ensino superior, desde que fique comprovada a "situação regular" do aluno na instituição de origem, isto é, feita a consulta pelo estabelecimento destinatário, por escrito, ao estabelecimento de origem, sobre a situação a regularidade ou não da condição de "aluno regular" do postulante. Se "regular", a matrícula será efetivada, em caráter temporário, com a resposta e com o protocolo do pedido de transferência, para que não haja prejuízo na continuidade dos estudos naquele determinado período letivo, ou no próximo período letivo, se a transferência ocorrer entre eles.

Repita-se, também, neste passo, que "aluno" é aquele que mantém o vínculo institucional e, por isto, preserva a sua condição de "aluno regular", ainda que, durante período determinado no ato do trancamento que lhe foi deferido, tenha ocorrido a descontinuidade temporária dos estudos. Neste caso, não há necessidade de renovar matrícula para transferir-se, posto que não é a matricula que se transfere, mas o vínculo institucional sempre existente em razão da matrícula inicial, mantido no trancamento se e enquanto este existir. Matriculado ou trancado, é indubitável que o aluno está vinculado com aquela instituição de origem e, portanto, é aluno regular.

Nessas circunstâncias, pode, assim, transferir esse vínculo para outra instituição, de tal modo que a instituição de origem, ao emitir a Guia de Transferência, procede também ao ato de seu desligamento do quadro discente, resultando vaga disponível para provimento por transferência ou por outras formas regimentais, observadas as peculiaridades das situações de movimentação precária, como é o caso de transferência *sub judice*.

3ª Questão: *Existe amparo legal para mera transferência de processo seletivo, uma vez que a referida seleção é específica para cada instituição?*

Resposta: Também os comentários já respondem a consulta: enquanto não houver matricula inicial, não existe vinculo e, portanto, não há ainda "aluno regular" na instituição em que realizou o processo de seleção para ingresso em curso de graduação. Há apenas candidato classificado em processo seletivo daquela instituição, na qual se matriculará ou não.

Não existe "candidato" na instituição, mas no processo seletivo da instituição. Como não se transfere o que não existe, não se pode transferir "candidato", pois não é "aluno regular", isto é, não existe ainda como "aluno regular" do quadro discente, apto a postular a transferência de seu vínculo, que o simples "candidato" não detém.

Por isto, a Portaria Ministerial nº 975, de 20/6/92, exige que a instituição destinatária consulte a instituição de origem para que esta, igualmente por escrito, ateste a regularidade ou não da condição do aluno postulante do ingresso por transferência de seu vínculo, sem exigência alguma de haver ou não iniciado os estudos.

Não se transfere candidato classificado, mas tão somente "aluno regular", isto é, aquele que, pela matrícula, possui vínculo a transferir para outro estabelecimento, mesmo que esse vínculo esteja mantido pelo trancamento.

4ª Questão: *Tem amparo legal o preenchimento das vagas iniciais oferecidas por curso por transferência?*

Resposta: A consulta guarda estreita correlação com o estabelecimento do número de vagas por curso para provimento mediante transferência, sabendo-se que das vagas iniciais fixadas para ingresso em determinado curso/instituição a serem preenchidas por processo seletivo previsto no Art. 44, inciso II, da LDB, com os procedimentos e diretrizes gerais disciplinados pelo Conselho Nacional de Educação, podem remanescer algumas não preenchidas pelo referido processo de seleção, sobretudo quando a relação candidato-vaga não representa diferença significativa em um processo competitivo.

De qualquer modo, o art. 49, *caput*, da LDB, quando se refere a "existência de vagas" como condição para ingresso na instituição destinatária, transferindo o vínculo da instituição de origem, não discriminou, nem o fez o Decreto Regulamentar, porque não poderia fazê-lo, distinguindo onde a lei não distingue, a que "vagas" estaria referindo-se. A lei estabeleceu como condição "existência de vagas".

Como se sabe, as vagas para ingresso em uma instituição/curso, mediante processo seletivo, iniciais para aquele determinado período de que trata o respectivo edital, devem ser preenchidas pelos concorrentes classificados no referido concurso vestibular (inicial), cujo processo pode conter um limite de desempenho para exclusão automática de candidatos, remanescendo os demais em sistema classificatório, como podem todos os candidatos participar de um sistema classificatório, sem o corte de exclusão automática de candidatos, outrora denominada fase reprobatória.

Em qualquer circunstância, tratando-se de processo seletivo, haverá uma classificação de candidatos até o número de vagas iniciais fixadas para o curso/período letivo, conforme se trate de seleção para vagas semestrais ou anuais.

Neste caso, se, dentre os candidatos classificados até o limite do número de vagas constantes do edital, alguns desistirem ou perderem o direito decorrente da classificação pelo seu não comparecimento tempestivo para matrícula, serão chamados tantos classificados subsequentes, respeitada a ordem classificatória para essas convocações sucessivas, quantos forem necessários para o provimento das vagas a que concorreram, por se tratar de um certame de natureza pública.

Ainda assim, casos existem em que remanescem vagas, posto que os classificados, convocados todos, não as preencheram. Trata-se, portanto, indiscutivelmente, de "existência de vagas" que podem ser preenchidas mediante processo seletivo destinado a matrícula por transferência do vínculo de uma para outra instituição. O que não é possível é reservar vagas iniciais para provimento por transferência de vínculo, se ainda há candidatos classificados no mesmo certame, que poderiam ser convocados.

Confirmando o entendimento exposto, é conhecida a sistemática da fixação do número de vagas totais de um curso, como, aliás, a Lei Federal 7.165/83 e seu Decreto Regulamentar nº 94.152/87, disciplinaram com muita propriedade, inserindo em texto de lei, de norma material, o que era um procedimento de prática recomendável. Com efeito, considerando que os períodos letivos, séries ou semestres que se seguirem ao primeiro, em tese, conservam o mesmo número de vagas iniciais para provimento por processo seletivo, entende-se que o número de vagas totais de determinado curso resulta da multiplicação do número de semestres ou séries em tempo médio de integralização curricular, pelo número de vagas iniciais.

Comparando-se esse total com o contingente efetivo de alunos matriculados, isto é, daqueles que mantêm vínculo com a instituição, verifica-se o número de vagas residuais. Ora, assim procedendo, as vagas iniciais restantes, remanescentes, não preenchidas pelos classificados para determinado período letivo, estarão também aí contidas e, portanto, podem ser preenchidas pelo mesmo procedimento.

Invocando ainda o Parecer nº 224/84, ao concluir sobre o tópico transferência/vaga, distinguindo as de aceitação facultativa e as de matrícula compulsória independente de vaga, assim concluiu no item IV do referido tópico:

> "IV: A matrícula de transferidos pressupõe a existência de vaga no curso, cujo total, em princípio, resulta da multiplicação do número de vagas iniciais pelo de anos, períodos ou semestres letivos em que se estrutura o curso."

Atente-se que nem sempre o número efetivo de alunos matriculados corresponde a essa multiplicação acima indicada, pois, nesse contingente geral, não se incluem os matriculados por transferência *ex officio* e os de matrícula compulsória, independentes de vaga, as matrículas de cortesia, as repetências e aqueles que trancaram a matrícula por determinado período, posto que, do contrário, o trancamento passaria a ser desastroso, prejudicial, para a sociedade e para a instituição. Para a primeira, porque haveria a redução, no tempo, do número de profissionais demandados pela sociedade (Art. 43, inciso II, da Lei nº 9.394/96) e para a segunda, porque estaria pondo em risco o princípio constitucional da garantia do padrão de qualidade contido nos arts. 206, inciso VII, e 209, inciso II, além de, no caso das instituições particulares, configurar redução da capacidade de autofinanciamento de que trata o art. 7º, inciso III, da própria LDB.

Consequentemente, excluídos do cômputo aqueles que integram esses segmentos discentes, tem-se o total de matrícula efetiva da instituição. Se o número é menor do que o obtido com a multiplicação do número de vagas iniciais pelo tempo médio de integralização curricular do curso, sem dúvida que vagas residuais existem para preenchimento nos termos do art. 49 da LDB, decorrentes de evasões durante o curso (desistências, cancelamentos, desligamentos, transferidos, abandonos etc.) e também nas vagas remanescentes daquele determinado processo seletivo, não preenchidas pela inexistência de classificados.

O que não pode mesmo é uma instituição que não goze da prerrogativa de autonomia, valer-se do instituto jurídico da transferência do vínculo, com matrícula em outro estabelecimento, para este aumentar, por essa via indireta, o número de vagas de um curso e, portanto, suas vagas iniciais fixadas no ato de autorização de funcionamento e confirmadas no processo de reconhecimento.

V: Voto dos Relatores

Votamos no sentido de que se responda à consulente nos termos deste Parecer, que fixa diretriz geral desta Câmara de Educação Superior do CNE sobre transferências de vínculo com matrícula em outra instituição de ensino, no mesmo curso ou em cursos afins, como previsto em lei.

Brasília-DF, em 17 de dezembro de 2003.
Conselheiro José Carlos Almeida da Silva – Relator
Conselheira Marília Ancona-Lopez – Relatora
Conselheira Petronilha Beatriz Gonçalves e Silva – Relatora

VI: Decisão da Câmara

Câmara de Educação Superior aprova por unanimidade o voto do Relator.

Sala das Sessões, em 17 de dezembro de 2003.
Conselheiro Éfrem de Aguiar Maranhão – Presidente

6.4.4 Oferta de curso condicionada ao número de inscritos no processo seletivo

Fundação Educacional de São Borja – RS
Autorização para incluir observação no Edital do Concurso Vestibular/1993 CESu – Par. 610/92, aprovado em 9/11/92 (Proc. 23001.000645/92-39)

I: Relatório

A Faculdade de Filosofia, Ciências e Letras de São Borja – RS pondera que a procura pelos cursos de licenciatura tem diminuído sensivelmente, explicando dar-se o fato em decorrência dos baixos salários pagos ao magistério e do consequente desprestígio profissional.

Ao mesmo tempo, a IES faz referência à atual crise econômica que penaliza a comunidade local, com um terço de sua população economicamente ativa desempregada.

Diante disto, a instituição pede autorização a este Colegiado para incluir no Edital do Concurso Vestibular/93 a seguinte observação:

> *Somente será realizado o CV/93 do curso oferecido que obtiver um mínimo de (30) trinta candidatos inscritos. Se o curso pelo qual o candidato optou não atingir o número proposto, ele poderá escolher um dos outros cursos ou receberá da mantenedora a devolução correspondente à sua inscrição.*

II: Parecer e voto do Relator

Diante do exposto e julgando legal e judiciosa a pretensão do requerente, este Relator vota pela aprovação do pedido.

III: Decisão da Câmara

A Câmara de Ensino Superior acompanha o voto do Relator.

Sala das Sessões, em 09 de novembro de 1992.

(aa) Layrton Borges de Miranda Vieira – Presidente
José Francisco Sanchotene Felice – Relator
José Luitgard Moura de Figueiredo
Lauro Leitão
Sydnei Lima Santos
Lêda Maria Chaves Napoleão do Rêgo

6.5 Súmulas do Conselho Federal de Educação

Nesta seção, vão transcritas súmulas do Conselho Federal de Educação (CFE) que versam sobre matrículas, mas também sobre questões de vagas, currículo e condicionamento da oferta de cursos à demanda, isto é, ao número de alunos necessário a sua viabilização no processo seletivo.

6.5.1 Conclusão do ensino médio – Requisito para matrícula em curso superior

SÚMULA 1/92

Para a matrícula em curso de graduação, ministrado em universidade ou em curso isolado de ensino superior, é imprescindível a prova de conclusão do curso de 2º grau ou equivalente.

Na hipótese de matrícula efetuada à vista de documentação defeituosa, o vício poderá ser sanado se for constatada boa fé do aluno.

Ref. Pareceres CFE 33/89, 35/89, 122/89, 746/89, 755/89, 85/89, 945/89, 959/89, 976/89, 22/90, 321/90, 517/90, 570/90, 571/90 e 592/90

6.5.2 Vagas remanescentes após conclusão do processo seletivo – Possibilidade de matrícula de alunos diplomados por curso superior

SÚMULA 2/92

Concluída a matrícula dos candidatos classificados, se restarem vagas das que foram oferecidas no edital de convocação do concurso vestibular, pode a instituição de ensino superior acolher requerimento de matrícula de diplomados por curso superior, no curso em que ocorreu a sobra de vagas e de área compatível com o diploma apresentado.

Ref. Lei 5.540/68, art. 17, a; Pareceres CFE 18/65, 157/88, 719/88 e 867/90

6.5.3 Currículos novos – Aplicação imediata

SÚMULA 3/92

Não há direito adquirido a currículos, tanto por parte do aluno quanto da escola. Uma legislação nova, eminentemente de ordem pública, alcançará as situações em curso e a elas, de imediato, se aplica.

Mas o enfoque pedagógico recomenda que não se submeta o processo educativo, que é por natureza contínuo e cumulativo, a transições bruscas ou modificações traumáticas. Assim, a implantação de novos currículos, mínimos ou plenos, deve adotar processo gradual, que facilite os ajustamentos adequados.

Ref. Pareceres CFE 914/79 e 790/90

PARTE III

JURISPRUDÊNCIA SOBRE O TEMA

7. A VOZ DOS TRIBUNAIS

7. Mudança de orientação nas Cortes

Neste capítulo, dedicado aos pronunciamentos da Justiça sobre questões decorrentes da relação entre alunado e instituições privadas de ensino, pode-se ver uma importante evolução. Com base em novas legislações, a começar pela Constituição Federal de 1988, deixou de ser considerada direito líquido e certo a rematrícula do inadimplente, cessou a discussão sobre a competência para julgar atos do gestor – antigamente confundido com a atuação da autoridade federal e, portanto, da alçada da Justiça Federal. Com isso, a letra do contrato de prestação de serviços educacionais e o cumprimento de todas as exigências de publicidade dos documentos que regem a relação entre as partes – IES e alunado – tornam-se fundamentais para as instituições.

7.1 Recursos

7.1.1 Mandado de Segurança – Pedido de matrícula por aluno inadimplente – Constituição de 1988

9ª Vara Federal
Mandado de Segurança
Processo nº 98.0002325-9
Impetrante: Aluno (A)
Impetrado: Reitor Da Universidade Anhembi Morumbi
Juiz Federal: Eduardo Carvalho Caiuby

Reg. Nº 268 / 99

Vistos etc.

Aluno (A), qualificado(a) na inicial, propõe o presente mandado de segurança contra ato do Reitor da Universidade Anhembi Morumbi, pleiteando, com o presente *mandamus*, obter autorização para efetuar sua rematrícula. Alega estar inadimplente por razões alheias à sua vontade e que, por esse motivo, não obteve êxito ao procurar efetivar sua matrícula para o segundo ano do curso de Nutricionismo.
A inicial veio acompanhada dos documentos indispensáveis à impetração.
A medida liminar foi concedida, conforme decisão de fls.36/38.
Requisitadas as informações, a autoridade coatora defende a legalidade de sua atuação. Argui a ausência de direito líquido e certo, diante da inexistência de dispositivo legal a amparar a pretensão.
O Ministério Público Federal opina pela concessão da segurança.

É o relatório. Decido.

A existência de direito líquido e certo é questão que se confunde com o mérito e com ele será analisada.
Trata-se de mandado de segurança objetivando provimento judicial que garanta ao impetrante a efetivação de sua rematrícula, recusada pela autoridade coatora em razão da existência de débitos.
A Constituição Federal de 1988 declara que a educação é um "direito de todos e dever do Estado" (art. 205). A concepção agasalhada pela Carta Magna eleva a educação à categoria de serviço público essencial que deve ser prestada pelo Estado. O Estado mantém, assim, alguns estabelecimentos de ensino gratuito, permitindo, em caráter complementar, a existência de estabelecimentos de ensino particulares.
Assim, de acordo com os arts. 208, inciso I, e 209 da Constituição Federal, *in verbis*:

> Art. 208: O dever do Estado com a educação será efetivado mediante a garantia de:
> [...]
> I: ensino fundamental, obrigatório e gratuito...".
>
> Art. 209: O ensino é livre à iniciativa privada, atendidas as seguintes condições:
> I: cumprimento das normas gerais da educação nacional;
> II: autorização e avaliação de qualidade pelo Poder Público

A Medida Provisória nº 1.477, de 5 de junho de 1996, assim como suas reedições assevera, em seu artigo 1º, que a contratação do valor total das mensalidades escolares será feita no ato da matrícula entre o estabelecimento de ensino e o aluno, ou pai do aluno ou o responsável.

In casu, o estabelecimento de ensino não é oficial. Ao escolher estudar em um estabelecimento de ensino particular, o aluno já sabe, antecipadamente, que terá que arcar com o valor da matrícula e das mensalidades como contraprestação da relação jurídica pactuada entre as partes. Não pode, posterior e unilateralmente, alterar as regras acordadas, pretendendo estudar gratuitamente em estabelecimento que sempre soube não ser gratuito.

No ato da matrícula, efetuam as partes um contrato de prestação de serviços. Este contrato é anual (ou semestral), renovado a cada período letivo.

Entendo que, no decorrer do ano ou do semestre letivo (conforme as cláusulas do contrato), a instituição não pode impedir o aluno de cursar as aulas e de fazer as provas. Porém, vencido esse prazo, não está obrigada a renovar a matrícula do aluno inadimplente, a qual não constitui "penalidade pedagógica".

Consigne-se que, para bem prestar seus serviços – como contratação de professores, manutenção das salas de aula, bibliotecas, laboratórios e outros -, tem a universidade particular custos que somente serão recuperados com o regular pagamento de matrículas e mensalidades pelos alunos. A prestação de serviços, *in casu*, se a correspondente contraprestação, implicaria em enriquecimento sem causa para o aluno.

Por outro lado, a Medida Provisória nº 1.477, de 24.10.96, que foi primeiramente emitida sob o nº 524/94, continha, à época, em seu artigo 5º, a seguinte redação:

> "Art. 5º: São proibidos a suspensão de provas escolares, a retenção de documentos de transferência, o **indeferimento de renovação das matrículas dos alunos** ou a aplicação de quaisquer penalidades pedagógicas ou administrativas, por motivo de inadimplência do aluno, sem prejuízo das demais sanções legais" (*destaque nosso*).

Sucedeu a propositura de Ação Direta de Inconstitucionalidade, ADIN nº 1.081-6, tendo o Plenário do Egrégio STF suspendido a expressão "o indeferimento da renovação da matrícula dos alunos". Em razão disto, as reedições posteriores da Medida Provisória em questão suprimiram a referida expressão, adotando, doravante, a seguinte redação (Medida Provisória nº 1.477/96):

> "Art. 6º: São proibidas a suspensão de provas escolares, a retenção de documentos escolares, inclusive os de transferência, ou a aplicação de quaisquer penalidades".

Assim, a proibição de efetuar a matrícula por inadimplência não mais figura entre as penalidades pedagógicas vedadas pela Medida Provisória em referência.

Vale-se transcrever parte do voto do relator Ministro Francisco Rezek, na ADIN nº 1.081-6 – DF, ao analisar o artigo 5º:

> "O artigo 5º proíbe sanções no caso de inadimplência: ficam proibidos as suspensões de provas escolares, a retenção de documentos de transferência, o indeferimento de renovação das matrículas, a aplicação de quaisquer penalidades pedagógicas ou administrativas por motivo de inadimplência do aluno [...]
> De minha parte, não acho que o legislador esteja proibido de estabelecer normas dessa natureza [...]. Mas o legislador não pode, sem ofensa à Constituição, obrigar pessoas a celebrarem ou renovarem contratos. Assim, no ponto em que força a renovação de matrícula, e só nele, a regra do art. 5º deve ser suspensa [...]."

Ponderou, ainda, o Min. Sidney Sanches, em seu voto, que:

> "Quanto o art. 5º, suspende as expressões "indeferimento da renovação das matrículas dos alunos" porque proibir esse indeferimento seria não só intervir nos contratos, mas compelir a contratar, que é mais do que intervir."

Vale salientar, ainda, o entendimento da 5º Turma do Egrégio Tribunal Regional Federal da Quarta Região, *in verbis:*

> "UNIVERSIDADE PARTICULAR – INADIMPLÊNCIA DAS MENSALIDADES – RENOVAÇÃO DE MATRÍCULA.
>
> Não está a universidade particular obrigada a renovar a matrícula de aluno que não atendeu às mensalidades ou semestralidades referentes ao período anterior.
>
> Não tipifica a espécie a regra constante do art. 6º da MP nº 1.477-26/96."

(AI nº 96.04. 43408-0/RS, Rel. Juíza Luiza Dias Cassales, 5ª T., V.U., J. 10.10.96, DJ, 11.12.96, p. 96.278)

Conforme os argumentos expendidos, entendo que a norma legal não pode, sem ofensa ao artigo 5º, inciso II, da Constituição Federal, obrigar pessoas a celebrarem ou renovarem contratos.

Isto posto, julgo **improcedente** o presente mandado de segurança para, com fulcro no artigo 269, inciso I, do Código de Processo Civil, denegar a ordem, cassando expressamente a liminar concedida.

Custas "*ex lege*".

Não há condenação em honorários advocatícios a teor da Súmula nº 512 do STF.

P. R. I. e Oficie-se.

São Paulo, 5 de fevereiro de 1999.

Eduardo Carvalho Caiuby
Juiz Federal

7.1.2 Mandado de Segurança – Pedido de matrícula por aluno inadimplente – Direito líquido e certo de matrícula - Ordem negada

4ª Vara Federal em Campinas
Proc. Nº 97.0600177-8
Mandado de Segurança
Impetrante: Aluno (a)
Impetrado: Diretor da Faculdade de Odontologia da Universidade São Francisco de Brangança Paulista

Sentença

I: Relatório

Trata-se de mandado de segurança impetrado por Aluno(a) contra ato do Diretor da Faculdade de Odontologia da Universidade São Francisco de Bragança Paulista, que lhe estaria a obstar a matrícula.

A ação foi inicialmente proposta na Justiça Estadual, tendo sido remetida para a Justiça Federal, após a constatação da verdadeira competência para processar e julgar o feito.

Em suma, argumenta a impetrante que teria o direito líquido e certo de se matricular no último ano da Faculdade de Odontologia, ainda que em débito com o estabelecimento de ensino, pois que teria proposto parcelamento do débito.

Requereu liminar.

Com a inicial foram juntados os documentos de fls. 05 a 07.

Em despacho de fls. 22/24, requisitos do inciso II, do artigo 7°, da Lei n° 1566/51, foi a liminar deferida.

A título de informações, veio a peça de fls. 34/45, subscrita por advogados, em nome da autoridade reputada coatora. Com a peça, foram juntados os documentos de fls. 46 a 69.

Em fundamentado parecer da lavra do eminente Procurador da República, Dr. Frederico Lugon Nobre, opinou o Ministério Público Federal pela denegação da ordem.

II: Fundamentação

Impende consignar que a peça de fls. 34 a 45 deve ser desconsiderada, uma vez que não se presta para o fim das informações a que alude a Lei do Mandado de Segurança.

É que a prestação das informações pela autoridade apontada como coatora é ato privativo desta, não podendo ser delegada tal atividade a terceiros. Pode-se, quando muito, aceitar que as referidas informações sejam firmadas em conjunto com advogados. De toda sorte, o que se deve ter em mente é a prestação das informações, consideradas estas como verdadeira fundamentação do ato impugnado, é ato privativo da autoridade, sendo, pois, imprescindível, a aposição de sua assinatura na mesma.

Anoto que se trata de matéria há muito cristalizada, como se pode ver da lição do saudoso mestre Hely Lopes Meirelles, que me permito transcrever:

> "As informações constituem a defesa da Administração. Devem ser prestadas pela própria autoridade arguida de coatora, no prazo improrrogável de dez dias (art. 7º, I, da Lei nº 1.533/51, com alteração introduzida pela Lei 4.348/64). Podem ser subscritas por advogado, mas juntamente com a autoridade responsável pelo ato..."(Mandado de Segurança, Ação Popular, Ação Civil Pública, Mandado de Injunção, "*Habeas Data*", 15ª Edição, p. 64)

Destarte, deve ser a peça desentranhada dos presentes autos.
Contudo, sendo a matéria aqui tratada predominantemente de direito, a desconsideração das informações não trará maiores consequências para o sujeito passivo (Universidade privada, no exercício de função pública delegada que suportará o ônus do *decisum*). Eis que, de fato, não merece acolhida o pedido formulado pela autora.
Em verdade, o texto da Medida Provisória nº 1.429 [que dispõe sobre a definição do valor das mensalidades escolares do ensino em todos os níveis] continua eficaz, por força de suas contínuas reedições desde 1996. Hoje, está em vigência a MP 1.477-34, de 17.03.97.
De toda sorte, a redação do artigo 6º tem sido a mesma, inclusive na atual MP 1.477-34, *in verbis:*

> "Artigo 6º: São proibidas a suspensão de provas escolares, a retenção de documentos escolares, inclusive os de transferência, ou a aplicação de quaisquer outras penalidades pedagógicas, por motivo de inadimplemento."

Ora, não exsurge do texto acima transcrito outra interpretação possível, que não a de vedação daquelas sanções ali expressas, por força de inadimplemento. Assim, uma vez inadimplente o aluno, por certo este não poderá sofrer sanções acadêmicas no curso do período letivo, ou mesmo coações como a retenção de documentos escolares. Contudo, o texto da MP não obriga, como aliás não o poderia fazer, sob pena de agressão à Carta Constitucional, o Estabelecimento de Ensino a rematricular o aluno inadimplente no período subsequente.

Interpretação outra certamente abriria inúmeras possibilidades de manobras ardilosas de maus alunos.

Sobre o tema, aliás, o Egrégio Supremo Tribunal Federal já se manifestou quando da apreciação da liminar para suspender a eficácia da MP nº 524, em sede de Ação Direta de Inconstitucionalidade (ADIN 1.081-6). Vale, inclusive, transcrever o voto do Eminente Ministro Francisco Rezeck, neste ponto, *in verbis:*

> "Não sei qual o sentimento reinante no plenário a esse respeito. De minha parte, não acho que o legislador esteja proibido de estabelecer normas dessa natureza, desde que ele esteja, como está normalmente, a dispor sobre o futuro. Não lhe nego a prerrogativa de dizer coisas deste gênero: "nos contratos de tal natureza, entre tais partes, e visando a tal objeto, fica proibida a fixação contratual de determinadas penalidades, como contrapartida a determinados fatos ou ações". **Mas o legislador não pode, sem ofensa à Constituição, obrigar pessoas a celebrarem ou renovarem contratos. Assim, no ponto em que força a renovação da matrícula, e só nele, a regra do artigo 5º deve ser suspensa"**. (*destaque nosso*)

Outrossim, não se argumente com a tese de que a situação já estaria sedimentada no tempo, por força da liminar concedida *in initio litis.* Deveras, em outras casos já tive pessoalmente a oportunidade de agasalhar tal tese, consigno, contudo, que em todos eles, não se via, nem de longe, a possibilidade de estar o aluno agindo com má-fé, ou mesmo com desídia. Afinal, se a situação de inadimplência vinha transcorrendo já durante o ano letivo anterior, outras providências poderiam ter sido tomadas pela aluna, como procurar ajuda no crédito educativo, ou bolsas de estudo, ou até mesmo reforçar a renda familiar e colaborar para sustentar seus estudos procurando uma atividade laboral paralela. Efetivamente, o Judiciário não pode proteger atitudes como estas, ainda que hipotéticas.

De outro lado, quando pleiteia a parte uma medida liminar em juízo, está ela assumindo o risco de tê-la revogada ao final da lide. Ainda mais em sede de ação mandamental, onde a própria relevância do fundamento da ação, ou seja, a magnitude do direito invocado, obriga o julgador a deferir a medida requerida.

I: Dispositivo

Diante do exposto, com fulcro no artigo 269, I, do CPC, REJEITO o pedido da autora, para denegar a segurança.

Casso a liminar concedida, por força da Súmula nº 405, do STF.

Desentranhe-se a peça de fls. 34/45, bem como os documentos que a instruíram (fls. 46 a 69)

Custas "*ex lege*".

Sem condenação ao pagamento de honorários, a teor das Súmulas nº 512 do STF e nº 105 do STJ.

Publique-se. Registre-se. Intime-se. Oficie-se.

Campinas (SP), 14 de abril de 1997.

José Eduardo Nobre Matta

Juiz Federal Substituto

7.1.3 Apelação – Mandado de Segurança – Pedido de matrícula por aluno inadimplente

PRIMEIRO TRIBUNAL DE ALÇADA CIVIL
DO ESTADO DE SÃO PAULO

Acórdão

MANDADO DE SEGURANÇA – AÇÃO – CONDIÇÕES – LEGÍTIMO INTERESSE DE AGIR DO AUTOR – COBRANÇA DEVIDA – RECURSO PROVIDO PARA ESSE FIM.

Vistos, relatados e discutidos estes autos de Apelação nº 775.631-0, da Comarca de Bragança Paulista, sendo apelante Reitor da Universidade de São Francisco e apelado [...] (Assist. Jud.).

Acordam, em Oitava Câmara do Primeiro Tribunal de Alçada Civil, por maioria de votos, em dar provimento ao recurso.
O Magnífico Reitor da Universidade São Francisco, de Bragança Paulista, recorreu contra a r. sentença de fls. 137/141, que, levando em conta transação entre as partes (fls. 116/117), julgou extinto o Mandado de Segurança com medida liminar impetrado por [...], aluno da Faculdade de Direito daquela instituição, visando sua matrícula.
Através das razões de fls. 143/161, pleiteou o apelante a reforma daquela r. decisão, para que fosse decretada a carência da ação e a inépcia da inicial, por impossibilidade jurídica do pedido; ou, então, denegada a segurança, cassando-se a liminar concedida às fls. 10/11.

É o relatório.

Tanto o eminente relator sorteado quanto o ilustre terceiro Juiz e este revisor puseram-se de pleno acordo quanto à competência, uma vez que, versando o tema sobre assunto estritamente contratual, não havia razão para a infundada insistência em deslocar a matéria para a Justiça Federal.

Tocante ao mérito, entretanto, entendeu o notável Juiz Maurício Ferreira Leite que a irresignação recursal procedia, pois carecia o impetrante de interesse processual, por via de consequência havendo de ser proclamada a extinção do feito, de acordo com o art. 267, inciso IV (última figura), do Código de Processo Civil. Isso porque o impasse entre as partes surgiu, a seu ver, em função de uma divergência sobre a forma de pagamento das mensalidades escolares – questão que só se poderia resolver em ação de cognição ordinária, pois cabível a fase instrutória com amplitude, podendo o óbice à matrícula ser examinado por cautelar preparatória ou incidental à lide principal – o que não se admite em sede de Mandado de Segurança.

Ademais, havendo contrato pendente, não existiria postulação enquadrável nos parâmetros de direito líquido e certo.

Tal posicionamento, que dava pelo provimento parcial do recurso, não coincidiu com o ponto de vista da maioria, composta pelo douto Magistrado Márcio Franklin Nogueira e por este revisor.

Com efeito, ambos consideraram que o fulcro da divergência não estava nas questões relacionadas à forma de pagamento das mensalidades escolares – mas sim na legalidade ou não do ato que indeferiu a matrícula. Sustenta o impetrante que a não aceitação de seu pedido de parcelamento do débito configuraria ilegalidade, não justificando o impedimento à matrícula.

Não é o caso, pois, de decretação de extinção do processo por carência da ação, nem há que se falar em perda de objeto da lide. Tanto assim que do instrumento contratual consta, expressamente (fls. 117 verso), que o mesmo "refere-se, apenas, a débitos de 1996 e não constitui ato de reconhecimento da validade da matrícula do 2º contratante, neste ano/96, questão esta que está sendo decidida judicialmente". Significa, mais, que o acordo foi celebrado em face de outra demanda, onde se cobram as mensalidades em atraso – em nada influindo no debate objeto deste Mandado de Segurança.

Por outro lado, é forçoso reconhecer que o ato impugnado é legal: os contratos escolares são firmados pelo prazo de um ano letivo, devendo ser renovados, portanto, anualmente e não se pode impor à escola ou Universidade contratar com estudante inadimplente no ano precedente; se assim fosse, ficaria inviabilizada a exploração dessa atividade pelas entidades de ensino particulares.

É notório que a instituição de ensino não pode, durante o ano letivo, impedir a prestação de provas, ou transferência, ou expedição de documentos do aluno, ou por falta de pagamento: mas não pode, também ser coagida a renovar, no ano seguinte, o contrato de estudantes inadimplentes – como é o caso destes autos. Do mesmo modo, a escola não pode ser compelida a aceitar proposta de parcelamento de débito, inexistindo, aí, direito líquido e certo do aluno – mas mera liberalidade de estabelecimento de ensino.

Por todo o exposto, dá-se provimento integral à Apelação, por maioria, para denegar a ordem, vencido parcialmente o relator sorteado.

Presidiu o julgamento, com voto, o Juiz Maurício Ferreira Leite (vencido parcialmente) e dele participou o Juiz Franklin Nogueira (com visto).

São Paulo, 17 de junho de 1998

Carlos Alberto Hernândez
Relator designado

Maurício Ferreira Leite
(Declaração de voto em separado)
Juiz Federal

7.1.4 Mandado de Segurança – Pedido de matrícula negado por perda de prazo – Competência para julgar ato de gestor de IES privada

21ª Vara Cível Federal de São Paulo
Processo nº 97.0023099-6 – MS
Impetrante: Aluno (A)
Impetrado: Reitor da Universidade São Francisco

Vistos etc.

Trata-se de mandado de segurança impetrado contra ato praticado por dirigente de estabelecimento privado de ensino superior, que estaria negando ao impetrante o direito de rematrícula em razão da perda do prazo para rematrícula.
Alega, em síntese, que assinou contrato de consolidação de crédito e respectiva quitação em 15.03.97. Obteve ciência do deferimento da rematrícula somente em 20.05.98, porque a funcionária da secretaria da faculdade não logrou êxito em localizar seu formulário antes do encerramento do prazo para rematrícula (28.04.98).

Concedida a liminar às fls. 37/39.
Requisitadas, vieram as informações, onde a autoridade impetrada rebate as questões ventiladas no exordial.

O Ministério Público Federal, em seu parecer, opinou pela extinção do feito, sem julgamento do mérito.

É o relatório.

DECIDO:
Os tribunais pátrios, interpretando a Constituição Federal de 1969, firmaram jurisprudência no sentido de que os estabe-

lecimentos de ensino superior funcionavam por delegação da União, decorrendo daí que os atos praticados por seus dirigentes eram suscetíveis de correção por meio de mandado de segurança a ser apreciado pela Justiça Federal.

Esse entendimento – que prevaleceu em face da interpretação assente de que aquela Carta Constitucional conferiu ao Estado o monopólio da educação, tornando-a atividade atribuída exclusivamente ao Estado, que, eventualmente, a delegava aos particulares – tem sido mecânica e indevidamente reiterado por muitos na ordem constitucional vigente.

É que não se tem atentado para a profunda alteração ocorrida no capítulo atinente à educação na atual Carta Constitucional.

Na vigência da Constituição de 1969, prevaleceu, especialmente no Supremo Tribunal Federal, com decisiva influência nos demais órgãos do Poder Judiciário, a interpretação no sentido de que a educação era monopólio do Estado. Assim, os particulares atuavam na área educacional apenas por delegação de função estatal. Os dispositivos constitucionais que regulavam a questão tinham a seguinte redação:

> "Art. 176: A educação, inspirada no princípio da unidade nacional e nos ideais de liberdade e solidariedade humana, é direito de todos e dever do Estado, e será dada no lar e na escola.
> §1º: O ensino será ministrado nos diferentes graus pelos Poderes Públicos.
> §2º: Respeitadas as disposições legais, o ensino é livre à iniciativa particular, a qual merecerá amparo técnico e financeiro dos Poderes Públicos, inclusive mediante bolsas de estudo."

A Constituição Federal de 1988 modernizou o sistema educacional pátrio, trazendo profundas inovações na matéria. Dessa maneira, afastou por completo a possibilidade de interpretação de ocorrência de delegação, tal qual ocorria na ordem constitucional anterior, ao dispor, em linha de princípio, que a "educação, direito de todos, dever do Estado e da família, será promovida e incentivada com a colaboração da sociedade" (art. 205), e, logo após, explicitar:

> Art. 206: O ensino será ministrado com base nos seguintes princípios:
> [...]
> III: pluralismo de ideias e concepções pedagógicas, e coexistência de instituições públicas e privadas de ensino.
> Art. 209: O ensino é livre à iniciativa privada, atendidas as seguintes condições:
> I: cumprimento das normas gerais de educação nacional;
> II: autorização e avaliação de qualidade pelo Poder Público.

Da leitura dos dois dispositivos acima transcritos, verifica-se que a Constituição Federal vigente prevê agora a coexistência da escola pública e da escola privada, sendo certo que esta atua não mais por delegação, mas com mera autorização do Estado.

A tese é, ainda, reforçada pelo disposto no art. 207 da Constituição Federal vigente, que confere às universidades a autonomia didático-científica, administrativa e de gestão financeira e patrimonial.

O particular, embora esteja sob fiscalização do Poder Público e depende de prévia autorização para início das atividades, não mais atua em nome do Estado, Mas ao seu lado.

Nota-se que há inúmeras outras atividades desenvolvidas por particulares mediante prévia autorização e que se encontram sob direta fiscalização da União, sem que está característica altere o caráter privado de sua atuação. Exemplos dessas atividades são as desenvolvidas pelas instituições financeiras, pelas empresas de seguro, de previdência complementar e de capitalização. São elas definidas pela doutrina como "atividades privadas sob regime especial", não tendo, no entanto, caráter de serviço privado.

> "Tudo o que se vem de dizer só é excepcionado nos casos em que a própria Constituição entendeu de atribuir um regime especial para determinadas atividades econômicas que, dessarte, foram isoladas do regime pertinente à generalidade delas, porque a Lei Magna considerou-as merecedoras de tratamento peculiar, excepcional. É o que foi especificamente feito para as atividades financeira, de seguro e capitalização, como resulta do art. 192, I e II, e para empreendimentos privados no setor de ensino, conforme determina o art. 209, II. São, pois, exceções confirmatórias da regra." (Celso Antônio Bandeira de Mello, *Curso de Direito Administrativo*, Malheiros, SP, 8ª ed., p. 421)."

Assim, toda a construção jurisprudencial que se formou na vigência da Constituição Federal de 1969, no que diz respeito à possibilidade de questionamento ato de dirigente de entidade particular de ensino superior em sede de mandado de segurança, bem como à competência de Justiça Federal para apreciação do feito, não mais de sustenta na ordem vigente.

O ato praticado neste caso específico diz respeito agora exclusivamente a ato de administração da iniciativa privada e não a ato praticado pelo particular no âmbito de delegação de função pública federal, razão pela qual deverá ser questionado na esfera judicial pelas vias ordinárias.

Ainda sobre o assunto, assim se pronunciou o Prof. Celso Antônio Bandeira de Mello:

> "[...] certas atividades, a própria Carta Constitucional definiu como serviços públicos: alguns deles em todo e qualquer caso e outros deles apenas quando prestados pelo Estado; pois ou (a) [...]; ou então (b) previu-os como serviços incluíveis na categoria de serviços públicos, quando prestados pelo Estado. É o caso dos serviços: (I) de saúde [...], e (II) educação, ex.VI do art. 205 ("dever do Estado"), inobstante também eles estejam entregues à livre iniciativa, a teor do art. 209 ("O ensino é livre à iniciativa privada, atendidas as seguintes condições I: cumprimento das normas gerais de educação nacional; II: autorização e avaliação de qualidade pelo poder público").
>
> Estes últimos, de conseguinte, não serão serviços públicos quando desempenhados pelos particulares, uma vez que a Carta Magna não limitou a prestação deles ao Estado ou a quem lhe faça as vezes. Segue-se que o Estado jamais poderia pretender outorgá-los em concessão a alguém, sob pena de ferir os direitos de prestá-los que assistem às demais pessoas que preenchem os requisitos legais necessários à comprovação de suas habilitações." (*op. cit.* , p. 424).

Conclui-se, portanto, que no âmbito do ensino superior ministrado por entidade privada não existe ato praticado em nome do Estado, mas apenas ato praticado por particular, no desempenho de atividade privada. Em outras palavras, não há ato de autoridade a ser corrigido por meio de mandado de segurança.

> "O objeto do mandado de segurança será sempre a correção de ato ou omissão de autoridade, desde que ilegal e ofensivo de direito..."(Hely Lopes Meirelles, *Mandado de Segurança e Ação Popular*, RT, 8ª ed. ampl., p. 13)

Portanto, a pretensão do impetrante é de ser apreciada – por se tratar de ato praticado no desempenho de atividade privada – pelas vias ordinárias.
Isto posto e considerado tudo o mais que dos autos consta, **denego a ordem requerida**, sem apreciar o mérito da demanda, por não ser o caso de mandado de segurança, cassando a liminar concedida.

Custas "*ex lege*".

Incabíveis honorários advocatícios, a teor da Súmula 512 do Eg. Supremo Tribunal Federal.
Publique-se, registre-se e intime-se, oficie-se

São Paulo, 03/11/98

Maurício Kato
Juiz Federal

7.1.5 Mandado de Segurança – Pedido de matrícula por aluno inadimplente – Negado

PRIMEIRO TRIBUNAL DE ALÇADA CIVIL DO ESTADO DE SÃO PAULO (extinto)

Acórdão
Vistos, relatados e discutidos estes autos de Agravo de Instrumento nº 799.864-1, da Comarca de São Paulo, sendo agravante Reitor da Universidade Bandeirante de São Paulo – Uniban e o agravado Aluno(a).

Ementa
MENSALIDADES ESCOLARES – MEDIDA CAUTELAR OBJETIVANDO FREQUÊNCIA REGULAR ÀS AULAS

DE ALUNA EM DÉBITO COM MENSALIDADES DEVIDAS A UNIVERSIDADE PARTICULAR – INADMISSIBILIDADE – EXISTÊNCIA, ENTRE ALUNO E ESTABELECIMENTO DE ENSINO PARTICULAR, DE CONTRATO BILATERAL, SINALAGMÁTICO, ESTABELECENDO ÀS PARTES DIREITOS E OBRIGAÇÕES RECÍPROCOS – CABIMENTO DA EXCEÇÃO "*NON ADIMPLETI CONTRACTUS*" – LIMINAR REVOGADA – RECURSO PROVIDO.

Acordam, em Nona Câmara do Primeiro Tribunal de Alçada Civil, por maioria de votos, dar provimento ao recurso, vencido o segundo Juiz.

Trata-se de agravo de instrumento, interposto da respeitável decisão reproduzida às fls. 32/33, pela qual, em medida cautelar inominada, requerida pela ora recorrida em face do ora recorrente, foi deferida a liminar pleiteada, para que "a autora possa frequentar regularmente, neste ano letivo (1998), o terceiro ano do curso de ciências jurídicas, dês que efetuado o pagamento da matrícula, não podendo a ré obstar a aluna de frequentar o curso regular, alegando eventual débito anterior, cabendo a ela viabilizar a cobrança pela via apropriada."

Sustenta o agravante que o contrato celebrado com os alunos é anual e que a legislação pertinente não impõe a obrigação de proceder à rematrícula de alunos inadimplentes.

Recurso recebido sem efeito suspensivo (fls. 62), constatando, fls. 69/70, as Informações prestadas pelo MM. Juiz e, às fls. 79/80, o Parecer da E. Procuradoria Geral de Justiça, pelo não conhecimento do recurso, não tendo havido resposta pela agravada (fls. 83).

É o relatório.

A agravada admite que estava e está em débito para com a Universidade, relativamente a mensalidades de 1997 e 1998, cujo valor não questiona (fls. 26 e 28/29), mas, nos termos da Constituição Federal, sendo educação um direito de todos e dever do Estado, entende que tem direito líquido e certo à matrícula para cursar o Terceiro Ano do Curso de Graduação em Ciências Jurídicas, no ano letivo de 1998.

É certo, todavia, que, entre aluno e escola particular há um contrato bilateral, sinalagmático, estabelecendo às partes direitos e obrigações recíprocos, donde a conclusão de que, em relação a ele, tem inteiro cabimento a exceção "*non adimpleti contractus*", consubstanciada no artigo 1.092 do Código Civil , segundo o qual, "aquele que não satisfez a própria obrigação não tem o direito de reclamar implemento por parte do outro contratante" (Washington de Barros Monteiro, *Curso de Direito Civil*, 15ª ed., Saraiva, 1980, 5° vol., pág. 25).

Com efeito, respeitado o entendimento do MM. Juiz, não se afigura justo compelir escola particular a ministrar regularmente um curso a um aluno e, ainda durante o seu transcorrer, obrigá-la a agir judicialmente para tentar receber o valor das respectivas mensalidades.

E, como consta de v. acórdão do E. Tribunal de Justiça de São Paulo, inserto na "JTJ", Lex, 143/62, Relator o ilustre desembargador Alfredo Migliore, "a educação direito de todos e dever do Estado e da família (art. 205 da Carta Constitucional) constitui-se em direito subjetivo público, mas não estabelece o direito à gratuidade àqueles alunos frequentadores de escolas privadas, nas quais vigora o princípio de livre concorrência e da aferição de lucros pelo empresário", cabendo, outrossim, observar que "a gratuidade deve seguir o princípio da isonomia, isto é, o ensino será gratuito para os iguais e vai sendo exigido o pagamento na proporção em que a pessoa se desiguala entre si. Os pobres ou menos favorecidos devem ter direito constitucional ao ensino gratuito. Os ricos não, principalmente nas Universidades" (Wolgran Junqueira Ferreira, *Comentários à Constituição de 1988*, vol. III/1.073, Ed. Julex)."

Em face do exposto, por maioria, para revogar a liminar, dá-se provimento ao recurso.

Presidiu o julgamento, com voto, o Juiz Luís Carlos de Barros e dele participou o Juiz João Carlos Garcia (Vencido)

São Paulo, 8 de setembro de 1998.

Armindo Freire Mármora
Relator

7.1.6 Mandado de Segurança – Trancamento de matrícula – Competência federal ou da Justiça comum para julgar atos de gestor de IES privada

DÉCIMA PRIMEIRA VARA FEDERAL
Processo nº 98.0030681-1 (Mandado de Segurança)
Impetrante: Aluno (A)
Impetrado: Reitor da Universidade Bandeirante de São Paulo, Uniban

Vistos etc...

Cuida-se de mandado de segurança impetrado por Aluno(a), nos autos qualificado(a), em face dos Sr. Reitor da Universidade Bandeirante de São Paulo, Uniban.

Aduz a impetrante, em síntese, que foi impedida de efetuar o trancamento de sua matrícula para o período letivo de 1988, sem pagamento da taxa correspondente e das mensalidades, em razão de estar em débito com o estabelecimento de ensino particular dirigido pelo impetrado, ato este acoimado de ilegal e abusivo, posto não encontrar amparo na legislação que rege a espécie.

Brevemente relatado.

Decido:

Cumpre, de início, perquirir acerca das condições da ação mandamental, notadamente no que tange à qualificação do impetrado como autoridade pública.
Encontra-se assim redigido o inciso VIII do artigo 109 da Constituição Federal:

> "Art.109: Aos juízes federais compete processar e julgar: (...)
> VIII: os mandados de segurança e os *habeas data* contra ato de autoridade federal, excetuados os casos de competência dos tribunais federais; [...]"

O mandado de segurança constitui instrumento processual para efetivação de garantia outorgada pelo legislador constituinte, conforme estampado no artigo 5º, LXIX, da Carta Magna, *in verbis*:

> Art. 5º: [...]
> LXIX: conceder-se-á mandado de segurança para proteger direito líquido e certo, não amparado por *habeas corpus* ou *habeas data*, quando o responsável pela ilegalidade ou abuso de poder for autoridade pública ou agente de pessoa jurídica no exercício de atribuições do Poder Público; [...]

A tônica do mandado de segurança é a prática ou o justo receio de que venha a ser praticado ato ilegal, ou abusivo, por parte de autoridade pública. Nessa medida, de suma importância é a exata dimensão do conceito de autoridade pública federal, pedra de toque da competência da Justiça Federal Comum para a causa e, de igual forma, revelador de condição indispensável ao prosseguimento do *writ*: o ato de autoridade pública.

A lei de regência, cujos comandos permanecem hígidos, veicula significativas diretrizes ao dispor que "consideram-se autoridades, para os efeitos desta lei, os representantes ou administradores das entidades autárquicas e das pessoas naturais ou jurídicas com funções delegadas do Poder Público, somente no que entender com essas funções" (art. 1°, §1°, Lei n° 1.533/51), e, ainda, que "considerar-se-á federal a autoridade coatora se as consequências de ordem patrimonial do ato contra o qual se requer o mandado houverem de ser suportadas pela União Federal ou pelas entidades autárquicas federais" (art. 2°, Lei n° 1.533/51).

Diante dos conceitos legais, detectamos a existência de duas categorias de autoridades federais: aquelas integrantes dos quadros de entidade federal (autoridade em sentido próprio) e aquelas que desempenham funções delegadas pelo Poder Público Federal (autoridade em sentido impróprio), com exclusão de quaisquer outras, dada a natureza absoluta da competência atribuída à Justiça Federal Comum.

Fácil é a identificação das autoridades federais em sentido próprio, vez que sua qualificação decorre de vínculo com o Poder Público Federal e do exercício de suas funções. O mesmo não sucede, contudo, no que tange às autoridades federais em sentido impróprio, sendo tênues os limites entre o exercício de função delegada pelo Poder Público, somente no que entender com essas funções, e a prática de atos de natureza diversa.

Mister delinear, ainda, que em voo raso, os requisitos indispensáveis à qualificação de determinada atividade como serviço público e em que medida seu exercício por particulares caracteriza ato de autoridade, nos moldes preconizados pela Constituição Federal e pela lei de regência.

Serviço público "é toda atividade de oferecimento de utilidade ou comodidade material fruível diretamente pelos administrados, prestado pelo Estado ou por quem lhe faça as vezes, sob um regime de direito público – portanto consagrador de prerrogativas de supremacia e de restrições especiais – instituído pelo Estado em favor dos interesses que houver definido como próprios no sistema normativo". (Mello, Celso Antônio Bandeira de. *Curso de Direito Administrativo*, 8ª ed. ver., at, ampl., São Paulo: Malheiros, 1996, p. 405)

Daí decorrem três corolários lógicos: a) generalidade do serviço público; b) exclusão ou restrição ao desempenho livre pela iniciativa privada na exploração de atividade econômica; c) submissão ao regime de direito público.

Assim, equivocada é a ideia de que todas as atividades atribuídas ao Estado, exercidas por ele ou não, ostentam o caráter de serviço público, mormente levando-se em consideração o princípio da livre iniciativa (art. 170, CF) e a excepcionalidade da exploração direta de atividade econômica pelo Estado, condicionada aos imperativos da segurança nacional ou a relevante interesse coletivo, conforme definido em lei (art. 173, CF).

Destarte, nada autoriza a equiparação entre serviço público, nos moldes doutrinariamente definidos, e certas atividades de índole privada, ainda que dependentes de autorização do Poder Público para seu exercício (art. 170, parágrafo único, CF). Com efeito, a necessidade de prévia manifestação administrativa constitui lídimo exercício de poder de polícia em razão do interesse coletivo, não lhes retirando a natureza de atividade econômica entregue à iniciativa dos particulares.

Para firmar a distinção entre as situações mencionadas, vale registrar, *v.g.*, os serviços postais, correio aéreo nacional, radiodifusão sonora e de imagens, exploração de portos marítimos, fluviais e lacustres, polícia marítima, aeroportuária e de fronteiras, que, por expressa determinação constitucional (art. 21 e incisos, com a redação da EC nº 19/98), podem ser diretamente explorados pela União ou por terceiros, mediante autorização, concessão ou permissão.

Todavia, serviços outros existem que, embora atribuídos ao Estado, não o são de forma privativa, sendo lícito concluir que públicos serão somente quando por ele desempenhados; ao revés, inexistindo vedação de seu exercício à livre iniciativa, prevalecerá o caráter privado sempre que tais atividades sejam prestadas por particulares, estando inseridas na seara dos atos negociais. Verifica-se, pois, a possibilidade de coexistência entre a realização do interesse coletivo pelo próprio Poder Público e a efetivação do mesmo desiderato pela iniciativa privada, sendo certo que esta última não se encontra atada ao regime de direito público, tampouco exercendo funções delegadas pelo Estado, restando ausente, nestas circunstâncias, a necessária qualidade de autoridade pública federal para impetração de mandado de segurança.

Encontramos típicos exemplos nas disposições veiculadas pelos artigos 205 e 209 da Constituição Federal, *in verbis*:

> Art. 205: A educação, direito do todos e dever do Estado e da família, será promovida e incentivada com a colaboração da sociedade, visando ao pleno desenvolvimento da pessoa, seu preparo para o exercício da cidadania e sua qualificação para o trabalho.
> [...]
> "Art. 209: O ensino é livre à iniciativa privada, atendidas as seguintes condições:
> I: cumprimento das normas gerais da educação nacional;
> II: autorização e avaliação de qualidade pelo Poder Público.

O dever do Estado com a educação consiste, em linhas gerais, na garantia do ensino fundamental obrigatório e gratuito e na progressiva universalização do ensino médio gratuito (art. 208, I e II CF). Em nenhum momento o Estado avocou para si, com exclusividade, o ensino superior, limitando-se a conferir às universidades autonomia didático-científica, administrativa e de gestão financeira e patrimonial (art. 207, CF).

Nessa medida, conjugando-se princípios gerais da atividade econômica, a permissão constitucional para oferta de ensino pela iniciativa privada e a ausência de natureza pública no serviço assim prestado, forçoso concluir pela inaplicabilidade da Súmula 15 do extinto Tribunal Federal de Recursos, posto que dissonante da nova realidade educacional introduzida pela Constituição em vigor.

Outro fator a corroborar tal assertiva é que "considerar-se-á federal a autoridade coatora se as consequências de ordem patrimonial do ato contra o qual se requer o mandado houverem de ser suportadas pela União Federal ou pelas entidades autárquicas federais" (art. 2°, Lei n° 1533/51).

Ora, se o ensino superior é prestado por estabelecimento particular, as questões atinentes à inadimplência de mensalidades e à recusa de trancamento de matrícula para período letivo subsequente, frequentemente levadas a deslinde perante a Justiça Federal Comum, não acarretam consequências de ordem patrimonial para a União ou entidade autárquica federal. Resta, assim, descaracterizada a qualidade de autoridade federal do dirigente de estabelecimento particular de ensino superior e, por óbvio, a presença de uma das condições da ação mandamental.

Por outro lado, a atuação da União Federal é restrita a autorização e avaliação da qualidade do ensino, devendo zelar pelo efetivo cumprimento das diretrizes e bases da educação nacional, o que, à toda evidência, relação alguma possui com os atos adstritos à esfera da livre iniciativa. Somente seria possível vislumbrar situação diversa nas hipóteses de financiamento de instituições de ensino públicas federais pela União, consoante prevê o artigo 211, §1°, da Constituição Federal, não sendo esta a ocorrência verificada.

Destarte, os atos dos dirigentes de entidades particulares de ensino superior podem estar sujeitos, quer à jurisdição federal, se relativos às funções didáticas sob a fiscalização do MEC, quer à jurisdição estadual, se atinentes a atos normais de gestão, dentre os quais se incluem controvérsias decorrentes do inadimplemento das mensalidades e indeferimento de renovação ou trancamento de matrículas. Neste último caso, qualquer que seja a competência jurisdicional, resta evidente a ausência do ato de autoridade a ensejar a impetração, o que não impede, contudo, a discussão sobre a matéria de fundo ser dirimida pela Justiça dos Estados através de ação do rito ordinário.

Durante largo período, a orientação jurisprudencial dominante indicava direção oposta, equiparando o diretor de estabelecimento particular de ensino superior à autoridade pública no exercício de função delegada, conforme se verifica:

> "CONFLITO DE COMPETÊNCIA – MANDADO DE SEGURANÇA. ESTABELECIMENTO PARTICULAR DE ENSINO SUPERIOR. JUSTIÇA FEDERAL.
> Compete à Justiça Federal processar e julgar Mandado de Segurança contra ato praticado por dirigente de estabelecimento particular de ensino superior." (STJ, 1ª Seção, Ccomp 4.011-SP, Rel. Min. Hélio Mosimann, j. 18-05-1993, DJ 14-05-93, p.11758)."
>
> "COMPETÊNCIA – MANDADO DE SEGURANÇA – ATO PRATICADO POR DIRIGENTE DE ESTABELECIMENTO PARTICULAR DE ENSINO SUPERIOR.
>
> I: Compete à Justiça Federal julgar Mandado de Segurança contra ato que diga respeito ao ensino superior, praticado por dirigente de estabelecimento particular (Súmula 15 do antigo T.T.R.)."

II: Conflito de que se conhece, a fim de declarar nula a sentença do Juiz Estadual e competente a Justiça Federal de 1° Grau – PR." (STJ, 1ª Seção, Ccomp 2.238-RS, Rel. Min, Antônio de Pádua Ribeiro, j. 11-10-1991, DJ 04-11-91, p. 15651).

"CONFLITO DE COMPETÊNCIA – MANDADO DE SEGURANÇA.

A Justiça Federal é competente para processar e julgar Mandado de Segurança, imputando ilegalidade de dirigente de estabelecimento particular de ensino superior, nos limites da delegação. Todavia, observa-se a regra geral quando se trata de outro processo." (STJ, 1ª Seção. Ccopm 730 – RS, Rel. Min. Luiz Vicente Cemicchiaro, j. 24-10-1989, DJ 13-11-89, p. 17021).

"ADMINISTRATIVO – PROCESSUAL CIVIL – COMPETÊNCIA. ENSINO SUPERIOR – ESTABELECIMENTO PARTICULAR DE ENSINO SUPERIOR – AÇÃO CAUTELAR – MANDADO DE SEGURANÇA – SÚMULA 15 – TFR.
I: A Súmula 15 TRF, a dizer que compete à Justiça Federal julgar Mandado de Segurança contra ato que diga respeito ao ensino superior praticado por dirigente de estabelecimento particular, diz respeito apenas ao Mandado de Segurança. É que, neste caso, o dirigente de estabelecimento de ensino particular se equipara a autoridade, já que exerce atividade delegada do Poder Público Federal. Tratando-se, entretanto, de ação comum – medida cautelar – a competência somente será da Justiça federal se na causa intervier qualquer dos entes públicos indicados no art. 109, I, da Constituição.
II: Conflito julgado procedente. *Competência do Juízo*

> *Estadual."* (STJ, 1ª Seção, CComp 148 – DF, Rel. Min. Carlos Velloso, j. 29-08-1989, DJ 20-11-89, p. 17288).

Na Justiça Federal de 2ª Instância, vozes já se erguiam em sentido contrário, atentas às diretrizes traçadas pela Constituição Federal relativas ao ensino superior:

> "Ensino superior. Matrícula. Mensalidades. Se a discussão da questão de ensino superior diz respeito a controvérsia resultante exclusivamente de inadimplência do aluno, não é causa de competência federal. Demais requisitos legais presentes, mantém-se a liminar que suspendeu a ordem de primeiro grau. Agravo improvido." (TRF – 4ª, 3ª Turma, AgRg nº MS 94.04.13437-6-RS, Rel. Juiz Volkmer de Castilho, j. 29-03-1994, DJ 11-05-94, p. 22037)

Contudo, a moderna tendência do E. Superior Tribunal de Justiça aponta, em parte, para a mesma conclusão aqui esposada, alterando substancialmente a matéria relativa à competência da Justiça Federal Comum para estas causas. Confira-se:

> "CONFLITO DE COMPETÊNCIA – MANDADO DE SEGURANÇA – ENSINO SUPERIOR – ATO ADMINISTRATIVO DE DIRIGENTE DE FACULDADE PARTICULAR – JUSTIÇA ESTADUAL.
>
> Compete à Justiça Estadual processar e julgar Mandado de Segurança investindo contra ato administrativo de dirigente de faculdade particular." (STJ, 1ª Seção, Ccomp 19.279-RS, Rel. Min. Hélio Mosimann, j. 10-11-1997, DJ 09-12-97, p. 64585)

"PROCESSUAL CIVIL, CONFLITO NEGATIVO DE COMPETÊNCIA – MANDADO DE SEGURANÇA – ESTABELECIMENTO DE ENSINO SUPERIOR – ATO VERSANDO A (SIC) FREQUÊNCIA DE ALUNO – SÚMULA 15-TFR.

1. A tratar de ato impugnado via "*mandamus*", revelador de atividade ajustada à vontade ou determinação de autoridade federal (diretamente ou *longa manus*), nos limites da delegação, a competência é da Justiça Federal (Súmula 15-TFR).
2. Quando, porém, o ato corresponde a típica atividade administrativa *interna corporis*, ditada nos estatutos ou regimento do estabelecimento de ensino superior, não se identifica atuação de autoridade federal e, de regra, a competência aprisiona-se à Justiça Estadual.
3. Precedentes jurisprudenciais.
4. Conflito procedente e declarada a competência da Justiça Estadual." (STJ, 1ª Seção, Ccomp 17.290-GO, Rel. Min. Milton Luiz Pereira, j. 28-08-1996, DJ 23-09-96, p. 35041)

"COMPETÊNCIA – CONFLITO ENTRE JUSTIÇA COMUM E FEDERAL – MANDADO DE SEGURANÇA – ENSINO SUPERIOR – FACULDADE PARTICULAR.

- Compete à Justiça Comum apreciar e julgar Mandado de Segurança impetrado contra ato de Diretor de Universidade particular.
- Conflito conhecido para declarar competente o Juízo de Direito da 2ª Vara de Bragança Paulista – SP, suscitado." (STJ, 1ª Seção, Ccomp 12.461 – SP, Rel.

Min. Peçanha Martins, j. 181-04-1995, DJ 12-06-95, p. 17574)

Todavia, a alteração jurisprudencial acerca da competência de jurisdição não é suficiente para a conclusão aqui sacada. Ora, conforme anteriormente registrado, o dirigente de estabelecimento particular de ensino superior exerce típica atividade privada, franqueada à livre iniciativa pela própria Constituição, inexistindo ato delegado pelo Poder Público. Nessa medida, não só resta descaracterizada sua qualidade de autoridade pública federal como também a qualificação genérica de autoridade pública. Em consequência, ausente uma das condições da ação, incabível a impetração de mandado de segurança em face de atos por ele praticados.

Relevante, por fim, traçar paralelo entre o ensino e a saúde, ambos inseridos no Título VII da Constituição – Da Ordem Social. Consoante dispõem os artigos 196 e 197, CF, a saúde, tal como a educação, é direito de todos e dever do Estado e, embora cabendo ao Poder Público sua regulamentação, fiscalização e controle, os respectivos serviços poderão ser prestados por pessoa jurídica de direito privado. Isto não autoriza concluir que o diretor de hospital particular, praticando típicos atos negociais, ostenta natureza de autoridade pública a ensejar impetração de mandado de segurança. Somente será cabível o *writ* se o ato guerreado derivar de inobservância às normas gerais de ordem pública traçadas pelo Poder competente.

Ante o exposto, ausente qualquer ato de autoridade pública, indefiro a inicial com fulcro nos artigos 1° e 8°, da Lei n° 1533/51, declarando extinto o feito sem julgamento de mérito, a teor do artigo 267, I, do Código de Processo Civil.

Sem honorários, conforme Súmulas 512, do E. Supremo Tribunal Federal, e 105, do E. Superior Tribunal de Justiça.

Indevido o pagamento de custas, ante a gratuidade da justiça que ora se defere.
P.R.I.

São Paulo, 25 de agosto de 1998.

Raquel Fernandez Perrini
Juíza Federal Substituta

7.1.7 Obrigação da escola de zelar pela segurança – Indenização por acidente com morte de aluno

Responsabilidade Civil

"Responsabilidade Civil do Estado. Indenização. Lesão causada por professor a aluno de estabelecimento de ensino público em partida de futebol realizada em aula de Educação Física, Alegação de ser consequência natural e inerente à atividade desportiva. Inadmissibilidade. Obrigação da escola de zelar pela integridade física dos alunos [...] Reparação de danos devida independentemente de prova da culpa" (RT 642/104)

"Morte de menor em acidente ocorrido em escola pública. Omissão do dever do Estado de manter o prédio da escola em condições de segurança. Dano moral aos pais: pensão mensal" (TJ Minas Gerais – apelação cível nº 000.167.957-0/00)

7.1.8 Mandado de Segurança – Pedido de matrícula por alunos inadimplentes

Ofício nº 409/99 – SPS
Mandado de Segurança nº 1999.61.00.005710-9

Impte: Aluno (A)
Impdo: Reitor da FAAP – Fundação Armando Álvares Penteado

Sr. Reitor,

Por ordem da MM Juíza Federal, Dra. Maria Cristina Barongeno Cukierkorn, comunico-lhe que este Juízo proferiu decisão INDEFERINDO a liminar pleiteada, conforme cópia do despacho em anexo.

Outrossim, fica V. Sa. NOTIFICADO a prestar informações no prazo de 10 (dez) dias.

Atenciosamente,

André Luis G. Nunes
Diretor de Secretaria

10ª Vara Federal
Autos nº1999.61.00.005710-9

Trata-se de mandado de segurança impetrado contra ato ilegal praticado pelo Reitor da FAAP – Fundação Armando Alvares Penteado, consistente no impedimento da rematrícula dos impetrantes em face do inadimplemento. Sustenta(m) ter garantido o direito à rematrícula.
Neste exame preliminar, verifico estar ausente o "*fumus boni iuris*".
A MP nº 1.477-47, de 27/03/98, reeditada, em seu artigo 1º, prevê que a contratação do valor total das mensalidades escolares será feita no ato da matrícula entre o estabelecimento de ensino e o aluno.
Tal medida provisória, ainda não convertida em lei, em seu artigo 6º, proíbe a "suspensão das provas escolares, a retenção de documentos escolares, inclusive os de transferência, ou a aplica-

ção de quaisquer outras penalidades pedagógicas, por motivo de inadimplemento".

Neste dispositivo, nenhuma referência é feita à renovação da matrícula, a qual é tratada no artigo anterior, donde se pode concluir que inexiste para a instituição de ensino superior qualquer obrigação de efetuar a rematrícula dos estudantes inadimplentes.

Aliás, nem poderia ser diferente. Para a manutenção das atividades, a universidade particular realiza despesas com o pagamento de professores e outros funcionários, compra de equipamentos, manutenção das instalações etc. Para o pagamento de tais despesas, utiliza-se de receitas, a maior parte delas decorrente do recebimento das mensalidades dos alunos.

Assim, o pagamento das mensalidades, além de ser condição "*sine qua non*" à própria existência do estabelecimento particular de ensino, representa contraprestação da relação contratual estabelecida voluntariamente pelas partes, encontrando-se regulamentada pelo Código de Defesa do Consumidor.

É sabido que o contrato faz lei entre as partes. Logo, não cumprindo uma das partes com sua obrigação, não se poderá exigir que o outro contratante cumpra a parte que lhe cabe, a menos que comprove existir no contrato firmado a "*exceptio non adimpleti contractus*". No caso, não lograram os impetrantes comprovar a existência de tal cláusula, o que faz com que sejam aplicadas à relação jurídica estabelecida as normas gerais do contrato.

Ademais, a CF prevê, em seu artigo 209, ser o ensino "livre à iniciativa privada", desde que atendidas as condições previstas nos incisos I e II, no artigo 206, inciso IV, "a gratuidade do ensino público em estabelecimentos oficiais", e no inciso III, a "coexistência de instituições públicas e privadas de ensino".

O estabelecimento de ensino frequentado pelo(a)(s) impetrante(s) não é oficial. Ao escolher o(a)(s) impetrante(s) estudar em um estabelecimento particular de ensino, já antevia que teria que desembolsar o valor das mensalidades e matrícula como contraprestação indissociável da relação jurídica contratual pactuada.

Sendo assim, não pode, agora, pretender estudar gratuitamente em instituição que sempre soube não ser gratuita, inovando de forma inusitada e unilateral as cláusulas contratuais firmadas quando da celebração do contrato de ensino.

Aliás, a proibição de efetuar a matrícula por inadimplência não se inclui dentre as penalidades pedagógicas vedadas pela MP nº 1.477-33/97, porque raciocínio diverso implicaria em obrigar, sem amparo legal, o estabelecimento de ensino particular a fornecer os seus cursos também gratuitamente, em franca desobediência à previsão contida no artigo 5º, II da CF.

Remarque-se, outrossim, que o Supremo Tribunal Federal concedeu liminar na ADIN nº 1.081-6, proposta pela Confederação Nacional dos Estabelecimentos de Ensino, tendo como Relator o Ministro Francisco Rezek, suspendendo os efeitos dos artigos 1º, 2º e seus parágrafos; 3º e 4º, das expressões "o indeferimento de renovação das matrículas dos alunos", contida no artigo 5º, e a "serem observados após o período estabelecido no artigo 4º", inserida no artigo 6º e 8º, todos da MP nº 524, de 7/06/94, que versava sobre a mesma matéria em debate.

Posto isso, ausente o "*fumus boni iuris*", denego a liminar.

Solicitem-se informações.

Após, ao MPF e conclusos.

Int.

São Paulo, 24 de março de 1999.

Maria Cristina Barongeno Cukierkorn

Juíza Federal

7.1.9 Mandado de Segurança – Valor de mensalidade em URV – Ação da UNE – Matrícula de aluno inadimplente

Autos nº 1342/94 – 4ª Vara da Fazenda Pública

Vistos.

Polo ativo: Aluno (A)
Polo passivo: Diretor presidente da Instituição Luso-Brasileira de Educação e Cultura, entidade mantenedora das Faculdades Capital
Ação: Mandado de Segurança

Conforme inicial, o impetrante aforou contra o impetrado esta ação civil de mandado de segurança pedindo ordem judicial assegure ao impetrante o direito de se matricular no segundo ano do Curso de Direito das Faculdades Capital. O impetrante pediu liminar, juntou documentos e deu valor à causa.
Em prol de suas pretensões, o impetrante alegou os motivos abaixo resumidos: O impetrante foi aluno do primeiro ano do Curso de Direito das Faculdades Capital, durante o qual foi eleito Presidente do Centro Acadêmico Catorze de Abril. Ocorre que o Centro Acadêmico Catorze de Abril e as Faculdades Capital não celebraram acordo relativo ao valor das mensalidades escolares convertidas em URV. Por isso, o autor pediu que a União Nacional dos Estudantes representasse os estudantes do Curso de Direito na respectiva ação de arbitramento do valor da mensalidade escolar, com base na MP 550/94, de 8/07/94. O Juízo de Direito da 39ª Vara Cível do Foro Central da Capital/SP acolheu o pedido da UNE e, por liminar, fixou o valor da mensalidade escolar em R$ 171,92, inferior ao valor de R$ 198,52, que estava sendo cobrado pela Escola, tendo o impetrante representado a UNE na referida audiência. A partir de então, o impetrante passou a ser perseguido pelo impetrado, mediante seguintes atos: Conforme Portaria nº 165, o impetrado recusou reconhecer a atual Diretoria do Centro Acadêmico sob alegação de ausência de comprovação documental da eleição, na qual proibiu o impetrante de entrar nas classes ou formar grupos nos corredores, em nome do Centro, até a comprovação reclamada: Em 9/11/94, o impetrado passou telegrama ao impetrante dando-lhe o prazo até o dia 11/08/94 para desocupar

a sala cedida para a instalação do Centro; o impetrante entregou pelo Correio/AR os documentos que comprovam a eleição de sua Diretoria, porém, mesmo assim, o impetrado não reconheceu a Diretoria do Centro e não lhe devolveu a sala cedida. Em face da declaração de inconstitucionalidade do art. 1º da MP 575/94, reedição da MP 550/94, a UNE desistiu daquela ação de arbitramento, acordando no levantamento dos depósitos realizados nos autos que estabeleceu que as diferenças deveriam ser acertadas pelos alunos até o dia 30/11/94, perante a tesouraria da Escola. Contudo, o autor continuou sendo perseguido, sendo que no dia 30/11/94 o impetrado notificou o autor, por carta, cientificando-o de que não será aceita sua matrícula para o ano de 1995, designadas para os dias 2/01/95 a 6/01/95. A educação é direito de todos e dever do Estado, por força do art. 205 e segs. da Carta Federal, portanto, o impetrado, como representante legal da instituição particular de ensino, exerce competência delegada pelo Poder Público, sujeitando-se ao "*mandamus*". O ato do impetrado representa a perseguição ao autor , porque, como Presidente do Centro Acadêmico Catorze de Abril, ele mobilizou os alunos na questão da conversão das mensalidades escolares e no ajuizamento da ação de arbitramento, tanto que o impetrado proibiu o impetrante de entrar nas salas de aula ou de formar grupos nos corredores, em ofensa ao art. 4º da LF nº 7.395/85, que assegura aos estudantes o direito de organizar Centros Acadêmicos. Contudo, a Constituição assegura o direito da livre manifestação de pensamento, de ir e vir e de associação, não podendo o autor ser perseguido por ter-se utilizado do direito de petição e de acesso ao Poder Judiciário. Ademais, o art. 6º da MP nº 751/94 assegura aos alunos matriculados o direito de preferência na renovação da matrícula, vedadas quaisquer discriminações, tendo o autor o direito líquido e certo de se matricular no 2º ano do Curso de Direito.

Nas informações, manifestadas a fls. 73/84, acompanhado dos documentos de fls. 85/130, o impetrado ofereceu defesa do ato impugnado calcada nos seguintes motivos: 1. Em preliminar, o impetrado arguiu a incompetência absoluta da Justiça Estadual para o julgamento da causa, pedindo a remessa dos autos à Justiça Federal, sob alegação básica de que o impetrado, como diretor de estabelecimento de ensino superior particular, é agente delegado de função pública federal, competindo à União Federal fixar suas bases e diretrizes em nível nacional, por força dos arts. 3 e 14 da L. nº 4.0024/61 e da Súmula 15 do TFR. 2. Em 2ª preliminar, o impetrado arguiu ausência dos supostos processuais sob alegação básica de que o ato de matrícula não é função da delegada, mas, sim, é ato estritamente particular, revestido de mera gestão dos representantes do estabelecimento, inexistindo lei que obrigue a renovação da matrícula, pena de ofensa ao princípio da legalidade (art. 5, II, da CF). 3. Quanto ao mérito, o impetrado pediu a improcedência da impetração, alegando, basicamente, os seguintes motivos: Inexiste direito líquido e certo amparável pelo "*mandamus*", em face da legalidade do ato de recusa de matrícula, a qual é ato de gestão não correlato às funções delegadas. As alegações do impetrante de perseguições e represálias beiram ao absurdo, pois o impetrante extrapolou as funções de presidente do CA., inobservando regras de comportamento, impostas pelo regulamento interno da escola. Os fundamentos da recusa da matrícula do impetrante estão bem demonstrados na carta a ele enviada, sobre a conduta em relação à instituição, seu corpo discente e sua direção, com arrimo no art. 5 da MP 817/95. A recusa da rematrícula do impetrante decorreu por atos de descumprimento de regras de comportamento exigidas pela escola, [atos] ocorridos a partir do início do ano de 1994, reproduzidos em carta remetida à Delegacia Regional do MEC/SP, que passa a fazer parte destas informações. No parecer Ministerial, manifestado a fls.132/135, a I. Curadoria opinou pela rejeição das preliminares; e, no mérito, pela concessão da ordem rogada.

RELATADOS. DECIDO.

Versam os autos sobre "*writ*", aforado por estudante contra o Diretor da Faculdade de Direito, visando obter ordem judicial que lhe assegure o direito de se matricular no 2º do Curso de Direito, afastando-se a ilegal recusa do impetrado de receber sua matrícula.

De início, rejeito a preliminar de incompetência absoluta deste Juízo Comum Estadual para o processamento do presente "*writ*".

O mandado de segurança impetrado contra atos praticados por dirigentes de pessoas jurídicas de direito privado, por delegação do poder público federal, configuram exercício de autoridade federal, portanto, o julgamento da espécie é de competência absoluta da Justiça Federal, por força do disposto no art. 109 da Carta Federal, c/c. Súmula 60 do antigo TFR.

Por interessante, ressalvo que os atos praticados pelos Diretores de Universidades Estaduais não estão subordinados às diretrizes federais, porque são autarquias estaduais, pessoas jurídicas de direito público, protegidas pelo manto da autonomia dos Estados-Membros, "*ex vi*" do art. 18 da Carta Federal.

No caso vertente, o ato impugnado não foi praticado como ato delegado por parte da União, mas, sim, como ato de gestão, que não se confunde com a delegação de função pública; portanto, o impetrado não agiu no exercício de autoridade federal delegada, sendo descabida a preliminar de incompetência da Justiça Comum Estadual para o exame de presente "*mandamus*".

Por outro lado, por consequência das mesmas razões acima, acolho a preliminar da ausência de interesse processual para o manejo da presente impetração, impondo-se a extinção do feito, sem exame do mérito.

É que não cabe mandado de segurança contra ato de gestão praticado por Diretor de Estabelecimento de Ensino Superior

Privado, porque este não é praticado no exercício de função delegada do poder público.

Inexiste lei que obrigue a Escola Particular a renovar a matrícula do aluno no ano seguinte, justamente, porque a renovação de matrícula do aluno no ano seguinte, justamente, depende da celebração de contrato de prestação de serviços, por prazo determinado, na modalidade adesão, composto de inúmeras cláusulas, o qual é imposto pelas Escolas Particulares a todos os alunos e só se aperfeiçoa após as necessárias assinaturas, cuja validade perdura apenas pelo período avençado entre as partes.

No caso, os alunos matriculados têm preferência na renovação das matrículas, porém, não podem obrigar as Escolas Particulares a renová-las, cuja renovação fica a critério da Escola, de acordo com suas conveniências, por ausência de expressa previsão legal, pena de ofensa ao princípio da legalidade (art. 5, inc. II, da Carta Federal).

Posto isto, em harmonia com o acima exposto, declaro o impetrante carecedor de ação, por ausência do interesse processual, motivo pelo qual, revogo a liminar e julgo extinto o processo, sem exame do mérito, na forma do art.267, inc.VI, do CPC., c/c. art. 1° da L.1.533/51.

Custas "*ex lege*", sendo descabida a verba honorária na espécie.

O julgamento não postula reexame obrigatório, porque o impetrado representa sociedade privada.

P.R.I.C.

São Paulo, 6 de março de 1995.

Wilson Gomes de Melo
Juiz de Direito

7.1.10 Mandado de Segurança – Aluno inadimplente requer matrícula – Direito líquido e certo – CDC

JUIZO DE DIREITO DA 3ª VARA CÍVEL DE SOROCABA, SP
PROCESSO Nº 351/94

Vistos etc.

Aluno(a) impetrou o presente mandado de segurança contra ato do Senhor Diretor da Fundação Dom Aguirre, ambos qualificados nos autos.

Alega o impetrante que é aluno regularmente matriculado no terceiro ano do curso de Ciências Econômicas das Faculdades Integradas da Fundação Dom Aguirre e que, tendo sido aprovado no ano letivo de 1993, tem o direito de matricular-se no quarto ano, porém, teve sua matrícula negada por ato da autoridade impetrada, sob a alegação de que tinha débito aberto, com o que sofreu violação em seu direito líquido e certo.

Ainda segundo o impetrante, a Lei nº 8.170/91, reconhecendo que a educação é direito de todos, veda a limitação ou restrição de direitos pelo fato de estar o aluno em débito para com o estabelecimento de ensino, devendo a Faculdade valer-se das vias legais para cobrança de seus créditos.

O ato impugnado ofende também o Art. 42 da Lei nº 8.078, de 11/09/90, que aprovou o Código de Defesa do Consumidor.

Postulou a concessão de medida liminar para autorizá-lo a fazer sua matrícula no prazo previsto e, ao final, a concessão da segurança, confirmando-se a liminar. Juntou documentos.

Indeferida a liminar, a autoridade apontada como coatora prestou as informações no decêndio legal.

Como preliminar, alegou inépcia da inicial, uma vez que não veio instruída com os documentos comprobatórios do ato apontado como violador de direito líquido e certo do impetrante.
Ainda como preliminar, disse que é parte ilegítima para a causa, pois, na qualidade de Diretor Acadêmico, apenas executa atos de ordem organizacional dos cursos das Faculdades Integradas Dom Aguirre, mas não lhe compete decidir ou deferir matrículas dos alunos, matéria essa de ordem financeira.
Quanto ao mérito, aduziu que o regimento Interno das Faculdades Integradas Dom Aguirre, ao qual se submeteu o integrante, condiciona a renovação do pedido de matrícula ao pagamento da primeira prestação e à quitação da anuidade anterior, como ocorre em todas as escolas particulares do país.
De outro lado, a Lei nº 8.170/91, com a redação dada pela Lei nº 8.747/93, apenas vedou a limitação ou restrição do exercício das atividades escolares por motivo de inadimplência por até sessenta dias, porém não é este o caso dos autos, que não diz respeito a atividade escolar, mas a renovação da matrícula para o ano letivo que se inicia.
A Faculdade não é obrigada a admitir o impetrante como aluno e continuar cumprindo sua obrigação se ele não cumpriu a sua, de pagar as mensalidades em atraso do ano anterior, de modo que não houve a alegada violação a direito líquido e certo do impetrante, devendo ser denegada a segurança. Juntou documentos.
O Dr. Curador Geral ofertou parecer arguindo, como preliminar, a incompetência absoluta deste Juízo para processar e julgar a ação, por se tratar de ato praticado por diretor de estabelecimento particular de ensino superior, mediante delegação da União, sendo competente o da Justiça Federal.
Em relação ao mérito, entendeu inexistir violação a direito líquido e certo do impetrante a ser amparado pelo mandado de segurança.

A Fundação Dom Aguirre ingressou nos autos juntando documentos e deles tiveram ciência o impetrante e o Dr. Curador Geral.

É o relatório.

Rejeito a preliminar de incompetência absoluta deste Juízo para processar e julgar a presente ação, arguida pelo Dr. Curador Geral.
Compete à Justiça Estadual processar e julgar as ações propostas por alunos contra estabelecimento particular de ensino superior, mesmo quando se discuta interpretação de normas federais como a este relativas; a competência da Justiça Federal somente se dá no caso de mandado de segurança impetrado contra a prática de ato delegado pelo poder público federal, segundo o entendimento pacífico do Superior Tribunal de Justiça.
O presente mandado de segurança tem sua origem no fato de o impetrante estar em atraso com o pagamento das mensalidades escolares, e a discussão cinge-se à legalidade ou não do ato da autoridade impetrada, consistente na negativa de recebimento do seu pedido de matrícula para o ano letivo que se iniciava – matéria financeira – , não se tratando, portanto, de ato praticado com delegação de poderes pelo poder público federal (v. Súmula nº 34 do STJ).
Rejeito igualmente a preliminar de inépcia da inicial, visto que descreveu suficientemente o ato apontado como violador do direito líquido e certo do impetrante.
E verdade que o impetrante não juntou documento comprobatório do ato da autoridade impetrada negando a efetividade da matrícula, porém, a negativa foi inteiramente admitida nas informações, de modo que se a inicial padecia de alguma deficiência, restou suprida.
A preliminar de ilegitimidade passiva de parte também não prospera. A impetração foi dirigida contra o ato do Senhor Diretor

da Fundação Dom Aguirre, consistente na negativa ao pedido de matrícula do impetrante, sendo irrelevante que tenha mencionado erroneamente o nome do Diretor Acadêmico, mesmo porque prestou as informações e defendeu a legalidade do ato impugnado.

Quanto ao mérito, não sendo o impetrante beneficiário de bolsa de estudo, tinha a obrigação de pagar a anuidade escolar regularmente, como contraprestação pela educação escolar recebida. Uma vez terminado o ano letivo, a Faculdade não tinha a obrigação de aceitar o seu pedido de renovação de matrícula e nem de continuar permitindo sua participação nas atividades escolares sem a quitação dos débitos anteriores.

Não aproveita ao impetrante sua alegação de que a educação é direito de todos. A esse direito corresponde uma obrigação, mas essa obrigação é do Estado, e não do estabelecimento particular de ensino, que depende dos ingressos financeiros decorrentes das anuidades pagas pelos próprios alunos para custeio de todas as suas despesas, tornado possível o seu funcionamento para suprir as deficiências do ensino público.

A Lei nº 8.170/91, com a redação dada pela Lei nº 8.747/93, apenas vedou a limitação ou restrição do exercício das atividades escolares por motivo de inadimplência por até sessenta dias, com o objetivo de possibilitar ao aluno a solução de dificuldades financeiras momentâneas, mas no caso em exame a inadimplência já superava a sete meses, como se pode ver dos documentos juntados pelo próprio impetrante.

Cumpre salientar que a matéria relativa a mensalidades escolares é regida por lei especial e não se aplica o disposto no Código de Defesa do Consumidor, como quer o impetrante.

O impetrante não tinha, portanto, o alegado direito de ser matriculado e de continuar participando das atividades escolares sem o pagamento da contraprestação devida no ano letivo anterior.

Assim, o ato da autoridade impetrada, ao não aceitar o pedido de matrícula, não padece de ilegalidade e nem caracteriza abuso de poder, pelo que não violou qualquer direito líquido e certo do impetrante.

Ante o exposto, denego a segurança postulada por Aluno(a), porém, deixo de condená-lo em honorários advocatícios, nos termos da orientação da Súmula nº 512 do Supremo Tribunal Federal.

Custas pelo impetrante.

P. R. I.
Sorocaba, 29 de novembro de 1994.

Laurindo de Freitas Neto
Juiz de Direito

7.1.11 Recurso Especial – Direito e Processo Civil – Contrato de prestação de serviços educacionais – Obrigação de pagar quantia certa – Título executivo – Necessidade de prova do cumprimento da obrigação pelo credor – etc.

SUPERIOR TRIBUBNAL DE JUSTIÇA (STJ)

Processo: REsp 196967 / DF
Recurso Especial 1998/0088939-6
Relator: Ministro Sálvio de Figueiredo Teixeira (1088)
Órgão Julgador: T4 – Quarta Turma
Data do Julgamento: 02/12/1999
Data da Publicação/Fonte: DJ 08.03.2000 p. 122

Ementa:
DIREITO E PROCESSO CIVIL. **CONTRATO DE PRESTAÇÃO DE SERVIÇOS EDUCACIONAIS.** OBRIGA-

ÇÃO DE PAGAR QUANTIA CERTA. TÍTULO EXECUTIVO. NECESSIDADE DE PROVA DO CUMPRIMENTO DA OBRIGAÇÃO, PELO CREDOR. PRECEDENTES DO TRIBUNAL. RECURSO PROVIDO.

I: Por expressa dicção legal, considera-se título executivo extrajudicial o contrato particular, subscrito por duas testemunhas. Todavia, para tornar-se hábil a instruir o processo de execução, é necessário que ele represente obrigação líquida, certa e exigível, nos termos do art. 586 do Código de Processo Civil.
II: Nos casos de contrato bilateral, incumbe ao credor provar o cumprimento de sua obrigação (art. 615, IV, CPC), a fim de tornar o instrumento hábil a instruir o processo de execução como título executivo extrajudicial.

Acórdão:
Vistos, relatados e discutidos estes autos, acordam os Ministros da Quarta Turma do Superior Tribunal de Justiça, na conformidade dos votos e das notas taquigráficas a seguir, por unanimidade, conhecer do recurso e dar-lhe provimento. Votaram com o Relator os Ministros Barros Monteiro, Cesar Asfor Rocha e Ruy Rosado de Aguiar. Ausente, ocasionalmente, o Ministro Aldir Passarinho Júnior.

7.1.12 Recurso Especial – Contrato de prestação de serviços educacionais – art. 615, IV, do Código de Processo Civil – Precedentes da Corte

Processo
REsp 250107 / DF Recurso EspeciaL 2000/0021150-8
Relator: Ministro Carlos Alberto Menezes Direito (1108)
Órgão Julgador: T3 – Terceira Turma
Data do Julgamento: 09/11/2000

Data da Publicação/Fonte: DJ 12.02.2001 p. 113 / JBCC vol. 188 p. 234

Ementa:

CONTRATO DE PRESTAÇÃO DE SERVIÇOS EDUCACIONAIS – ART. 615, IV, DO CÓDIGO DE PROCESSO CIVIL – PRECEDENTES DA CORTE.

1. O contrato de prestação de serviços educacionais é título executivo hábil, provando o credor, na forma do art. 615, IV, do Código de Processo Civil, que adimpliu a contraprestação que lhe corresponde, não se admitindo como tal a simples presunção.
2. Recurso especial conhecido, mas desprovido

Acórdão

Vistos, relatados e discutidos estes autos, acordam os Senhores Ministros da Terceira Turma do Superior Tribunal de Justiça, na conformidade dos votos e das notas taquigráficas a seguir, após o voto-vista do Senhor Ministro Antônio de Pádua Ribeiro, por unanimidade, conhecer do recurso especial, mas lhe negar provimento.
Participaram do julgamento os Senhores Ministros Nancy Andrighi, Antônio de Pádua Ribeiro e Ari Pargendler. Não participou do julgamento o Senhor Ministro Waldemar Zveiter (art. 162, §2°, RISTJ).

7.1.13 Recurso Especial – Direito Civil – Mensalidades escolares – Cobrança – Prescrição ânua – art. 178, §6°, VII, CC – Interrupção – Ação consignatória – Precedentes – etc.

Processo:
REsp 145666 / SP Recurso Especial 1997/0060067-0
Relator: Ministro Sálvio de Figueiredo Teixeira (1088)
Órgão Julgador: T4 – Quarta Turma
Data do Julgamento: 09/11/1999
Data da Publicação/Fonte: DJ 17.12.1999 p. 373

Ementa:
DIREITO CIVIL – MENSALIDADES ESCOLARES – COBRANÇA – PRESCRIÇÃO ÂNUA – ART. 178, §6º, VII, CC – INTERRUPÇÃO – AÇÃO CONSIGNATÓRIA – PRECEDENTES – LEI 8.039/90 – NÃO INDICAÇÃO DOS DISPOSITIVOS CUJA VIOLAÇÃO SE APONTOU – LEI 8.170/91 – INAPLICABILIDADE – CONTRATO FIRMADO ANTERIORMENTE À SUA VIGÊNCIA – ATO JURÍDICO PERFEITO – RECURSO DESACOLHIDO.

I: É ânua a prescrição da ação de cobrança de mensalidade escolar, nos termos do art. 178, §6º, VII, do Código Civil.
II: Na linha dos precedentes desta Corte, a propositura da ação consignatória constitui ato inequívoco do devedor sobre a existência do direito do credor, servindo como marco interruptivo da prescrição (art. 172, V, do Código Civil)
III: Lei nova que modifica os critérios de reajuste das mensalidades escolares não pode atingir os contratos de prestação de serviços educacionais celebrados antes de sua vigência, sob pena de infringência ao ato jurídico perfeito e ao direito adquirido.
IV: Não indicando o recorrente os dispositivos da lei que reputa violados, nem sendo possível extrair-se das razões recursais o ponto de inconformismo, torna-se inadmissível o recurso especial, uma vez desatendido o requisito específico previsto no art. 105, III, a, da Constituição.

Acórdão

Vistos, relatados e discutidos estes autos, acordam os Ministros da Quarta Turma do Superior Tribunal de Justiça, na conformidade dos votos e das notas taquigráficas a seguir, por unanimidade, não conhecer do recurso. Votaram com o Relator os Ministros Barros Monteiro, Cesar Asfor Rocha, Ruy Rosado de Aguiar e Aldir Passarinho Júnior.

7.1.14 Recurso Especial – Contrato de prestação de serviços educacionais – Título executivo extrajudicial – Precedentes da Corte

Recurso Especial Nº 705.837 – SP (2004/0167392-8)
Relator: Ministro Carlos Alberto Menezes Direito
Recorrente: Fundação Educacional Dr. Raul Bauab – Jahu
Advogado: Maria Tereza M. Oliveira Ghiselli e outro

Ementa

CONTRATO DE PRESTAÇÃO DE SERVIÇOS EDUCACIONAIS – TÍTULO EXECUTIVO EXTRAJUDICIAL – PRECEDENTES DA CORTE.

1. A Corte já assentou que o contrato de prestação de serviços educacionais, devidamente formalizado, é título executivo extrajudicial. Configurada a demonstração de que prestado o serviço, a apuração do valor depende de simples operação aritmética.
2. Recurso especial conhecido e provido.

Voto

O EXMO. SR. MINISTRO CARLOS ALBERTO MENEZES DIREITO: A Fundação recorrente ajuizou ação de execução por título extrajudicial, contrato de prestação de serviços educacionais.

A sentença julgou extinta a execução ao fundamento de não ser o contrato de prestação de serviços educacionais, ainda que subscrito por duas testemunhas, título executivo, à míngua de certeza quanto ao valor devido.
O Primeiro Tribunal de Alçada Civil de São Paulo confirmou o julgado afirmando que a jurisprudência está pacificada na mesma direção do acórdão.
O especial aponta violação dos artigos 585, II, e 586 do Código de Processo Civil e dissídio. Requer, ao final, a conversão do processo executivo em ação monitória.
A conversão não pode ser examinada nesta Corte porque ausente prequestionamento.
De fato, em tese, o contrato de prestação de serviços educacionais é título executivo hábil, exigindo, "para que configurada a certeza da dívida, além da apresentação do contrato devidamente formalizado e do demonstrativo do débito, também a prova da efetiva prestação do serviço no período em questão, requisito este desatendido no caso dos autos" (REsp nº 323.704/MG, Relator o Ministro Aldir Passarinho Junior, DJ de 20/5/02; no mesmo sentido, REsp nº 296.044/MG, Relator o Superior Tribunal de Justiça Ministro Sálvio de Figueiredo, DJ de 2/4/01). Esta Terceira Turma decidiu igualmente que o "contrato de prestação de serviços educacionais é título executivo hábil, provando o credor, na forma do art. 615, IV, do Código de Processo Civil, que adimpliu a contraprestação que lhe corresponde, não se admitindo como tal a simples presunção" (REsp nº 250.107/DF, da minha relatoria, DJ de 12/02/01). Neste precedente, assinalei que, quando o credor prova a prestação do serviço, e tal é reconhecido nas instâncias ordinárias, "não há razão para afastar a liquidez e certeza do título, dele constando valor certo e encargos aferíveis por simples operações aritméticas".
Ora, no caso, o acórdão, na esteira de Súmula nº 40 do Primeiro Tribunal de Alçada Civil de São Paulo, simplesmente extinguiu o processo, apenas afirmando que contrato desse tipo não é tí-

tulo executivo judicial. No entanto, a tese adotada nesta Corte é contrária, ou seja, o contrato é título executivo judicial se comprovada a prestação do serviço, dependendo o valor de simples operação aritmética.

Conheço do especial e lhe dou provimento para afastar o óbice criado pela Súmula nº 40 do Tribunal de origem e determinar o retorno dos autos para que prossiga o feito nos termos e modos acolhidos pela jurisprudência desta Corte.

Acórdão

Vistos, relatados e discutidos os autos em que são partes as acima indicadas, acordam os Ministros da Terceira Turma do Superior Tribunal de Justiça, por unanimidade, conhecer do recurso especial e dar-lhe provimento, nos termos do voto do Sr. Ministro Relator. Os Srs. Ministros Nancy Andrighi, Castro Filho e Humberto Gomes de Barros votaram com o Sr. Ministro Relator. Ausente, justificadamente, o Sr. Ministro Ari Pargendler.

Brasília (DF), 1º de março de 2007 (data do julgamento).

Ministro Carlos Alberto Menezes Direito
Relator

7.1.15 Recurso Especial – Execução por título extrajudicial. Requisitos – Ação embasada em contrato escolar firmado pelo aluno – Inadmissibilidade – Ausência de título executivo – Indeferimento da inicial mantido – Recurso improvido

SUPERIOR TRIBUNAL DE JUSTIÇA (STJ)
Recurso Especial nº 705.837 – SP (2004/0167392-8)

Relatório:

O EXMO. SR. MINISTRO CARLOS ALBERTO MENEZES DIREITO: Fundação Educacional "Dr. Raul Bauab – Jahu" interpõe recurso especial, com fundamento nas alíneas "a" e "c" do permissivo constitucional, contra acórdão da Oitava Câmara de Férias de Janeiro de 2004 do Primeiro Tribunal de Alçada Civil do Estado de São Paulo, assim ementado:

"EXECUÇÃO POR TÍTULO EXTRAJUDICIAL REQUISITOS – AÇÃO EMBASADA EM CONTRATO ESCOLAR FIRMADO PELO ALUNO – INADMISSIBILIDADE – AUSÊNCIA DE TÍTULO EXECUTIVO – INDEFERIMENTO DA INICIAL MANTIDO – RECURSO IMPROVIDO" (fl. 46).

Sustenta a recorrente violação dos artigos 585, inciso II, e 586 do Código de Processo Civil, afirmando que ***"o contrato educacional em testilha encontra-se devidamente subscrito por duas testemunhas"*** (fl. 52) e que, estando preenchidos todos os requisitos exigidos por lei, legitima-se a execução do crédito existente pela recorrente.

Afirma que o recorrido "***frequentou regularmente as aulas até o final do ano de 2001, ou seja, enquanto perdurou o contrato entabulado entre as partes, comprovando plenamente e com a certeza exigida pela legislação vigente que a prestação dos serviços educacionais fora integralmente cumprida nos termos consignados pelos contratantes, sendo possível, portanto, a apuração de seu débito remanescente*** " (fl. 52).

Expõe, ainda, que ***"o Superior Tribunal de Justiça, decidiu ser hábil a instruir o processo de execução como título executivo extrajudicial, o contrato de prestação de serviços educacionais quando o credor provar o cumprimento de sua obrigação, nos termos do disposto do artigo 615, IV do Código de Processo Cível"*** (fl. 52).

Conclui requerendo, ante o princípio da eventualidade, caso seja outro o entendimento desta Corte, *"a conversão da presente ação de execução em ação monitória com fulcro no disposto no artigo 1.102a do Código Processual Civil pátrio, o qual admite intentar pedido monitório quando o credor possuir prova escrita da obrigação de pagamento em dinheiro, sem que referido documento possua eficácia de título executivo extrajudicial"* (fl. 55).

Aponta dissídio jurisprudencial, colacionando julgados, também, desta Corte.

Sem contrarrazões (fl. 72), o recurso especial (fls. 50 a 58) foi admitido (fls. 74/75).

É o relatório.

7.1.16 Agravo de Instrumento – Mensalidades escolares – Redução de multa moratória – art. 52 , §1° do CDC – Possibilidade

SUPERIOR TRIBUNAL DE JUSTIÇA
AgRg no Agravo de Instrumento n° 572.088 – SP (2003/0225167-0)
Relator: Ministro Humberto Gomes de Barros
Agravante: Externato Elvira Ramos S/C Ltda
Advogados: Cenise Gabriel F Salomão, Renato Andreatti Freire e outros

Ementa:

AGRAVO REGIMENTAL – MENSALIDADES ESCOLARES – REDUÇÃO DA MULTA MORATÓRIA – ART. 52, §1°, DO CDC – POSSIBILIDADE.

- É aplicável aos contratos de prestações de serviços educacionais o limite de 2% para a multa moratória.
- Não merece provimento recurso carente de argumentos capazes de desconstituir a decisão agravada.

Relatório

MINISTRO HUMBERTO GOMES DE BARROS: Agravo regimental contra decisão nestes termos:

"[...]
O STJ decidiu que incide o CDC aos contratos de prestação de serviços educacionais. Entende, ainda, que os contratos posteriores à Lei nº 9.298/96 estão limitados à multa nela prevista.

Precedentes
Consumidor. Contrato de prestações de serviços educacionais. Mensalidades escolares. Multa moratória de 10% limitada em 2%. Art. 52, §1°, do CDC. Aplicabilidade. Interpretação sistemática e teleológica. Equidade. Função social do contrato. – *É aplicável aos contratos de prestações de serviços educacionais o limite de 2% para a multa moratória, em harmonia com o disposto no §1° do art. 52, §1°, do CDC.* Recurso especial não conhecido' (REsp 476.649/Nancy, grifei).

'CIVIL. CONTRATO DE PRESTAÇÃO DE SERVIÇOS EDUCACIONAIS – SUJEIÇÃO AO CDC – ATRASO NO PAGAMENTO – MULTA MORATÓRIA – LIMITAÇÃO A 2% – LEIS NS. 8.078/90 E 9.298/96 – INCIDÊNCIA.

I. O contrato de prestação de serviços educacionais constitui relação de consumo, nos termos do art. 3° do CDC, de sorte que a multa moratória pelo atraso no pagamento não pode ultrapassar o teto fixado na Lei nº 9.298/96 .
II. Agravo improvido' (AgRg no AG 460.768/Passarinho, grifei).
Nego provimento ao agravo" (fl. 55).
No regimental, o ora agravante insiste no argumento de que o Tribunal *a quo*, ao limitar a multa moratória em 2% nos contratos de prestação de serviços educacionais, teria contrariado lei federal.
MINISTRO HUMBERTO GOMES DE BARROS (Relator): O STJ já decidiu que "é aplicável aos contratos de prestações de serviços educacionais o limite de 2% para a multa moratória, em harmonia com o disposto no §1° do art. 52, §1°, do CDC"

(REsp 476.649/Nancy). Precedentes: AgRg no AG 460.768/ Passarinho e AG 395.962/Barros Monteiro, e AG 453.059/Castro Filho.
O recurso não apresenta argumentos capazes de desconstituir a decisão agravada.
Nego provimento ao agravo regimental.

Acórdão
Vistos, relatados e discutidos os autos em que são partes as acima indicadas, acordam os Ministros da Terceira Turma do Superior Tribunal de Justiça na conformidade dos votos e das notas taquigráficas a seguir, por unanimidade, negar provimento ao agravo regimental, nos termos do voto do Sr. Ministro Relator. Os Srs. Ministros Ari Pargendler, Carlos Alberto Menezes Direito, Nancy Andrighi e Castro Filho votaram com o Sr. Ministro Relator.

Brasília (DF), 09 de maio de 2006 (Data do Julgamento)

Ministro Humberto Gomes de Barros
Relator

7.1.17 Recurso Especial – Ação Monitória

SUPERIOR TRIBUNAL DE JUSTIÇA
Recurso Especial nº 341.535 – SP (2001/0095951-0)
Recorrente: Fundação Armando Álvares Penteado

Relatório
EXMO. SR. MINISTRO ALDIR PASSARINHO JUNIOR: Fundação Armando Álvares Penteado interpõe, pelas letras "a" e "c" do autorizador constitucional, recurso especial contra acórdão do Primeiro Tribunal de Alçada do Estado de São Paulo, assim ementado (fl. 60):

"AÇÃO MONITÓRIA. O pressuposto da admissibilidade do pedido monitório (condição da ação interesse processual adequação) é ter o possível credor prova escrita da obrigação sem eficácia de título executivo. Contrato de prestação de serviços escolares. Ausência dos requisitos. Falta de interesse de agir. Inicial indeferida. Recurso improvido."

Alega a recorrente que ajuizou ação monitória contra a recorrida, para cobrança de valores correspondentes a serviços educacionais prestados e não pagos, não tendo sido acolhida a inicial ao argumento de que a documentação não serve ao embasamento daquela via processual.

Diz que foram violados os arts. 1.102a e 1.102b do CPC, e 12 e 24 da Lei nº 9.394/1996, bem assim ter divergido a decisão do entendimento do Tribunal de Alçada do Estado de Minas Gerais.

Sem contrarrazões (fl. 121).

Voto

EXMO. SR. MINISTRO ALDIR PASSARINHO JUNIOR (Relator): Trata-se de recurso especial em que é discutido embasamento documental à ação monitória proposta pela instituição de ensino autora contra ex-aluna universitária, para cobrança de prestações de fevereiro a junho de 1996, relativas ao curso de Administração.

Assiste razão à recorrente.

De efeito, a autora instruiu a exordial com o contrato de prestação de serviços, indicando a natureza dos mesmos, o preço dos estudos, o demonstrativo da dívida, bem assim atestado com a frequência da aluna no período.

É o quanto basta à instrução da monitória, não havendo porque se por em dúvida a idoneidade de tais documentos, ou se exigir outros mais da autora, quando é facultada a ampla defesa da ré, porquanto, nos termos do art. 1.102c do CPC, oferecidos embargos o procedimento seguirá o rito ordinário, com sua fase cognitiva.

Apreciando caso semelhante, assim decidiu o STJ, *in verbis:*

> "PROCESSO CIVIL. PROCEDIMENTO MONITÓRIO. CONTRATO DE PRESTAÇÃO DE SERVIÇO EDUCACIONAL ACOMPANHADO DE PLANILHA DE CÁLCULO. PROVA ESCRITA SEM EFICÁCIA DE TÍTULO EXECUTIVO. ADMISSIBILIDADE. CPC, ART. 1.102-A. DOUTRINA. PRECEDENTES. RECURSO PROVIDO.
>
> I: A ação monitória tem a natureza de processo cognitivo sumário e a finalidade de agilizar a prestação jurisdicional, sendo facultada a sua utilização, em nosso sistema, nos termos do art. 1.102a, CPC, ao credor que possuir prova escrita do débito, grafada, documento sem força de título executivo mas merecedor de fé quanto à sua autenticidade.
> II: O contrato de prestação de serviço educacional, acompanhado de demonstrativo do débito, a refletir a presença da relação jurídica entre credor e devedor e a existência da dívida, mostra-se hábil a instruir a ação monitória.
> III: Em relação à liquidez do débito e à oportunidade de o devedor discutir os valores, a forma de cálculo e a própria legitimidade da dívida, assegura-lhe a lei a via dos embargos previstos no art. 1102c que instauram amplo contraditório e levam a causa para o procedimento ordinário.
> IV: O procedimento monitório, pelas suas características e seu objetivo, merece ser prestigiado como instrumento desburocratizante de efetiva entrega da tutela jurisdicional."
> (4ª Turma, REsp nº 296.044-MG, Rel. Min. Sálvio de Figueiredo Teixeira, unânime, DJU de 02.04.2001)

Destarte, tendo por violados os arts. 1.102a e 1.102b da lei adjetiva civil, conheço do recurso especial e lhe dou provimento, para determinar tenha a ação monitória prosseguimento.
É como voto.

Superior Tribunal de Justiça
O recurso especial foi indeferido pelo despacho presidencial de fls. 122/123, subindo ao STJ por força de provimento dado ao AG nº 253.629/SP.
É o relatório.

7.1.18 Recurso Especial – Administrativo – Ensino superior – Instituição particular – Inadimplência – Impossibilidade de renovação de matrícula.

SUPERIOR TRIBUNAL DE JUSTIÇA
Recurso Especial Nº 601.499 – RN (2003/0192206-8)
Relator: Ministro Castro Meira
Recorrente: UNP-Universidade Potiguar/Associação Potiguar de Educação e Cultura
Advogado: José Maurício de Araújo Medeiros e outros
Recorrido: Simone Carmo Sérgio Ferreira
Advogado: Marcelo Henrique Vaz Marinho e outros

Ementa
ADMINISTRATIVO – ENSINO SUPERIOR – INSTITUIÇÃO PARTICULAR – INADIMPLÊNCIA – IMPOSSIBILIDADE DE RENOVAÇÃO DE MATRÍCULA.

1. O art. 5º da Lei nº 9.870/99, ao assegurar o direito da rematrícula aos alunos que matriculados em determinada instituição de ensino, exclui os inadimplentes.

2. Dessa forma, nenhuma norma é descumprida caso a universidade particular resolva não mais prestar serviços educacionais aos estudantes em tal situação, uma vez que decorre de relação contratual.
3. Decidiu com acerto o Tribunal *a quo* ao aplicar ao presente caso a teoria do fato consumado.
4. Recurso especial improvido.

Relatório

EXMO. SR. MINISTRO CASTRO MEIRA (Relator): Trata-se de recurso especial fundado no art. 105, III, "a", da Constituição da República, contra acórdão do Tribunal Regional da 5ª Região, assim ementado:

"ADMINISTRATIVO – ENSINO SUPERIOR – INDEFERIMENTO DE MATRÍCULA A ALUNO INADIMPLENTE – FATO CONSUMADO.

1. Apesar do interesse público subjacente à atividade de prestação de serviços educacionais, não há que se impor às instituições particulares a obrigação de novamente contratar com estudantes que deixaram de cumprir os compromissos financeiros assumidos em avença anterior.
2. Diante da existência de débitos referentes ao período anterior, caberia à apelada quitá-los no período estabelecido pela Universidade para a renovação da matrícula. Legítimo, portanto, o indeferimento da matrícula do estudante que somente quita seu débito posteriormente ao prazo previsto para a realização daquele ato.
3. Com a concessão da segurança, possibilitando a conclusão do semestre letivo, consolida a situação fática, que, por isso, deve ser preservada.
4. Apelação e Remessa Oficial improvidas" (fl. 126).

Alega o recorrente violação aos artigos 5º e 6º da Lei nº 9.870/99, bem como divergência jurisprudencial com julgados dos Tribunais Regionais Federais da 1ª, 3ª e 5ª Regiões.
Sustenta, em síntese, que as instituições particulares de ensino encontram-se respaldadas na lei para impedir a matrícula do aluno inadimplente.
As contra-razões não foram apresentadas.
Admitido o recurso, subiram os autos a esta Corte.
É o relatório.

Voto

EXMO. SR. MINISTRO CASTRO MEIRA (Relator): Primeiramente, destaco a ausência do prequestionamento, requisito indispensável à propositura do apelo especial, no que se refere ao art. 1.092 do Código Civil, pois não foi objeto de análise pela Corte Regional.
Incidem, no particular, as Súmulas 282 e 356 do Supremo Tribunal Federal.
Nem mesmo cuidou o recorrente de alegar omissão nos embargos de declaração opostos para ver apreciada a eventual aplicação dos dispositivos legais entendidos como violados.
Por outro lado, cumpridas as formalidades exigidas pelo art. 541, parágrafo único, do Código de Ritos e 255 do RISTJ, no tocante a comprovação do dissídio jurisprudencial, conheço do recurso pela alínea “c”, do art. 105, da Constituição da República.
Admitido o recurso, passo a analisá-lo.
A Constituição Federal afirma ser o ensino livre à iniciativa privada (art. 209) e que as universidades gozam de autonomia didático-científica, administrativa e de gestão financeira e patrimonial (art. 207), sendo gratuito o ensino público em estabelecimentos oficiais.
Assim, não se confundem a iniciativa privada e a iniciativa pública na educação.

O regime geral da iniciativa privada, salvo o caso das entidades assistenciais, caracteriza-se pela exigência do pagamento da prestação de serviços educacionais pelo estudante, tratando-se de contrato oneroso, ou seja, o estudante deve cumprir com os pagamentos para continuar a receber os serviços.

Os artigos 5º e 6º da Lei nº 9.870, de 23 de novembro de 1999, por sua vez, determinam:

> "Art. 5º. Os alunos já matriculados, salvo quando inadimplentes, terão direito à renovação das rematrículas, observado o calendário escolar da instituição, o regimento da escola ou cláusula contratual.
>
> Art. 6º. São proibidas a suspensão de provas escolares ou a aplicação de quaisquer outras penalidades pedagógicas por motivos de inadimplemento, sujeitando-se o contratante, no que couber, às sanções legais e administrativas, compatíveis com o Código de Defesa do Consumidor, e com os arts. 177 e 10.092 do Código Civil Brasileiro, caso a inadimplência perdure por mais de noventa dias".

Como se observa da redação dos citados dispositivos, a regra geral é de que inadimplemento do pagamento das prestações escolares pelos alunos não pode gerar a aplicação de penalidades pedagógicas, tais como a suspensão de provas escolares ou retenção de documentos escolares, inclusive para efeitos de transferência a outra instituição de ensino.

Entretanto, com o objetivo de impedir abusos e de preservar a viabilidade financeira das instituições particulares de ensino, excluiu do direito à renovação da matrícula (rematrícula), os alunos inadimplentes.

Com isso, a rematrícula apenas está assegurada para os alunos adimplentes.

Não se pode olvidar a necessidade de uma contraprestação às

instituições particulares pelo ensino ministrado. De outro modo, haveria enriquecimento indevido e incentivo ao descumprimento da obrigação financeira por parte dos estudantes e de suas famílias, com graves consequências para a própria manutenção da instituição e do próprio sistema.

Dessa forma, nenhuma norma é descumprida caso a universidade particular resolva não mais prestar serviços educacionais ao estudante que não dá cumprimento à obrigação que decorre de relação contratual.

Todavia, decidiu com acerto o Tribunal *a quo* ao aplicar ao presente caso a teoria do fato consumado:

> "Não obstante, considerando que o pedido do *mandamus* restringiu-se à efetivação da matrícula no 1° semestre do ano de 2001 e que a concessão da segurança possibilitou a conclusão do referido período letivo, consolidada restou a situação fática que, por isso, deve ser preservada" (fl. 123).

Não há reparo a ser feito no acórdão impugnado.

Acórdão

Vistos, relatados e discutidos os autos em que são partes as acima indicadas, acordam os Ministros da Segunda Turma do Superior Tribunal de Justiça: "A Turma, por unanimidade, negou provimento ao recurso, nos termos do voto do Sr. Ministro-Relator".

Os Srs. Ministros Eliana Calmon e João Otávio de Noronha votaram com o Sr. Ministro Relator.

Ausentes, ocasionalmente, os Srs. Ministros Francisco Peçanha Martins e Franciulli Netto.

Presidiu o julgamento o Sr. Ministro João Otávio de Noronha.

Brasília (DF), 27 de abril de 2004 (data do julgamento).

Ministro Castro Meira

Relator

7.1.19 Recurso Especial – Consumidor – Contrato de prestações de serviços educacionais – Mensalidades escolares – Multa moratória de 10% limitada em 2% – etc.

SUPERIOR TRIBUNAL DE JUSTIÇA
Recurso Especial nº 476.649 – SP (2002/0135122-4)
Relatora: Ministra Nancy Andrighi
Recorrente: Colégio Morumbi Sul Ltda.
Advogado: Cenise Gabriel F Salomão E Outros
Advogado: Haroldo Castello Branco Júnior

Ementa
Consumidor – Contrato de prestações de serviços educacionais – Mensalidades escolares – Multa moratória de 10% limitada em 2% – art. 52, §1º, do CDC, aplicabilidade – Interpretação sistemática e teleológica – Equidade – Função social do contrato.

É aplicável aos contratos de prestações de serviços educacionais o limite de 2% para a multa moratória, em harmonia com o disposto no §1º do art. 52, §1º, do CDC.
Recurso especial não conhecido.

Relatório
Cuida-se do recurso especial interposto por Colégio Morumbi Sul Ltda., fundamentado na alínea "a" do permissivo constitucional, em ação de cobrança de mensalidades escolares proposta pelo recorrente contra o recorrido.
Julgado procedente o pedido em 1º grau de jurisdição, o recorrido interpôs recurso de apelação para o 1º TACSP. O acórdão restou assim ementado:

"CONTRATO – PRESTAÇÃO DE SERVIÇOS EDUCACIONAIS – NULIDADE – CONTRATANTE RELATIVAMENTE INCAPAZ À ÉPOCA DE SUA ASSINATURA – IRRELEVÂNCIA – NECESSIDADE DE DESCONSTITUIÇÃO DA RELAÇÃO JURÍDICA – ARTIGOS 147, I E 152 DO CÓDIGO DE PROCESSO CIVIL – ATO VÁLIDO E EFICAZ – CONTRATO – PRESTAÇÃO DE SERVIÇOS EDUCACIONAIS – NULIDADE – FALTA DA ASSINATURA DA APELADA – DE QUALIFICAÇÃO DAS PARTES – DE DATA – DE ASSINATURA DE TESTEMUNHAS – IRRELEVÂNCIA – CONTRATO DEVIDAMENTE ASSINADO PELO APELANTE – PRESTAÇÃO DE SERVIÇOS NÃO NEGADA COBRANÇA – CONTRATO DE PRESTAÇÃO DE SERVIÇOS EDUCACIONAIS – CABIMENTO – PRESTAÇÃO DO SERVIÇO E FALTA DE PAGAMENTO DAS MENSALIDADES INCONTROVERSAS – ARTIGO 334, III, DO CÓDIGO DE PROCESSO CIVIL – DESISTÊNCIA DO CURSO – NECESSIDADE DE FORMALIZAÇÃO DO ATO – PREVISÃO CONTRATUAL – SERVIÇO COLOCADO À SUA DISPOSIÇÃO – DIREITO DA APELADA AO RECEBIMENTO DA CONTRAPRESTAÇÃO CÓDIGO DE DEFESA DO CONSUMIDOR – ARTIGO 52, *CAPUT* – PRESTAÇÃO DE SERVIÇOS EDUCACIONAIS – INCIDÊNCIA – PARCELAMENTO DA ANUIDADE – FINANCIAMENTO CONCEDIDO AO CONSUMIDOR. MULTA – PRESTAÇÃO DE SERVIÇOS EDUCACIONAIS – ARTIGO 52, PAR. 1°, DO CÓDIGO DE DEFESA DO CONSUMIDOR – REDAÇÃO DADA PELA LEI N ° 9.298/96 – VALOR QUE NÃO PODE EXCEDER A 2%. ÔNUS DA SUCUMBÊNCIA – BENEFICIÁRIO DA ASSISTÊNCIA JUDICIÁRIA – SUSPENSÃO ATÉ CESSAÇÃO DO ESTADO DE POBREZA – ARTIGOS 3°, 4° E 12 DA LEI 1.060/50 – RECURSO PROVIDO EM PARTE" (FL. 111)

Inconformado quanto à redução da multa moratória referente às mensalidades escolares para 2% (dois por cento), o recorrente interpôs o presente recurso especial com a alegação de ofensa ao art. 52, §1º, do CDC com a redação dada pela Lei nº 9.298/96, pois o contrato de prestação de serviços educacionais firmado entre as partes não envolve outorga de crédito ou concessão de financiamento.

Sem contrarrazões, foi o recurso especial inadmitido no prévio juízo de admissibilidade na origem.

Em sede do posterior agravo de instrumento, determinei a subida dos autos do recurso especial para melhor exame.

É o relatório.

Relatora: Ministra Nancy Andrighi

Voto

A questão posta a desate no recurso especial consiste em aferir se é possível a limitação da multa moratória incidente sobre mensalidades escolares em 2% com fundamento no §1º do art. 52 do Código de Defesa do Consumidor.

Tal matéria já foi apreciada, dentre outras, nas seguintes decisões monocráticas do STJ, nas quais, evidenciada a existência de relação de consumo, restou caracterizada a possibilidade de incidência do limite de 2% previsto no mencionado dispositivo legal: Ag nº 395.962/SP, Rel. Min. Barros Monteiro, DJ: 16/04/2002 e Ag nº 453.059/SP, Rel. Min. Castro Filho, DJ:11/04/2003.

Registre-se que não há dúvidas, no presente processo, sobre a existência de relação de consumo entre o recorrente, fornecedor, e o recorrido, consumidor.

Nas razões do recurso especial, o recorrente alega que o contrato ora em exame não envolve outorga de crédito ou concessão de financiamento (*caput* do art. 52 do CDC), motivo pelo qual não seria possível a redução da multa moratória de 10% para 2% (prevista no §1º desse artigo) determinada na origem.

Contudo, na espécie, para se afastar o entendimento do acórdão recorrido de "que o parcelamento da anuidade corresponde a financiamento concedido ao consumidor, já considerados, evidentemente, os acréscimos normais a esse tipo de operação" (fls. 112/1123), necessária seria simples interpretação de cláusulas do contrato firmado entre as partes, procedimento inadmissível em sede de recurso especial consoante o entendimento jurisprudencial consolidado na Súmula no 5/STJ.
Outrossim, a interpretação desse dispositivo legal não pode ficar adstrita à sua mera posição topológica em detrimento da sua interpretação sistemática e teleológica, motivo pelo qual se evidencia despropositado o debate a respeito da inaplicabilidade da limitação de 2% prevista no §1° do art. 52 do CDC a contrato que não envolva outorga de crédito ou **a** concessão de financiamento.
Ainda que sobre interpretação de normas processuais, destaca-se o ensinamento do i. Min. Sálvio de Figueiredo Teixeira no julgamento do REsp n° 503.073/MG, de cuja ementa se transcreve o seguinte:

> "Na interpretação das normas processuais o julgador não deve pautar-se por exegese literal e isolada. Em vez disso, partindo do texto da norma, deve orientar-se por uma interpretação não só construtiva, mas também sistemática e teleológica, como magistralmente ensina Alípio Silveira, na esteira dos melhores doutrinadores, entre os quais Recasens Siches, François Geny e Carlos Maximiliano."

Além disso, a discussão a respeito dos efeitos da colocação topológica do referido dispositivo legal mostra-se inclusive mais impertinente no processo ora em exame, pois o percentual de 10%, a título de multa moratória, acordado entre as partes, acarretou uma sanção desproporcional para o recorrido-aluno-consumi-

dor e atribuiu indevido caráter remuneratório à multa moratória (cláusula penal moratória que é), conforme delineado pelo 1º TACSP no acórdão recorrido com amparo em estudo do i. Juiz Demócrito Ramos Reinaldo Filho.
Caracterizadas, assim, a abusividade e a consequente nulidade de pleno direito da mencionada cláusula, com fundamento nos arts. 6º, V, e 51, IV e XV do CDC, mostra-se cabível, de toda maneira, a utilização do percentual de 2% previsto no §1º do art. 52 desse diploma legal, como parâmetro para estabelecer o necessário equilíbrio que deve permear os contratos de consumo.
Comenta Nelson Nery Júnior:

> "O juiz, reconhecendo que houve cláusula estabelecendo prestação desproporcional ao consumidor, ou que houve fatos supervenientes que tornaram as prestações excessivamente onerosas para o consumidor, deverá solicitar das partes a composição no sentido de modificar a cláusula ou rever efetivamente o contrato. Caso não haja acordo, na sentença deverá o magistrado, atendendo aos princípios da boa-fé, da equidade e do equilíbrio que devem presidir as relações de consumo, estipular a nova cláusula ou as novas bases do contrato revisto judicialmente. Emitirá sentença determinativa, de conteúdo constitutivo-integrativo e mandamental, vale dizer, exercendo verdadeira atividade criadora, completando ou mudando alguns elementos da relação de consumo já constituída." (Código brasileiro de defesa do consumidor: comentado pelos autores do anteprojeto – 6ª ed. Rio de Janeiro: Forense Universitária, 2000 – p. 467).

Conforme observado pelo i. Min. Eduardo Ribeiro no julgamento do REsp nº 39.569/SP, a cláusula penal, tal como especificamente ocorre em relação à multa moratória ora em foco, "poderá constituir um reforço especial, visando ao cumprimento de determinada cláusula. Ocorrendo o inadimplemento dessa e não se rescindindo o contrato, será dado ao credor exigir o cumprimento do avençado e mais a pena. Assim também se a cláusula disser com a hipótese de mora."

Em contrato de prestação de serviço educacional, a multa moratória tem a função específica de compelir o aluno ao pagamento das prestações pecuniárias – geralmente mensais, daí a denominação usual de mensalidades escolares – nos termos acordados, motivo pelo qual pode vir realmente a ser considerada como abusiva a estipulação de multa que, como na espécie, afasta-se dessa função e vem a ter uma indevida natureza remuneratória, carente de razoabilidade.

Assinale-se que a jurisprudência do STJ, em hipóteses diversas, ainda sob a égide do CC/16, com fundamento em seu art. 924, já assegurava tanto a redução de cláusula penal de molde a evitar enriquecimento sem causa quanto a possibilidade de o devedor inadimplente postular em juízo o respectivo direito. Dentre outros, registrem-se os seguintes julgados com as ementas transcritas quanto aos pontos:

> "A norma do art. 924, CC, encerra disposição de ordem pública, em face do que pode o Juiz, independentemente de pedido específico, reduzir proporcionalmente a pena convencional contratualmente estipulada, visando a evitar o enriquecimento sem causa de uma das partes em detrimento da outra." REsp nº 52.995/SP, Rel. Min. Sálvio de Figueiredo Teixeira, DJ: 17/04/1995 "O direito à devolução das prestações pagas decorre da força integrativa do princípio geral de direito privado '*favor debitoris*' (corolário, no Direito das Obrigações, do *favor libertatis*)." REsp nº 293.214/SP, de minha relatoria, DJ: 20/08/2001."

Urge salientar, por último, que a limitação da multa moratória incidente sobre mensalidades escolares determinada na origem encontra amparo na função social do contrato, e se harmoniza até mesmo com o art. 413 do CC/02, que veio a tratar da matéria nos seguintes termos:

> "A penalidade deve ser reduzida equitativamente pelo juiz se a obrigação principal tiver sido cumprida em parte, ou se o montante da penalidade for manifestamente excessivo, tendo-se em vista a natureza e finalidade do negócio".

Portanto, por ser aplicável aos contratos de prestações de serviços educacionais o limite de 2% para a multa moratória, conforme previsto no §1° do art. 52 do CDC, não há de se falar em ofensa a esse dispositivo legal.
Forte em tais razões, NÃO CONHEÇO do recurso especial.

Acórdão
Vistos, relatados e discutidos estes autos, acordam os Ministros da Terceira Turma do Superior Tribunal de Justiça, na conformidade dos votos e das notas taquigráficas constantes dos autos, por unanimidade, não conhecer do recurso especial. Os Srs. Ministros Castro Filho e Carlos Alberto Menezes Direito votaram com a Sra. Ministra Relatora. Ausente, ocasionalmente, o Sr. Ministro Antônio de Pádua Ribeiro. Ausente, justificadamente, o Sr. Ministro Humberto Gomes de Barros. Presidiu o julgamento o Sr. Ministro Carlos Alberto Menezes Direito.

Brasília (DF), 20 de novembro de 2003 (Data do Julgamento)

Ministra Nancy Andrighi
Relatora

7.1.20 Certidão de julgamento – Recurso Especial

CERTIDÃO DE JULGAMENTO
Terceira Turma
Número Registro: 2002/0135122-4 REsp 476649 / SP
Números Origem: 1182000 200200598961 9976010
Pauta: 18/11/2003 Julgado: 20/11/2003

Relatora
Exma. Sra. Ministra Nancy Andrighi
Presidente da Sessão
Exmo. Sr. Ministro Carlos Alberto Menezes Direito
Subprocuradora-Geral da República
Exma. Sra. Dra. Armanda Soares Figueiredo
Secretária
Solange Rosa dos Santos Veloso

Autuação
Recorrente: Colégio Morumbi Sul Ltda.
Advogado: Cenise Gabriel F Salomão E Outros
Advogado: Haroldo Castello Branco Júnior
Assunto: Civil – Contratos – Prestação de Serviços

Certidão
Certifico que a egrégia Terceira Turma, ao apreciar o processo em epígrafe na sessão realizada nesta data, proferiu a seguinte decisão: "A Turma, por unanimidade, não conheceu do recurso especial."
Os Srs. Ministros Castro Filho e Carlos Alberto Menezes Direito votaram com a Sra. Ministra Relatora.
Ausente, ocasionalmente, o Sr. Ministro Antônio de Pádua Ribeiro.
Ausente, justificadamente, o Sr. Ministro Humberto Gomes de Barros.

Presidiu o julgamento o Sr. Ministro Carlos Alberto Menezes Direito.
O referido é verdade. Dou fé.

Brasília, 20 de novembro de 2003

Solange Rosa dos Santos Veloso
Secretária

7.1.21 Apelação em Mandado de Segurança – Administrativo – Ensino Superior – Matrícula – Renovação – Inadimplência de contrato diverso – Incomunicabilidade de contratos – etc.

Origem: Tribunal Regional Federal da 3ª Região
Classe: AMS – Apelação em Mandado de Segurança – 291260
Processo: 2005.61.00.017894-8
UF: SP
Órgão Julgador: Sexta Turma
Data do Julgamento: 21/02/2008
Fonte: DJU Data:10/03/2008 página: 409
Relator: Juiz Miguel Di Pierro
Documento: trf300145519.xml

Ementa:
ADMINISTRATIVO – ENSINO SUPERIOR – MATRÍCULA – RENOVAÇÃO – INADIMPLÊNCIA DE CONTRATO DIVERSO – INCOMUNICABILIDADE DE CONTRATOS – IMPOSSIBILIDADE DA APLICAÇÃO DO PRINCÍPIO "*EXCEPTIO NON ADIMPLETI CONTRACTUS*" PARA CONTRATOS DISTINTOS.

1. A Constituição Federal permite às instituições particulares de ensino o exercício da atividade educacional, sendo ínsito que seja realizada mediante contraprestação em pecúnia. Assim, instituição e aluno firmam contrato de prestação de serviços educacionais mediante o qual estipulam-se direitos e obrigações recíprocos. Ao primeiro, ministrar o ensino conforme as condições estabelecidas em lei. Ao segundo, pagar pelos serviços recebidos. 2. Não há ilegalidade ou inconstitucionalidade na negativa de renovação de matrícula pela instituição particular de ensino superior, em face do descumprimento de cláusula contratual de pagamento de mensalidades, ocasionando a inadimplência do aluno. Inteligência do art. 5º da Lei nº 9.870/99. 3. Porém, a existência de débito relativo ao curso frequentado anteriormente, na mesma instituição de ensino superior, não constitui motivo legítimo para o indeferimento da matrícula de aluno, regularmente aprovado em novo concurso vestibular, quando pleiteia renovação de matrícula para o 4º semestre de relação contratual diversa sem débitos até então. 4. A instituição de ensino tem ao seu dispor as vias adequadas para a satisfação dos seus créditos em face do descumprimento de cláusula de contrato de prestação de serviços educacionais do curso que o impetrante deixou de frequentar.

Acórdão:
Vistos, relatados e discutidos estes autos, em que são partes as acima indicadas, DECIDE a Sexta Turma do E. Tribunal Regional Federal da Terceira Região, por unanimidade, negar provimento à apelação e à remessa oficial, nos termos do voto do Relator, e na conformidade da minuta de julgamento, que ficam fazendo parte integrante do presente julgado.

Data do Julgamento:
21/02/2008
Data da Publicação:
DJU Data:10/03/2008 página: 409

7.1.22 Mandado de Segurança – Ensino superior – Aluno inadimplente – Colação de grau – Retenção de documentos acadêmicos.

Origem: Tribunal Regional Federal da 3ª Região
Classe: AMS – Apelação em Mandado de Segurança – 296775
Processo: 2006.61.02.014341-5
UF: SP
Data do Julgamento: 06/12/2007
Fonte: DJU Data:14/01/2008 página: 1682
Relator: Juiz Miguel Di Pierro
Documento: trf300138966.xml

Ementa:
MANDADO DE SEGURANÇA – ENSINO SUPERIOR – ALUNO INADIMPLENTE – COLAÇÃO DE GRAU – RETENÇÃO DE DOCUMENTOS ACADÊMICOS.

1. Incabível a retenção de documentos escolares ou aplicação de quaisquer outras penalidades pedagógicas por motivo de inadimplemento. Inteligência do art. 6º, da Lei nº 9.870/99. 2. A instituição de ensino tem ao seu dispor as vias adequadas para a satisfação dos seus créditos em face do descumprimento de cláusula de contrato de prestação de serviços educacionais. 3. Ao aluno, aprovado em todas as disciplinas da grade curricular da graduação em curso superior, é assegurado o direito à expedição do diploma.

Acórdão:
Vistos, relatados e discutidos estes autos, em que são partes as acima indicadas, DECIDE a Sexta Turma do E. Tribunal Regional Federal da Terceira Região, por unanimidade, negar provimento à apelação e à remessa oficial, nos termos do voto do

Relator, e na conformidade da minuta de julgamento, que ficam fazendo parte integrante do presente julgado.

Data do Julgamento:
06/12/2007
Data da Publicação:
DJU 14/01/2008, pág. 1.682

7.1.23 Remessa "*ex officio*" em Mandado de Segurança – Realização de atividades pedagógicas por aluno inadimplente – Direito Constitucional - Direito Administrativo – Ensino superior – Inadimplência – etc.

Origem: Tribunal Regional Federal da 3ª Região
Classe: REOMS – Remessa *ex officio* em Mandado de Segurança – 151021
Processo: 94.03.051285-7
UF: SP
Órgão Julgador: Turma Suplementar da Segunda Seção
Data do Julgamento: 30/08/2007
Fonte: DJU Data:06/09/2007 página: 995
Relator: Juiz Valdeci dos Santos
Documento: trf300129032.xml

Ementa:
DIREITO CONSTITUCIONAL – DIREITO ADMINISTRATIVO – ENSINO SUPERIOR. INADIMPLÊNCIA – REALIZAÇÃO DE PROVAS E DEMAIS ATIVIDADES ACADÊMICAS – POSSIBILIDADE. PRECEDENTES.

1. A Constituição Federal, após estabelecer os deveres do Estado com relação à educação (art. 208), estende a atividade de ensino à iniciativa privada (art. 209), mediante delegação estatal. Isso

tem repercussão no plano das relações entre as instituições de ensino e o alunado, pois, se de um lado, as escolas se encontram sob fiscalização estatal, no que se refere ao cumprimento de normas gerais da educação nacional, autorização e avaliação da qualidade do ensino ministrado, de outro, têm liberdade de contratar e acordam, sem peias, as condições para a prestação dos serviços educacionais. 2. A disciplina jurídica dessa teia complexa de relações está prevista nas Leis nº 8.170/91 e 9.870/99, que vedam a aplicação de penalidade de caráter pedagógico ao aluno em situação de inadimplência durante o período de execução do contrato existente, visando oferecer ao estudante a proteção mínima necessária para concluir o período de estudos, cuja interrupção não pode ocorrer em face do interesse social ínsito na educação. 3. O acesso às notas, a realização de provas e demais atividades acadêmicas, não devem ser objetadas, sob pena de perpetração de ato ilegal, devendo a instituição de ensino buscar a satisfação de seu crédito mediante uso dos meios próprios previstos no ordenamento jurídico. 4. Precedentes. 5. Remessa oficial a que se nega provimento.

Acórdão:
Vistos e relatados estes autos em que são partes as acima indicadas, decide a Turma Suplementar da 2ª Seção do Tribunal Regional Federal da 3ª Região, por unanimidade, negar provimento à remessa oficial, nos termos do relatório e do voto, que ficam fazendo parte integrante do processo julgado.

Data do Julgamento:
30/08/2007
Data da Publicação:
DJU 06/09/2007, pág. 995

7.1.24 Apelação em Mandado de Segurança – Direito Constitucional - Direito Administrativo – Ensino superior – Realização de provas – Situação de inadimplência – Impossibilidade. anulação de sentença – Hipótese de julgamento pelo colegiado - Causa madura

Origem: Tribunal Regional Federal da 3ª Região
Classe: AMS – Apelação em Mandado de Segurança – 281388
Processo: 2005.61.12.008634-6
UF: SP
Órgão Julgador: Terceira Turma
Data do Julgamento: 01/08/2007
Fonte: DJU Data:22/08/2007 página: 249
Relator: Juiz Valdeci dos Santos
Documento: trf300125471.xml

Ementa:
DIREITO CONSTITUCIONAL. DIREITO ADMINISTRATIVO. ENSINO SUPERIOR. REALIZAÇÃO DE PROVAS. SITUAÇÃO DE INADIMPLÊNCIA. IMPOSSIBILIDADE. ANULAÇÃO DE SENTENÇA. HIPÓTESE DE JULGAMENTO PELO COLEGIADO. CAUSA MADURA.

1. Tratando-se de processo extinto, sem julgamento do mérito, com base no artigo 267, inciso I, do estatuto processual civil, e artigo 8º da Lei nº 1.533/51, o tribunal pode julgar desde logo a lide, se a causa versar questão exclusivamente de direito e estiver em condições de imediato julgamento, devendo prosseguir este perante a Egrégia Turma, em razão do contido na norma inscrita no §3º, artigo 515, do Código de Processo Civil, introduzida na codificação pela Lei nº 10.352, de 26 de dezembro de 2001. 2. A Constituição Federal, após estabelecer os deveres do Estado com relação à educação (art. 208), estende a atividade de

ensino à iniciativa privada (art. 209), mediante delegação estatal. Isso tem repercussão no plano das relações entre as instituições de ensino e o alunado, pois, se de um lado, as escolas se encontram sob fiscalização estatal, no que se refere ao cumprimento de normas gerais da educação nacional, autorização e avaliação da qualidade do ensino ministrado, de outro, têm liberdade de contratar e acordam, sem peias, as condições para a prestação dos serviços educacionais. 3. Indeclinável reconhecer que as instituições de educação somente poderão manter a prestação dos serviços educacionais contratados se receberem a contraprestação devida, constituída pelas mensalidades escolares, avençada por meio do contrato.

Portanto, sendo o contrato a lei entre as partes, uma não poderá exigir da outra o cumprimento da obrigação que lhe é devida sem que tenha cumprido a sua e, em sendo assim, a inadimplência se constitui em justa causa para o indeferimento do pedido de matrícula, pois, à luz da legislação vigente, não tem a instituição de ensino a obrigação de continuar contratando com o aluno inadimplente. 4. A Lei 9.870/99, no artigo 5°, trata de desonerar a instituição de ensino da obrigação de contratar com o aluno inadimplente a prestação dos serviços educacionais para novo período. Isso por reconhecer que aquela tem direito à contraprestação representada pela mensalidade escolar, afinal, necessária para o equilíbrio financeiro de sua atividade. 5. Apelação a que se dá parcial provimento.

Acórdão:

Vistos e relatados estes autos em que são partes as acima indicadas, decide a Terceira Turma do Tribunal Regional Federal da 3ª Região, por unanimidade, dar parcial provimento à apelação, nos termos do relatório e do voto, que ficam fazendo parte integrante do processo julgado.

Data do Julgamento:
01/08/2007
Data da Publicação:
DJU 22/08/2007, pág. 249

7.1.25 Apelação em Mandado de Segurança – Direito Constitucional – Direito Administrativo – Ensino superior – Renovação de matrícula – Situação de inadimplência – Impossibilidade.

Origem: Tribunal Regional Federal da 3ª Região
Classe: AMS – Apelação em Mandado de Segurança – 277825
Processo: 2004.61.00.006502-5
UF: SP
Órgão Julgador: Turma Suplementar da Segunda Seção
Data do Julgamento: 14/06/2007
Fonte: DJU Data:29/06/2007 página: 707
Relator: Juiz Valdeci dos Santos
Documento: trf300121160.xml

Ementa:
DIREITO CONSTITUCIONAL. DIREITO ADMINISTRATIVO. ENSINO SUPERIOR. RENOVAÇÃO DE MATRÍCULA. SITUAÇÃO DE INADIMPLÊNCIA. IMPOSSIBILIDADE.

1. A Constituição Federal, após estabelecer os deveres do Estado com relação à educação (art. 208), estende a atividade de ensino à iniciativa privada (art. 209), mediante delegação estatal. Isso tem repercussão no plano das relações entre as instituições de ensino e o alunado, pois, se, de um lado, as escolas se encontram sob fiscalização estatal, no que se refere ao cumprimento de normas gerais da educação nacional, autorização

e avaliação da qualidade do ensino ministrado, de outro, têm liberdade de contratar e acordam, sem peias, as condições para a prestação dos serviços educacionais. 2. Indeclinável reconhecer que as instituições de educação somente poderão manter a prestação dos serviços educacionais contratados se receberem a contraprestação devida, constituída pelas mensalidades escolares, avençada por meio do contrato. Portanto, sendo o contrato a lei entre as partes, uma não poderá exigir da outra o cumprimento da obrigação que lhe é devida sem que tenha cumprido a sua e, em sendo assim, a inadimplência se constitui em justa causa para o indeferimento do pedido de matrícula, pois, à luz da legislação vigente, não tem a instituição de ensino a obrigação de continuar contratando com o aluno inadimplente. 3. A Lei nº 9.870/99, no artigo 5º, trata de desonerar a instituição de ensino da obrigação de contratar com o aluno inadimplente a prestação dos serviços educacionais para novo período. Isso por reconhecer que aquela tem direito à contraprestação representada pela mensalidade escolar, afinal, necessária para o equilíbrio financeiro de sua atividade. 4. Remessa oficial e apelação a que se dá provimento.

Acórdão:

Vistos e relatados estes autos em que são partes as acima indicadas, decide a Turma Suplementar da 2ª Seção do Tribunal Regional Federal da 3ª Região, por unanimidade, dar provimento à remessa oficial e à apelação, nos termos do relatório e do voto, que ficam fazendo parte integrante do processo julgado.

Data do Julgamento:

14/06/2007

Data da Publicação:

DJU:29/06/2007, pág. 707

7.1.26 Apelação em Mandado de Segurança – Direito Constitucional – Direito Administrativo – Ensino superior – Renovação de matrícula – Situação de inadimplência – Impossibilidade.

Origem: Tribunal Regional Federal da 3ª Região
Classe: AMS – Apelação em Mandado de Segurança – 280013
Processo: 2005.61.00.004068-9
UF: SP
Órgão Julgador: Turma Suplementar da Segunda Seção
Data do Julgamento: 14/06/2007
Fonte: DJU Data: 29/06/2007 página: 711
Relator: Juiz Valdeci dos Santos
Documento: trf300121180.xml

Ementa:

DIREITO CONSTITUCIONAL. DIREITO ADMINISTRATIVO. ENSINO SUPERIOR. RENOVAÇÃO DE MATRÍCULA. SITUAÇÃO DE INADIMPLÊNCIA. IMPOSSIBILIDADE.

1. A Constituição Federal, após estabelecer os deveres do Estado com relação à educação (art. 208), estende a atividade de ensino à ativa privada (art. 209), mediante delegação estatal. Isso tem repercussão no plano das relações entre as instituições de ensino e o alunado, pois, se de um lado, as escolas se encontram sob fiscalização estatal, no que se refere ao cumprimento de normas gerais da educação nacional, autorização e avaliação da qualidade do ensino ministrado, de outro, têm liberdade de contratar e acordam, sem peias, as condições para a prestação dos serviços educacionais. 2. Indeclinável reconhecer que as instituições de educação somente poderão manter a prestação dos serviços

educacionais contratados se receberem a contraprestação devida, constituída pelas mensalidades escolares, avençada por meio do contrato. Portanto, sendo o contrato a lei entre as partes, uma não poderá exigir da outra o cumprimento da obrigação que lhe é devida sem que tenha cumprido a sua e, em sendo assim, a inadimplência se constitui em justa causa para o indeferimento do pedido de matrícula, pois, à luz da legislação vigente, não tem a instituição de ensino a obrigação de continuar contratando com o aluno inadimplente. 3. A Lei 9.870/99, no artigo 5º, trata de desonerar a instituição de ensino da obrigação de contratar com o aluno inadimplente a prestação dos serviços educacionais para novo período. Isso por reconhecer que aquela tem direito à contraprestação representada pela mensalidade escolar, afinal, necessária para o equilíbrio financeiro de sua atividade. 4. Remessa oficial e apelação a que se dá provimento.

Acórdão:
Vistos e relatados estes autos em que são partes as acima indicadas, decide a Turma Suplementar da 2ª Seção do Tribunal Regional Federal da 3ª Região, por unanimidade, dar provimento à remessa oficial e à apelação, nos termos do relatório e do voto, que ficam fazendo parte integrante do processo julgado.

Data do Julgamento:
14/06/2007
Data da Publicação:
DJU 29/06/2007, pág. 711

7.1.27 Agravo de instrumento – Direito Processual Civil – Agravo de Instrumento – Crédito educativo - Atraso na liberação das parcelas – Lei nº 8.436, de 25 de junho de 1992 - Suspensão da prestação dos serviços educacionais – Impossibilidade

Origem: Tribunal Regional Federal da 3ª Região
Classe: AG – agravo de Instrumento – 20707
Processo: 94.03.090534-4
UF: SP
Órgão Julgador: Turma Suplementar da Segunda Seção
Data do Julgamento: 15/03/2007
Fonte: DJU Data: 22/03/2007 página: 467
Relator: Juiz Valdeci dos Santos
Documento: trf300114256.xml

Ementa:

DIREITO PROCESSUAL CIVIL. AGRAVO DE INSTRUMENTO. CRÉDITO EDUCATIVO. ATRASO NA LIBERAÇÃO DAS PARCELAS. LEI Nº 8.436, DE 25 DE JUNHO DE 1992. SUSPENSÃO DA PRESTAÇÃO DOS SERVIÇOS EDUCACIONAIS. IMPOSSIBILIDADE.

1. A instituição superior de ensino deve garantir a prestação dos serviços educacionais aos seus alunos vinculados ao Programa de Crédito Educativo, assegurando-lhes frequência normal às aulas e demais atividades acadêmicas. 2. A Lei nº 8.436, de 25 de junho de 1992, no seu artigo 9º, dispõe que o contrato de crédito educativo estabelecerá as condições de transferência dos recursos por parte da Caixa Econômica Federal e as garantias relativas em caso de atraso dos repasses, estando, em razão disso, impedida a instituição de ensino de suspender a matrícula do estudante.

3. A lei preocupou-se em proteger adequadamente os interesses de ambas as partes, assegurando ao aluno o acesso à educação e à instituição de ensino a garantia do repasse dos recursos, segundo condições capazes de manter o poder aquisitivo do quantum a ser liberado, sendo descabida a alegação de financiamento compulsório de estudos de alunos vinculados ao referido programa educacional e muito menos a ocorrência de qualquer objeção

ao seu direito de prestar os serviços de educação. 4. Agravo a que se nega provimento.

Acórdão:
Vistos e relatados estes autos em que são partes as acima indicadas, decide a Turma Suplementar da 2ª Seção do Tribunal Regional Federal da 3ª Região, por unanimidade, negar provimento ao agravo, nos termos do relatório e do voto, que ficam fazendo parte integrante do processo julgado.

Data do Julgamento:
15/03/2007
Data da Publicação:
DJU:22/03/2007, pág. 467

7.1.28 Apelação em Mandado de Segurança – Ensino superior – Aluno inadimplente – Retenção de documentos acadêmicos – Litigância de má-fé – Viabilidade no caso concreto – Comunicação à Ordem dos Advogados do Brasil

Origem: Tribunal Regional Federal da 3ª Região
Classe: AMS – Apelação em Mandado de Segurança – 277348
Processo: 2001.61.12.003027-0
UF: SP
Órgão Julgador: Sexta Turma
Data do Julgamento: 13/09/2006
Fonte: DJU data: 09/10/2006 página: 429
Relator: Juiz Mairan Maia
Documento: trf300106578.xml

Ementa:

MANDADO DE SEGURANÇA – ENSINO SUPERIOR – ALUNO INADIMPLENTE – RETENÇÃO DE DOCUMENTOS ACADÊMICOS – LITIGÂNCIA DE MÁ-FÉ – VIABILIDADE NO CASO CONCRETO – COMUNICAÇÃO À ORDEM DOS ADVOGADOS DO BRASIL.

1. Incabível a retenção de documentos escolares ou aplicação de quaisquer outras penalidades pedagógicas por motivo de inadimplemento. Inteligência do art. 6º, da Lei nº 9.870/99. 2. A instituição de ensino tem ao seu dispor as vias adequadas para a satisfação dos seus créditos em face do descumprimento de cláusula de contrato de prestação de serviços educacionais. 3. Ao aluno, aprovado em todas as disciplinas da grade curricular da graduação em curso superior, é assegurado o direito à expedição do diploma. 4. A autoridade impetrada, além de evidente violação a texto literal de lei, tanto em informações quanto em apelação, alterou a verdade dos fatos ao sustentar, reiteradamente, não haver ocorrido qualquer resistência à entrega do requerido diploma, reputado posto à disposição do ex-aluno, o qual não teria trazido aos autos provas suficientes da lesão ao seu direito. 5. Não se pode exigir prova de fato negativo, porquanto o estabelecimento de ensino não permitiu a entrega do requerimento e nem o pagamento da taxa, como cabalmente documentado nos autos. 6. A abertura de oportunidade para que o impetrante se apresentasse acompanhado de oficial de justiça à instituição de ensino superior teve o objetivo de tornar irrefutável o fato quanto ao qual se refere a causa.
7. Aliás, fato anteriormente já certificado por escritura pública de comparecimento e declaração feita em Cartório. 8. O exercício de profissão relacionada à formação acadêmica e o prosseguimento de estudos nessa área tem como condição a posse, pelo impetrante, de diploma do curso de bacharelado em Direito. 9. Mantida a aplicação da pena de litigância de má-fé. 10.

Deferido o requerimento formulado pelo Ministério Público Federal para ciência ao órgão de fiscalização da nobre classe dos advogados de todo o processado.

Acórdão:
A Turma, por unanimidade, negou provimento à apelação e à remessa oficial, nos termos do voto do(a) Relator(a).

Data do Julgamento:
13/09/2006
Data da Publicação:
DJU:09/10/2006, pág. 429

7.1.29 Remessa "*ex officio*" em Mandado de Segurança – Pedido de matrícula por aluno inadimplente – Ensino superior – Aluno inadimplente – Retenção de documentos acadêmicos.

Origem: Tribunal Regional Federal da 3ª Região
Classe: Reoms – Remessa *ex officio* em Mandado de Segurança – 272778
Processo: 2005.61.00.000505-7
UF: SP
Órgão Julgador: Sexta Turma
Data do Julgamento: 15/03/2006
Fonte: DJU data: 31/03/2006 página: 429
Relator: Juiz Mairan Maia
Documento: trf300102143.xml

Ementa:
MANDADO DE SEGURANÇA – ENSINO SUPERIOR – ALUNO INADIMPLENTE – RETENÇÃO DE DOCUMENTOS ACADÊMICOS.

1. Incabível a retenção de documentos escolares, inclusive para efeitos de transferência para outra instituição de ensino, ou a aplicação de quaisquer outras penalidades pedagógicas por motivo de inadimplemento. Inteligência do art. 6º, da Lei nº 9.870/99. 2. A instituição de ensino tem ao seu dispor as vias adequadas para a satisfação dos seus créditos em face do descumprimento de cláusula de contrato de prestação de serviços educacionais.

Acórdão:
A Turma, por unanimidade, negou provimento à remessa oficial, nos termos do voto do(a) Relator(a).

Data do Julgamento:
15/03/2006
Data da Publicação:
DJU:31/03/2006, pág. 429

7.1.30 Apelação em Mandado de Segurança – Ensino superior – Aluno inadimplente – Renovação de matrícula – Situação consolidada pelo transcurso do tempo

Origem: Tribunal Regional Federal da 3ª Região
Classe: AMS – Apelação em Mandado de Segurança – 251792
Processo: 2002.61.19.005413-8
UF: SP
Órgão Julgador: Sexta Turma
Data do Julgamento: 21/09/2005
Fonte: DJU Data: 07/10/2005 página: 412
relator: Juiz Mairan Maia
Documento: trf300097239.xml

Ementa:

MANDADO DE SEGURANÇA – ENSINO SUPERIOR – ALUNO INADIMPLENTE – RENOVAÇÃO DE MATRÍCULA – SITUAÇÃO CONSOLIDADA PELO TRANSCURSO DO TEMPO.

1. Em ação mandamental a reitora da instituição de ensino participa do processo na qualidade de parte no aspecto formal, ao passo que a instituição de ensino superior, destinatária dos efeitos da decisão, participa no aspecto material. 2. Portanto, patente a legitimidade recursal da Universidade de Mogi das Cruzes, pois é quem suportará os efeitos da decisão final. 3. O mandado de segurança é a via adequada para tratar de pleito em que se questiona a recusa de efetivação da matrícula por instituição de ensino superior, sendo a existência de direito líquido e certo questão pertinente ao mérito. 4. A Constituição Federal permite às instituições particulares de ensino o exercício da atividade educacional, sendo ínsito que seja realizada mediante contraprestação em pecúnia. Assim, instituição e aluno firmam contrato de prestação de serviços educacionais mediante o qual estipulam-se direitos e obrigações recíprocos. Ao primeiro, ministrar o ensino conforme as condições estabelecidas em lei. Ao segundo, pagar pelos serviços recebidos. 5. Não há ilegalidade ou inconstitucionalidade na negativa de renovação de matrícula pela instituição particular de ensino superior, em face do descumprimento de cláusula contratual de pagamento de mensalidades, ocasionando a inadimplência do aluno. 6. Inteligência do art. 5º da Lei nº 9.870/99. Precedentes desta Corte Regional. 7. Verifica-se estar a situação gerada pela concessão da liminar consolidada, dado o caráter eminentemente satisfativo da medida e o tempo decorrido até a realização deste julgamento. 8. A renovação de matrícula de aluno inadimplente em instituição particular de ensino superior, por força de liminar em mandado de segurança, consubstancia situação consolidada pelo

transcurso do tempo e que deve ser mantida em prol da segurança jurídica.

Acórdão:
A Turma, por unanimidade, rejeitou a matéria preliminar, negou provimento à apelação e à remessa oficial, e rejeitou a alegação de ilegitimidade recursal da Universidade de Mogi das Cruzes formulada em contra-razões, nos termos do voto do(a) Relator(a).

Data do Julgamento:
21/09/2005
Data da Publicação:
DJU:07/10/2005, pág. 412

7.1.31 Remessa "*ex officio*" em Mandado de Segurança – Ensino superior – Aluno inadimplente – Negativa de colação de grau e retenção de documentos acadêmicos

Origem: Tribunal Regional Federal da 3ª Região
Classe: REOMS – Remessa *ex officio* em Mandado de Segurança – 246441
Processo: 1999.61.00.041096-0
UF: SP
Órgão Julgador: Sexta Turma
Data do Julgamento: 10/09/2003
Fonte: DJU Data: 26/09/2003 página: 534
Relator: Juiz Mairan Maia
Documento: trf300074757.xml

Ementa:
MANDADO DE SEGURANÇA – ENSINO SUPERIOR – ALUNO INADIMPLENTE – NEGATIVA DE COLAÇÃO

DE GRAU E RETENÇÃO DE DOCUMENTOS ACADÊMICOS.

1. Incabível a retenção de documentos escolares ou aplicação de quaisquer outras penalidades pedagógicas por motivo de inadimplemento. Inteligência do art. 6º, da Lei nº 9.870/99. 2. A instituição de ensino tem ao seu dispor as vias adequadas para a satisfação dos seus créditos em face do descumprimento de cláusula de contrato de prestação de serviços educacionais. 3. Ao aluno, aprovado em todas as disciplinas da grade curricular da graduação em curso superior, é assegurado o direito à colação de grau e à expedição do certificado de conclusão do curso e do diploma.

Acórdão:
A Turma, por unanimidade, negou provimento à remessa oficial, nos termos do voto do(a) Relator(a).

Data do Julgamento:
10/09/2003
Data da Publicação:
DJU 26/09/2003, pág. 534

7.1.32 Agravo de instrumento – Administrativo – Constitucional – Ensino superior – Instituição privada – Renovação de matrícula – Aluno inadimplente – Lei nº 9.870/99 – Liminar em mandado de segurança – Agravo de instrumento

Origem: Tribunal Regional Federal da 3ª região
Classe: AG – Agravo de Instrumento – 160454
Processo: 2002.03.00.033205-2

UF: SP
Órgão Julgador: Sexta Turma
Data do Julgamento: 23/10/2002
Fonte: DJU Data:11/11/2002 página: 350
Relator: Juiz Mairan Maia
Documento: trf300064768.xml

Ementa:
ADMINISTRATIVO – CONSTITUCIONAL – ENSINO SUPERIOR – INSTITUIÇÃO PRIVADA – RENOVAÇÃO DE MATRÍCULA – ALUNO INADIMPLENTE – LEI Nº 9.870/99 – LIMINAR EM MANDADO DE SEGURANÇA – AGRAVO DE INSTRUMENTO.

1. Para a concessão de liminar em mandado de segurança, a lei exige, cumulativamente, a presença de fundamento relevante e do perigo de ineficácia da medida caso a ordem seja concedida ao final. 2. Não se revestem de relevância os fundamentos de ilegalidade ou inconstitucionalidade na negativa de renovação de matrícula pela instituição particular de ensino superior, em face do descumprimento de cláusula contratual de pagamento de mensalidades, ocasionando a inadimplência do aluno. 3. A Constituição Federal permite às instituições particulares de ensino o exercício da atividade educacional, sendo ínsito que seja realizada mediante contraprestação em pecúnia. Assim, instituição e aluno firmam contrato de prestação de serviços educacionais mediante o qual estipulam-se direitos e obrigações recíprocos. Ao primeiro, ministrar o ensino conforme as condições estabelecidas em lei. Ao segundo, pagar pelos serviços recebidos. 4. Inteligência do art. 5º da Lei nº 9.870/99. Precedentes da Sexta Turma desta Corte Regional. 5. Agravo provido.

Acórdão:
A Turma, por unanimidade, deu provimento ao agravo, nos termos do voto do(a) Relator(a).

Data do Julgamento:
23/10/2002
Data da Publicação:
DJU 11/11/2002, pág. 350

7.1.33 Apelação em Mandado de Segurança – Administrativo – Ensino superior – Entidade de ensino que não entrega aos formandos o diploma registrado – Estudantes beneficiários do crédito educativo – etc.

Origem: Tribunal Regional Federal da 3ª Região
Classe: AMS – Apelação em Mandado de Segurança – 194509
Processo: 1999.03.99.084749-9
UF: SP
Órgão Julgador: Quarta Turma
Data do Julgamento: 03/05/2000
Fonte: DJU Data:25/08/2000 página: 842
Relator: Juiz Andrade Martins
Documento: trf300051982.xml

Ementa:
ADMINISTRATIVO – ENSINO SUPERIOR – ENTIDADE DE ENSINO QUE NÃO ENTREGA AOS FORMANDOS O DIPLOMA REGISTRADO – ESTUDANTES BENEFICIÁRIOS DO CRÉDITO EDUCATIVO – SUBSTITUIÇÃO DO DEVEDOR DA OBRIGAÇÃO DO PAGAMENTO DAS MENSALIDADES ESCOLARES – OMISSÃO DA ENTIDADE DE ENSINO TENDENTE A PRESSIONAR O ADIMPLEMENTO DA INSTITUIÇÃO FINANCEIRA DEVEDORA.

1. É inadmissível o comportamento omissivo da impetrada consistente em não outorgar a alunos os diplomas registrados a que fazem jus apenas para pressionar o adimplemento da instituição financeira devedora em contrato de crédito educativo. 2. A outorga dos diplomas registrados faz parte da prestação de serviços educacionais. 3. A existência de débitos junto à instituição de ensino não deve interferir na prestação dos serviços educacionais dentre os quais se inclui a expedição e registro de diplomas. Os eventuais débitos devem ser exigidos em ação própria sendo vedada à entidade educacional interferir na atividade acadêmica dos seus estudantes com o fito de obter o adimplemento de mensalidades escolares. 4. Nos termos da sumula 512, do STF são incabíveis honorários advocatícios em sede de mandado de segurança. 5. Matéria preliminar rejeitada. Apelação e remessa oficial não providas.

Acórdão:
A Quarta Turma, por unanimidade, rejeitou a matéria preliminar e, no mérito, negou provimento à apelação e à remessa oficial, nos termos do voto do Des. Fed. Relator.

Data do Julgamento:
03/05/2000

Data da Publicação:
DJU25/08/2000, pág. 842

Referência Legislativa:
LEG-FED SUM-512 STF
TJ/PR

7.1.34 Execução de título extrajudicial – Contrato de prestação de serviços educacionais – Cobrança de mensalidade – Emissão de Duplicatas – Debate acerca da prescrição – etc.

TRIBUNAL DE JUSTIÇA DO ESTADO DO PARANÁ

Ementa:

EXECUÇÃO DE TÍTULO EXTRAJUDICIAL – **CONTRATO DE PRESTAÇÃO DE SERVIÇOS EDUCACIONAIS** – COBRANÇA DE MENSALIDADE – EMISSÃO DE DUPLICATAS – DEBATE ACERCA DA PRESCRIÇÃO – REGRA DO ARTIGO 178, §6°, INCISO VII, DO CÓDIGO CIVIL DE 1916 EM DETRIMENTO DA LEI 5.474/68 – APLICAÇÃO DA PREVISÃO DO ANTIGO CÓDIGO CIVIL, ONDE O PRAZO PRESCRICIONAL É DE 01 (UM) ANO.

1. Consoante a jurisprudência já consolidada pelo Superior Tribunal de Justiça, "(...) o prazo prescricional para o ajuizamento da ação de cobrança de mensalidades escolares é de um ano, a teor do art. 178, §6°, VII, do Código Civil, contado do vencimento de cada uma. (...). (REsp 260914/RJ, Rel. Ministro CARLOS ALBERTO MENEZES DIREITO, TERCEIRA TURMA, julgado em 22.05.2001, DJ 27.08.2001 p. 328). 2. A prescrição do prazo da obrigação principal, ou seja, da prestação de serviço educacional, é de 01 (um) ano (art. 178, §6°, inciso VII, do Código Civil de 1916), ao passo que a obrigação acessória travestida pela duplicata não poderia prescrever em 03 (anos), uma vez que no presente caso concreto elas não podem ser dissociadas, na medida em que uma não goza de autonomia em detrimento da outra. *Mutatis mutandis*, é possível, por analogia, utilizar o mesmo princípio adotado pela Súmula 258 do

STJ, que assim dispõe: "A nota promissória vinculada a contrato de abertura de crédito não goza de autonomia em razão da iliquidez do título que a originou". É a mesma lógica. APELAÇÃO NÃO PROVIDA. (nº do acórdão 10.239. 13ª Câmara Cível. Processo nº 0495106-2)

Decisão:

ACORDAM os Desembargadores que integram a Décima Câmara Cível do Tribunal de Justiça do Estado do Paraná, por unanimidade de votos, em negar provimento ao recurso, mantendo a r. sentença por seus próprios e jurídicos fundamentos.

7.1.35 Ação de indenização por danos materiais e morais – Instituição de ensino – Descumprimento de contrato de prestação de serviços educacionais – etc.

Ementa:

AÇÃO DE INDENIZAÇÃO POR DANOS MATERIAIS E MORAIS – INSTITUIÇÃO DE ENSINO – **DESCUMPRIMENTO DE CONTRATO DE PRESTAÇÃO DE SERVIÇOS EDUCACIONAIS** – CURSO ENCERRADO DE FORMA INSATISFATÓRIA, SEM APLICAÇÃO INTEGRAL DO CONTEÚDO PROGRAMÁTICO – DANOS MORAIS CONFIGURADOS QUE INDEPENDEM DA PROVA EFETIVA DO PREJUÍZO – INDENIZAÇÃO – MANUTENÇÃO – APELO DESPROVIDO.

Na fixação do valor da indenização, o julgador deve observar o princípio da proporcionalidade e da razoabilidade, devendo a indenização arbitrada constituir uma pena ao causador do dano e, concomitantemente, uma compensação ao lesado, sem caracterizar enriquecimento ilícito. (nº do acórdão 11295. 10ª. Câmara Cível. Processo nº 0500216-8)

Decisão:

ACORDAM os Desembargadores integrantes da Sétima Câmara Cível do Tribunal de Justiça do Estado do Paraná, por unanimidade de votos, em conhecer das apelações cíveis 1 e 2 e, de seus exames, negar provimento à apelação 1 do réu/reconvinte e dar provimento parcial à apelação 2 da autora/reconvinda, nos termos do voto do Desembargador Relator.

7.1.36 Apelações cíveis – Ação monitória – Cobrança de mensalidades escolares de ensino superior – Contrato de prestação de serviços educacionais – Resposta do réu/apelante (1) apresentada por embargos monitórios e reconvenção – etc.

Ementa:

APELAÇÕES CÍVEIS – AÇÃO MONITÓRIA – **COBRANÇA DE MENSALIDADES ESCOLARES DE ENSINO SUPERIOR** –CONTRATO DE PRESTAÇÃO DE SERVIÇOS EDUCACIONAIS – RESPOSTA DO RÉU/ APELANTE (1) APRESENTADA POR EMBARGOS MONITÓRIOS E RECONVENÇÃO – SENTENÇA DE PROCEDÊNCIA DO PLEITO RECONVENCIONAL, ANTE A CARACTERIZAÇÃO DE ILÍCITO CONTRATUAL – PRELIMINAR – PRESENÇA DE CONEXÃO – PEDIDO INICIAL COMUM À MATÉRIA RECONVENCIONAL – VÍNCULO DAS RELAÇÕES JURÍDICAS ORIUNDAS DE CONTRATO DE PRESTAÇÃO DE SERVIÇOS EDUCACIONAIS DE TRATO SUCESSIVO – INTELIGÊNCIA DO ART. 315 DO CPC – PRESCRIÇÃO QUINQUENAL, A QUAL AINDA NÃO FLUIU, A TEOR DO DISPOSTO NO ART. 206, §5º, I DO CC/2002 – OCORRÊNCIA DE VÍCIO NA PRESTAÇÃO DO SERVIÇO EDUCACIONAL

A NÍVEL SUPERIOR – INTELIGÊNCIA DO ART. 20, §2º DA LEI Nº 8.078/90 (CODECON), JÁ QUE A CARGA HORÁRIA DO CURSO DE GRADUAÇÃO NÃO ATENDEU ÀS NORMAS REGULAMENTARES DE PRESTABILIDADE DITADAS PELA LEI DE DIRETRIZES E BASES DA EDUCAÇÃO (LEI Nº 9.394/96) – CONDENAÇÃO AO PERCENTUAL DE 14% (QUATORZE POR CENTO) SOBRE AS MENSALIDADES DOS ANOS LETIVOS DE 2001 A 2003, DEVIDAMENTE ESTIPULADO NO JULGADO RECORRIDO, O QUAL NÃO MERECE REPAROS – DEVOLUÇÃO EM DOBRO SOBRE O MONTANTE DA CONDENAÇÃO PELO JULGAMENTO DE PROCEDÊNCIA DA RECONVENÇÃO – NÃO CABIMENTO – NÃO APLICAÇÃO DO ART. 42, PARÁGRAFO ÚNICO DO CDC – MÁ-FÉ NÃO COMPROVADA – PRECEDENTES JURISPRUDENCIAIS – JUROS DE MORA DEVIDOS A PARTIR DA CITAÇÃO, NOS TERMOS DO ART. 406 DO CC/2002 E ART. 219 DO CPC – APELAÇÕES CÍVEIS (1) E (2) CONHECIDAS, COM APELAÇÃO (1) NÃO PROVIDA E APELAÇÃO (2) PARCIALMENTE PROVIDA.

1. Presente a conexão da ação principal com a reconvenção, ante a existência de ponto comum entre as demandas, qual seja, discussão de contrato de prestação de serviços educacionais, não assiste amparo legal à apelante 2/reconvinda, quanto ao não reconhecimento da conexidade. 2. A pretensão oposta na reconvenção, relativamente ao pedido de complementação da restituição, que a apelante (2) realizou voluntariamente, concernente às disciplinas não cursadas, bem como à pretensão de ressarcimento pela má prestação do serviço educacional, ante o descumprimento de grade curricular, incide a prescrição quinquenal prevista no art. 206, §5º, I do CC/2002. 3. *In casu*, restou evidente nos autos a caracterização de vício na prestação do serviço educacional superior, já que a carga horária do curso de

direito não atendeu aos ditames normativos da Lei nº 9.394/96. 4. O percentual de 14% (quatorze por cento), sobre as mensalidades dos anos letivos de 2001 a 2003, foi consentaneamente fixado, restando, em consequência, prejudicados os pedidos de majoração e minoração do mencionado percentual. 5. Não havendo nos autos prova inequívoca da má-fé da apelante (2)/ reconvinda, é imperioso expurgar do montante da condenação, a restituição em dobro, quanto aos pedidos reconvencionais. 6. Os juros de mora devem ser computados a partir da citação, nos termos do art. 405 do CC/2002 e art. 219 do CPC. 7. Sentença alterada nos limites do provimento parcial do recurso intentado pela apelante 2, autora/reconvinda. 8. Apelações (1) e (2) conhecidas, com apelação (1) não provida e apelação (2) parcialmente provida. (nº do acórdão 11371. 7ª. Câmara Cível. Processo nº 0491169-3)

7.1.37 Recurso de Apelação Cível – Decisão monocrática – CPC, art. 557 – Danos morais e materiais – Não concessão de diploma com validade nacional em função de ausência de reconhecimento de Curso de Mestrado – Prazo prescricional aplicável – etc.

Ementa:

RECURSO DE APELAÇÃO CÍVEL – DECISÃO MONOCRÁTICA – CPC, ART. 557 – DANOS MORAIS E MATERIAIS – NÃO CONCESSÃO DE DIPLOMA COM VALIDADE NACIONAL EM FUNÇÃO DE AUSÊNCIA DE RECONHECIMENTO DE CURSO DE MESTRADO – PRAZO PRESCRICIONAL APLICÁVEL – REGULARIDADE DE ABERTURA E FUNCIONAMENTO DO CURSO – FALTA DE CREDENCIAMENTO DEVIDAMENTE INFORMADA AOS ALUNOS – DEVER DE INDENIZAR NÃO CONFIGURADO.

1. A pretensão de indenização com fundamento na ausência de reconhecimento do programa educacional pelo MEC e no correlato descumprimento do dever de informar o fato ao corpo discente não se submete ao prazo decadencial de noventa dias estabelecido pelo CDC, pois o tema não se relaciona com a qualidade e adequação dos serviços educacionais em si. O prazo aplicável, neste caso, é aquele inerente à reparação civil, de 20 anos, na égide do Código Civil de 1916, e de 3 anos a partir da entrada em vigor do novo Código Civil. Precedentes. 2. A ausência de concessão de diploma com validade nacional não implica em ato ilícito se a instituição de ensino informa de forma clara e precisa o aluno sobre a impossibilidade de fazê-lo, em decorrência da ausência de reconhecimento do curso, não obstante o funcionamento em estrita observância às normas do MEC. RECURSO CONHECIDO E NÃO PROVIDO. Vistos, relatados e discutidos estes autos de Apelação Cível nº. 416.925-7, da Vara Cível e Anexos da Comarca de Palmas, em que é apelante Darci Baldo e apelado Centro Pastoral, Educacional e Assistencial Dom Carlos – CPEA.

1. RELATÓRIO Trata-se de recurso de apelação interposto por Darci Baldo contra sentença que julgou improcedente o pedido de indenização por danos materiais e morais em face do Centro Pastoral, Educacional e Assistencial Dom Carlos – CPEA e condenou o autor ao pagamento das custas processuais e honorários advocatícios, estes arbitrados no valor de R$ 2.000,00 (dois mil reais), levando-se em consideração a complexidade da causa e o tempo exigido dos causídicos. Em suas razões recursais, relata a apelante que, após ter defendido sua tese no Mestrado de Ciências Sociais Aplicadas, áreas de Concentração em Recursos Humanos, Contabilidade e Economia, e ter sido aprovado com louvor, ficou sabendo que o curso não seria reconhecido pelo CAPES/MEC, o que deu ensejo à presente demanda. Sustenta que a relação que houve entre o apelante e a apelada é uma relação de consumo, e, havendo nexo entre o dano e o serviço

prestado, deve a instituição responder objetivamente pelos prejuízos causados; ainda, que os prestadores de Ensino Superior são obrigados a fornecer seus serviços com qualidade, adequados para os fins que razoavelmente deles se esperam, bem como que atendam às normas regulamentares de prestabilidade, tudo em conformidade com os dispositivos do Código de Defesa do Consumidor. Desta forma, entende que deve ser ressarcido pelo tempo e dinheiro gasto, além dos planos desfeitos em razão da má qualidade dos serviços prestados pela apelada, que, além de oferecer o respectivo curso de mestrado sem qualquer suporte, uma vez que o curso ofertado pela instituição não foi reconhecido pelo MEC, não concedeu ao final o título de mestre tanto almejado pelo apelante. Por fim, aduz que lhe são devidos lucros cessantes enquanto não outorgada a titulação reconhecida pelo CAPES/MEC e requer a reforma da sentença *a quo* para o fim de condenar a apelada ao pagamento dos danos materiais e morais que causou ao apelante, tudo em conformidade com a planilha de cálculos apresentada na exordial. Via contrarrazões, preliminarmente, requer à apelada que o processo seja extinto em razão da decadência, nos moldes do Art. 207 e seguintes do Código Civil; art. 269, IV do CPC; e art. 26, II do CDC, pois o prazo para apelante reclamar de defeitos ou vícios do serviço é de 90 dias, o qual foi ultrapassado com sobras, uma vez que apresentou sua defesa de tese em 12.07.2001, tendo a presente ação sido ajuizada tão somente em agosto de 2005. No mérito, pugna pelo não provimento da apelação, mantendo-se a sentença de primeiro grau. Após as contrarrazões, a apelante trouxe aos autos documentos que comprovam que foi conferida validade nacional aos diplomas expedidos aos alunos que concluíram o curso de mestrado ministrado pela entidade apelada. Intimado a manifestar-se acerca do documento juntado, o apelante deixou de fazê-lo. É o relatório. 2. FUNDAMENTAÇÃO 2.1 Do Exame de Admissibilidade. Presentes os pressupostos de admissibilidade, tanto intrínsecos (legitimidade, interesse, cabimento e inexistência de fato impeditivo e extintivo) como extrínsecos (tempestividade, preparo e regularidade formal), deve o recurso ser conhecido. Assim, passo à análise do mérito. 2.2. Do Mérito Recursal. Em relação ao mérito do recurso, cumpre primeiramente analisar a alegação da recorrida de que, tratando-se de vício do serviço, o prazo de noventa dias estabelecido pelo CDC há muito teria expirado. O que ocorre, neste caso, é que, embora a relação seja de cunho consumerista e invoque o apelante no processo tratar-se de caso de vício do serviço, o fato é que tal categoria jurídica não se amolda ao fato em tela. Com efeito, as normas que regem a autorização e o credenciamento (ou reconhecimento) dos cursos superiores e de pós-graduação no país exigem que o curso a ser reconhecido passe por um período mínimo de funcionamento autorizado, sob avaliação dos órgãos estatais competentes, até que sobrevenha o devido credenciamento com a possibilidade de expedição de diploma com validade nacional. Diante disso, impossível concluir-se que a concessão de diploma com tal caráter seja inerente aos serviços prestados, de modo que a impossibilidade de concessão de tal título implique em vício do serviço, com prazo decadencial de noventa dias. A adequação dos serviços prestados, neste caso, afere-se mediante a análise do respeito aos padrões mínimos de qualidade exigíveis das instituições de ensino, em termos de estrutura, formação do corpo docente etc. No presente caso, a qualidade da prestação dos serviços não é questionada pelo autor, resumindo-se a controvérsia à não concessão do diploma com validade nacional e à falta de informação acerca da respectiva impossibilidade. Neste passo, o regime extintivo aplicável é o da reparação civil. Nesse sentido, inclusive, já se manifestou esta Câmara em caso idêntico, em voto do Eminente Des. Guimarães da Costa, adotando fundamentação exarada em primeiro grau de jurisdição. Na ocasião, restou consignado: "Como bem esclareceu o nobre magistrado *a quo*, em despacho de fls.128/131: "O prazo prescricional a ser aplicado no caso não é aquele do artigo 27 do CDC, decorrente de danos provocados por fato do produto ou do serviço, já que não se questiona o curso em si ministrado pela ré, mas o fato de não ter sido esclarecido ao aluno/consumidor que o curso não era reconhecido pelo MEC. Temos assim que o prazo prescricional se iniciou no momento da conclusão do curso, em julho de 1992, ao tempo em que o prazo era de vinte anos. No novo Código Civil, a prescrição da pretensão civil é de três anos, a teor do que dispõe o artigo 206, §3º, V. Doutro vértice, de acordo com o artigo 2.028 do NCC, 'Serão os da lei anterior os prazos, quando reduzidos por este Código, e se, na data de sua entrada em vigor, já houver transcorrido mais da metade do tempo estabelecido na lei revogada. A interpretação que se dá a tal dispositivo legal é a de que, se ao tempo do início da vigência do novo Código Civil mais da metade do prazo prescricional transcorrera, o prazo continua sendo o da lei anterior. No caso em tela, quando do início da vigência do NCC, pouco mais da metade do prazo transcorrera, logo, o prazo a ser observado é o de vinte anos, daí porque não ocorreu a prescrição." (TJPR, AC 388127-8, 8ª Câmara Cível, Rel. Des. Guimarães da Costa, julgado em 01/06/2007) Na presente hipótese, a única diferença é que a conclusão do curso se deu em 2001, de modo que, a partir de 12 de janeiro de 2003, com a entrada em vigor no novo Código Civil, o prazo foi reduzido para três anos, o qual, entretanto, não se verificou, pois a ação foi distribuída em 22/08/2005. Portanto, deve ser afastada a prejudicial. Quanto ao cerne da discussão travada, extrai-se dos documentos e testemunhos acostados aos autos que o curso frequentado pelo recorrente foi instalado e posto em funcionamento mediante obediência a todas as normas inerentes à atividade, o que veio a ser definitivamente confirmado pela superveniente convalidação, pelo Ministério da Educação, dos estudos realizados pelos alunos que frequentaram os programas de mestrado ministrados pela apelada, quando os autos já se encontravam em fase de apelação (fls. 385/412), constando dentre esses documentos, inclusive, a lisura na manutenção dos cursos (a exemplo, fls. 388). A par disso, o recorrente ingressou no curso de mestrado devidamente informado sobre a ausência de reconhecimento do curso, fato que se extrai das declarações de todas as testemunhas inquiridas, inclusive aquela arrolada pelo autor – fls. 241/248, e da própria ausência de irresignação a esse respeito em grau recursal. Em casos como esse, preconiza a jurisprudência:

> "APELAÇÃO CÍVEL - AÇÃO DE INDENIZAÇÃO POR DANOS MORAIS E MATERIAIS - PRESTAÇÃO DE SERVIÇOS EDUCACIONAIS - CURSO LIVRE DE ANÁLISE DE SISTEMAS - CONCLUSÃO EM DOIS ANOS - EXPECTATIVA DE RECONHECIMENTO PELO MEC - IMPROCEDÊNCIA DO PEDIDO - FORMAL IRRESIGNAÇÃO - PRELIMINAR DE PRESCRIÇÃO AFASTADA - IMPUGNAÇÃO AOS DOCUMENTOS APRESENTADOS PELO APELADO EM SEDE DE CONTESTAÇÃO - IMPERTINÊNCIA. - QUESTÃO QUE NÃO FORA OBJETO DE DISCUSSÃO NO PRIMEIRO GRAU DE JURISDIÇÃO - DEVER DE INFORMAR PELA INSTITUIÇÃO DEVIDAMENTE CUMPRIDO, CONFORME DOCUMENTOS APRESENTADOS NOS AUTOS - ATO ILÍCITO NÃO CONFIGURADO - RECURSO PARCIALMENTE CONHECIDO E NÃO PROVIDO NA PARTE CONHECIDA." (TJ/PR, AC 388127-8, 8ª Câmara Cível, Rel. Des. Guimarães da Costa, julgado em 01/06/2007) "APELAÇÃO CÍVEL - AÇÃO DE INDENIZAÇÃO POR DANOS MORAIS E MATERIAIS - MATRÍCULA E FREQUÊNCIA EM CURSO DE MESTRADO SEM O DEVIDO RECONHECIMENTO - CIRCUNSTÂNCIA JA-

MAIS ESCONDIDA E CONTRATUALMENTE EXPRESSA – SENTENÇA DE IMPROCEDÊNCIA CORRETA – RECURSO DESPROVIDO.

Por mais que a autora tenha se matriculado e frequentado o curso de mestrado e, ao final, não tenha obtido a titulação devido à ausência de reconhecimento do mesmo perante as autoridades educacionais, não há dano indenizável, vez que a instituição fez constar expressamente no contrato a circunstância." (TJ/PR, AC 361944-5, 6ª Câmara Cível, Rel. Des. Prestes Mattar, julgado em 23/01/2007) Sendo assim, manifesta a ausência de ilegalidade no caso, e a consequente improcedência dos pedidos.

Decisão:

Do exposto, com base no art. 557 do CPC, em razão da manifesta improcedência do recurso e de sua contrariedade com a jurisprudência dominante deste Tribunal e do STJ, conheço o recurso interposto e, no mérito, nego-lhe provimento, nos termos da fundamentação. Curitiba, 25 de março de 2008. J.S. Fagundes Cunha Juiz de Direito de Segundo Grau.

(Decisão monocrática. 8ª Câmara Cível. Processo nº 0416925-7. relator: José Sebastião Fagundes Cunha).

ANEXO

Minuta de Regulamento de Bolsas de Estudo

São Paulo,.....de .... 201...

O Diretor/ ou Reitor da (instituição de ensino), no uso das suas atribuições e cumprindo o que estabelece a Portaria MEC nº 2, de 1º de fevereiro de 2012 e a Portaria MEC nº 87, de 3 de abril de 2012, as quais determinam a publicidade de todos os atos que envolvem a cobrança das anuidades escolares, resolve publicar o Regulamento de Bolsas de Estudo, devendo o mesmo ser afixado em todos os locais de grande circulação de estudantes [quadro de aviso, secretaria, biblioteca e/ou polos (no caso de ensino a distância] e no *site* da instituição.

A instituição deve obedecer o disposto na Lei nº 9.870, de 23 de novembro de 1999, que trata da divulgação das anuidades escolares, observando, ainda, as determinações previstas nas Portarias anteriormente mencionadas.

O presente Regulamento visa dar publicidade a política de concessão de bolsas de estudo a todos os estudantes regularmente matriculados e que terão acesso, desde que preencham os requisitos necessários, a vagas disponíveis, sem distinção, inclusive aos alunos beneficiários do Fies e/ou ProUni.

O aluno selecionado formalizará com a Instituição termo de concessão de bolsa, cuja renovação será semestral.

I: DEFINIÇÃO DOS TIPOS DE BOLSAS DE ESTUDO CONCEDIDAS

a) **PARENTESCO:** É a bolsa concedida a dois ou mais irmãos matriculados na mesma instituição.

b) **BENEFÍCIO POR NORMA COLETIVA:** São bolsas integrais ou parciais previstas em norma coletiva para empregados em regime celetista da instituição e seus dependentes, em todos os níveis de educação, limitadas a duas bolsas de estudo.

c) **BOLSAS ACADÊMICAS:** São bolsas destinadas aos alunos de graduação, para o desenvolvimento de atividades, sob supervisão de um professor orientador, envolvendo as categorias de monitoria, extensão e iniciação científica.

d) **DESEMPENHO ACADÊMICO:** São bolsas concedidas como forma de premiar os melhores alunos e incentivar o desempenho acadêmico, envolvendo as categorias de bolsa mérito, melhor aluno e melhor egresso.

e) **BOLSA CONVÊNIO:** São bolsas concedidas a empregados de hospitais, unidades de saúde, universidades, sindicatos, associações e empresas em geral, conveniadas a instituição.

f) **BOLSAS ESTÁGIO:** O estágio na instituição será realizado de acordo com a Lei nº 11.788, de 25 de setembro de 2008.

g) **BOLSA ATLETA ESTUDANTIL:** São bolsas concedidas de acordo com a Lei nº 10.891, de 09 de julho de 2004, destinadas aos atletas que tenham participado de eventos nacionais estudantis, reconhecidos pelo Ministério dos Esportes.

h) **BOLSA ATLETA UNIVERSITÁRIA:** São bolsas destinadas aos alunos que praticam atividades esportistas na Instituição de Ensino com a participação de competições e supervisão de professores.

i) **BOLSA AUXÍLIO:** Modalidade de bolsa que concede desconto de acordo com o grau de carência financeira do candidato. O grau de carência determinará a porcentagem a ser oferecida. Nem todos os inscritos obterão a Bolsa Auxílio, uma vez que haverá a classificação conforme documentos comprobatórios e recursos financeiros disponíveis.

j) **BOLSA ESPECIAL:** A Bolsa Especial é modalidade que concede descontos especiais unicamente para cursos e períodos letivos estabelecidos no edital do programa em cada ano letivo.

k) **BOLSA PONTUALIDADE:** As bolsas pontualidade serão

concedidas aos alunos que efetuarem o pagamento da mensalidade até o quinto dia útil.

II: PERCENTUAIS DE DESCONTO

a) Para bolsa **PARENTESCO** os descontos são limitados a XXXX% (XXXXXXX), cuja análise será realizada mediante o número de irmãos matriculados e respectivos cursos;
b) Os descontos para a bolsa **BENEFÍCIO POR NORMA COLETIVA** será de 100% (cem por cento), observado o disposto em Convenção Coletiva de Trabalho;
c) A bolsa **ACADÊMICA** terá variação de XXXX a XXXXX% do valor da mensalidade;
d) Na modalidade **DESEMPENHO ACADÊMICO** a bolsa pode variar de XXXX% a XXXX% do valor da mensalidade;
e) A bolsa **ESTÁGIO** será concedida por meio de bolsa auxílio no valor da mensalidade acrescida de vale-transporte para os alunos que iniciem atividade de iniciação profissional na instituição, obervados os termos da Lei nº 11.788, de 25 de setembro de 2008;
f) Bolsa **ATLETA ESTUDANTIL** será concedida ao aluno atleta bolsa de X%, observados os termos da Lei nº 10.891, de 09 de julho de 2004.
g) Bolsa **ATLETA UNIVERSITÁRIA** será concedida ao aluno atleta bolsa de XXXX%.
h) A bolsa **AUXÍLIO** será concedida até o percentual máximo de X% mediante análise social e econômico-financeira;
i) A bolsa **ESPECIAL** será concedida na forma a seguir estabelecida:...
j) Bolsa **PONTUALIDADE** será concedida a todos os alunos que efetuarem o pagamento até o 5º dia útil do mês do vencimento da parcela, no importe de X%.

III: PRAZO PARA SOLICITAÇÃO DE BOLSA

Para cada modalidade de bolsa, deverá ser observado um prazo para requerimento do benefício, conforme abaixo:

PARENTESCO: O pedido de bolsa deve ocorrer até 10 (dez) dias úteis da matrícula do irmão (a) ingressante. Não ocorrendo a solicitação dentro do prazo estabelecido a bolsa será concedida apenas no semestre seguinte à solicitação formal;

BENEFÍCIO POR NORMA COLETIVA: A bolsa benefício pode ser requerida a qualquer tempo, observadas as disposições estabelecidas em Convenção Coletiva de Trabalho;

ACADÊMICA: As bolsas acadêmicas serão concedidas semestralmente, conforme cotas definidas pela instituição, mediante aprovação do projeto e respectivo número de vagas a ser divulgado em edital específico e preenchimento de pré-requisitos;

DESEMPENHO ACADÊMICO: A solicitação da bolsa deverá ocorrer até 20 dias úteis anteriores ao final do ano letivo, sendo que a bolsa será concedida para o ano letivo seguinte, se preenchidas as condições específicas.

CONVÊNIO: A bolsa convênio poderá ser requerida no início de cada semestre;

ESTÁGIO: A bolsa estágio pode ser requerida a qualquer tempo, no entanto depende de análise, vaga e seleção pela insituição, sendo válida para o semestre posterior ao requerimento;

ATLETA: A bolsa atleta poderá ser requerida após preenchimentos dos requisitos.

ATLETA UNIVERSITÁRIA: A bolsa atleta poderá ser requerida após preenchimentos dos requisitos.

AUXÍLIO: A bolsa auxílio deverá ser requerida no início de cada semestre, em razão da necessidade de reavaliações periódicas;

ESPECIAL: Em razão do caráter especial são bolsas automáticas concedidas pela instituição independentemente de requerimento.

PONTUALIDADE: As bolsas de pontualidade não dependem de pedido expresso, sendo automáticas e previstas no próprio boleto de pagamento;

IV: CONDIÇÕES PARA CONCESSÃO DE BOLSAS

PARENTESCO: Para ser concedida a bolsa parentesco, há necessidade de apresentação de documentos comprobatórios da condição, solicitação no prazo acima estabelecido e pagamentos pontuais.

OBS: A bolsa parentesco é cumulativa com as bolsas pontualidade, acadêmica, desempenho acadêmico, estágio e especial, em caso de preenchimento dos requisitos de cada modalidade.

BENEFÍCIO POR NORMA COLETIVA: As bolsas benefício serão concedidas por período letivo aos candidatos que: sejam empregados em regime CLT da instituição; solicitarem a bolsa no Departamento de Recursos Humanos, preencherem e assinarem o documento nos períodos definidos. Bem como observarem os requisitos estabelecidos na norma coletiva específica.

ACADÊMICA: As bolsas acadêmicas serão concedidas semestralmente conforme cotas definidas pela instituição e em período estabelecido; os projetos com solicitação de bolsa deverão ser encaminhados para aprovação do mérito e do número de bolsas, e serão atendidos por ordem cronológica de recepção; completado o número de bolsas, os pedidos não atendidos serão desconsiderados; para concessão de bolsas será necessária análise e aprovação dos projetos realizada pelo Núcleos específicos; é condição para a concessão da bolsa, que o discente esteja regularmente matriculado e o orientador seja docente da instituição; para concessão das bolsas é condição essencial que o candidato apresente um bom desempenho acadêmico, evidenciado pelo histórico escolar.

DESEMPENHO ACADÊMICO: É condição essencial para a concessão de bolsas que o aluno esteja regularmente matriculado e não tenha impedimento jurídico ou inadimplência na instituição; o aluno não poderá possuir qualquer ocorrência disciplinar; a bolsa é concedida para usufruir no semestre seguinte; a bolsa é automaticamente cancelada em caso de reprovação de disciplina, trancamento ou desistência; o pagamento deve ser pontual quando a bolsa for inferior a 100% e a bolsa tem caráter pessoal, intransferível e não restituível.

CONVÊNIO: É condição para concessão das bolsas que o aluno participe e seja aprovado no processo de seleção, quando houver; não haverá em nenhuma hipótese adequação nos horários acadêmicos para benefício da conveniada; a instituição conveniada deverá promover seus critérios de indicação do funcionário beneficiado; a instituição deverá ter o convênio vigente na ocasião da solicitação da bolsa; as bolsas serão oferecidas semestralmente aos empregados da instituição conveniada, contratados em regime CLT e os alunos beneficiados deverão ser indicados por meio de ofício da instituição conveniada, em prazo determinado no edital.

ESTÁGIO: As bolsas estágio serão concedidas aos alunos mediante contrato de estágio curricular não obrigatório, nos moldes da legislação vigente; o candidato a bolsa deverá: ser aluno regularmente matriculado na IES, não possuir inadimplência ou impedimento jurídico, candidatar-se e ser aprovado na seleção para vaga de estágio e o aluno não poderá possuir qualquer ocorrência disciplinar.

ATLETA: As bolsas atleta serão concedidas mediante aos alunos que apresentarem o requerimento e preencherem os requisitos legais e administrativos; a bolsa será concedida para o semestre seguinte ao requerimento e aprovação.

ATLETA UNIVERSITÁRIA: As bolsas atleta serão concedidas aos alunos que apresentarem o requerimento e preencherem os requisitos administrativos; a bolsa será concedida para o semestre seguinte ao da apresentação do requerimento e sua aprovação.

AUXÍLIO: Para concessão da bolsa auxílio o aluno deve estar devidamente matriculado na IES, não possuir débito e requerer no prazo do edital a análise social e econômico-financeira, que dependerá de aprovação do núcleo especial, análise dos documentos comprobatórios.

ESPECIAL: A concessão de bolsa especial depende única e exclusivamente da IES que apresentará, a cada ano letivo edital específico e eventuais cursos integrantes da modalidade.

PONTUALIDADE: Para alcance da bolsa pontualidade há necessidade do aluno efetuar o pagamento até o 5º dia útil do mês, e efetuando o pagamento posterior a data do vencimento da mensalidade esta será devida em sua integralidade.

V: DIVULGAÇÃO

A divulgação, das modalidades de bolsas da IES contendo os critérios específicos, seleção, manutenção e condições gerais serão publicados, a todo corpo discente mediante edital fixado no quadro de avisos.

Caberá a cada discente a observação do edital e o cumprimento de todos os requisitos, sendo vedada a alegação de ausência de conhecimento e aplicação fora de prazo.

VI: APLICAÇÃO DAS MODALIDADES DE BOLSAS AOS ALUNOS BENEFICIÁRIOS DO PROUNI E FIES

Em razão das diversas modalidades de bolsas existentes é preciso enquadrá-las aos alunos beneficiários de programas, como FIES e PROUNI.

Dessa maneira, após adoção dos critérios de modalidade de bolsas, prazos, condições e método de divulgação, imperiosa a realização da correlação e aplicabilidade de referidas bolsas aos programas governamentais existentes, conforme a seguir:

I: A instituição deve estabelecer critérios para aplicação das modalidades de bolsa, afixando em local visível o regulamento adotado, sendo importante observar e destacar:
a) O aluno que pleitear o Financiamento Estudantil e/ou a Bolsa ProUni não perderá qualquer tipo de bolsa concedida anteriormente pela IES, sendo o FIES e/ou ProUni aplicados ao valor líquido.
b) As bolsas concedidas posteriormente ao Financiamento Estudantil serão aplicadas no próximo semestre vigente.

II: O FIES é destinado à concessão de financiamento a estudantes regularmente matriculados em instituições de ensino superior particulares, abrangendo também os cursos da educação profissional e tecnológica, bem como os programas de mestrado e doutorado, assim os alunos matriculados na IES poderão usufruir de todas as bolsas previstas, exceto a Bolsa Benefício por Norma Coletiva, dado o caráter peculiar, ressaltando-se, ainda, que os programas de mestrado e doutorado apesar da previsão legal, na prática não estão sendo aplicados pelo Ministério da Educação no tocante ao Financiamento Estudantil - FIES;
III: Todos os prazos deverão ser observados pelos alunos do FIES/PROUNI e as eventuais solicitações fora do prazo pré-estabelecido serão desconsideradas, igualando estes alunos aos demais;
IV: No caso do PROUNI em razão das bolsas concedidas variarem de integral a parcial, a aplicação com as demais modalidades só será possível no caso da concessão parcial, exceto as Bolsas Benefício por Norma Coletiva e Auxílio, sendo a primeira pelo caráter peculiar e a segunda em razão da natureza jurídica ser a mesma, por isso não se cumulam.
V: Qualquer das modalidades de bolsas prevista neste instrumento, serão submetidas aos programas e a legislação pertinente adotando-se critérios, dentre eles: número de vagas, anuidade, desconto coletivo, antecipação e desempate.

Assim, selecionamos alguns exemplos de adoção na prática dos critérios a serem adotados pela IES.

APLICAÇÃO DAS MODALIDADES DE BOLSA COM FIES

Exemplo 1

Valor Mensalidade Bruta R$ 1.000,00
Concedido descontos de 10% (Bolsa Acadêmica) + 30% (Bolsa Auxílio) = 40% de descontos.
Valor Mensalidade Líquida R$ 600,00 (valor que deverá ser informado para contratação do FIES).
Descrição do preenchimento da ficha de inscrição do FIES:

Valor da Semestralidade SEM Desconto – Grade Curricular Regular: R$ 6.000,00
Valor da Semestralidade COM Desconto – Grade Curricular Regular: R$ 3.600,00
Valor da Semestralidade Atual COM Desconto - Grade Curricular a ser Cursada: R$ 3.600,00

Exemplo 2

Valor Mensalidade Bruta R$ 1.000,00
Concedido descontos de 10% (Bolsa Acadêmica) + 30% (Bolsa Auxílio) + 10% (Bolsa Pontualidade) = 50% de descontos.
Valor Mensalidade Líquida R$ 500,00 (valor que deverá ser informado para contratação do FIES). Se o aluno perder a bolsa Pontualidade, por não pagamento até o 5° dia útil, esse montante deverá ser cobrado separadamente.

Descrição do preenchimento da ficha de inscrição do FIES:
Valor da Semestralidade SEM Desconto – Grade Curricular Regular: R$ 6.000,00

Valor da Semestralidade COM Desconto – Grade Curricular Regular: R$ 3.000,00
Valor da Semestralidade Atual COM Desconto - Grade Curricular a ser Cursada: R$ 3.000,00
OBS: se o aluno for contemplado com qualquer tipo de bolsa após a assinatura do contrato do FIES, o referido desconto será aplicado no semestre seguinte, tal observação deverá constar do Regulamento de Bolsas de Estudo.

APLICAÇÃO DAS MODALIDADES DE BOLSA COM PROUNI

Exemplo 1

Valor Mensalidade Bruta R$ 1.000,00
O aluno estudou os dois primeiros meses (janeiro e fevereiro), com descontos de 10% (Bolsa Acadêmica) + 30% (Bolsa Auxílio) + 10% (Bolsa Pontualidade) = 50% de descontos.
Valor mensalidade líquida R$ 500,00. No terceiro mês (março) foi contemplado com bolsa ProUni integral. As mensalidades pagas nos dois meses deverão ser reembolsadas em sua totalidade sobre o valor líquido (R$ 500,00 janeiro + R$ 500,00 fevereiro = R$1.000,00).
No terceiro mês (março) foi contemplado com bolsa ProUni Parcial 50%. As mensalidades pagas nos dois meses deverão ser reembolsadas parcialmente (50%), sobre o valor líquido (R$ 250,00 janeiro + R$ 250,00 fevereiro = R$ 500,00).

Exemplo 2

Valor Mensalidade Bruta R$ 1.000,00
Concedido descontos de 10% (Bolsa Acadêmica) + 30% (Bolsa Auxílio) + 10% (Bolsa Pontualidade) = 50% de descontos.
Valor Mensalidade Líquida R$ 500,00 (ProUni parcial de 25% ou 50% deve ser aplicados sobre esse valor). Se o aluno perder a bolsa Pontualidade, por não pagamento até o 5° dia útil, esse montante deverá ser cobrado separadamente.

Este instrumento é apenas sugestão do SEMESP em razão das determinações legais, no entanto, como mencionado anteriormente cada instituição deve realizá-lo de acordo com sua política interna.

REFERÊNCIAS BIBLIOGRÁFICAS

BEVILÁQUA. Clóvis. *Teoria Geral de Direito Civil*. São Paulo, SP: Servanda, 2007.

GAGLIANO, Pablo S. & PAMPLONA Filho, Rodolfo. *Novo Curso de Direito Civil. Contratos. Abrangendo os Códigos Civis de 1916 e 2002*. 2ª ed. rev., atual. e reform. São Paulo, SP: Saraiva, 2006. v. IV, p. 11.

RODRIGUES, Sílvio. *Direito Civil: Dos Contratos e das Declarações Unilaterais de Vontade*. São Paulo, SP: Saraiva, 2004. v. 3.

SOBRE O AUTOR

José Roberto Covac é advogado e consultor jurídico. Especialista em Direito Educacional, atua no ensino superior desde 1988, tendo dirigido instituições de ensino, lecionado nos níveis de graduação e pós graduação e coordenado o curso de Direito Educacional do instituto de pós-graduação Centro de Extensão Universitária, sediado em São Paulo, capital.

Em 1995, foi contratado pelo Sindicato das Entidades Mantenedoras de Estabelecimentos de Ensino Superior no Estado de São Paulo (Semesp) para implantar o Departamento Jurídico da entidade. Desde então, houve significativa ampliação da demanda de serviços jurídicos pelos associados, o que exigiu a contratação de outros advogados para que o Semesp pudesse oferecer serviços jurídicos nas áreas de interesse do segmento particular da educação.

Com a publicação da Lei nº 9.870/1999, que estabeleceu regras para a fixação das anuidades escolares, houve muita incompreensão e interpretação equivocada da norma, o que o motivou a preparar e editar o livro *Prestação de serviços educacionais: comentários, legislação e jurisprudência*, que teve uma segunda edição em 2002. A publicação de ***Prestação de serviços educacionais, Contrato – Legislação – Jurisprudência*** tem por objetivo promover a compreensão do tema a partir das diversas alterações registradas na legislação desde então, asim como contribuir para o aperfeiçoamento das relações entre as entidades mantenedoras e seu alunado.

É membro da Covac Sociedade de Advogados, que presta serviços para o Semesp nas áreas consultiva e de contencioso e também ao Fórum das Entidades Representativas do Ensino Superior, à Associação Brasileira de Mantenedoras de Ensino Superior (Abmes) e ao Sindicato das Entidades Mantenedoras de Estabelecimentos de Ensino Superior do Rio de Janeiro (Semerj) nos setores trabalhista, consumidor, filantropia, societário e educacional entre outros.

É sócio da Expertise Educação, empresa que atua em consultoria no campo educacional, e presidente do Instituto Expertise, instituição sem fins lucrativos criada com a missão de contribuir para a melhoria da educação no Brasil. É autor de diversos artigos e livros em sua especialidade.

COORDENAÇÃO GERAL
CONVERGÊNCIA COMUNICAÇÃO ESTRATÉGICA

DIREÇÃO EDITORIAL
MIRIAN PAGLIA COSTA

COORDENAÇÃO DE PRODUÇÃO
HELENA MARIA ALVES

PREPARAÇÃO DE TEXTO E REVISÃO DE PROVAS
PAGLIACOSTA EDITORIAL

CAPA E PROJETO GRÁFICO
LUMIAR DESIGN

FOTO DE CAPA
SHUTTERSTOCK

Impresso no Brasil
Printed in Brazil

Formato	17x24 cm
Mancha	10,5x19 cm
Tipologia	Bembo 12/16
Papel	Chambril 75 gr/m2 (miolo)
	Cartão 250 gr/m2 (capa)
Páginas	456